王瑞来 著

天水一勺

研宋品书序跋漫谭

上海人民出版社

目 录

自　序

"你站在桥上看风景，看风景的人在楼上看你"。诗人卞之琳《断章》中这两句有些绕口却饶有意味的诗，其实也可以用于形容书与书评的关系。著者在书中的讲述，犹如站在特定的一座桥上看风景，书评则是读者从不同视角的楼上对著者和书的观察。一部书，一旦问世，也就成为大千世界中的一道风景，任由品评，由不得著者左右。

书评，有些是应邀而作，有些是因工作职责所写，还有因心得而抒发，更有不吐不快的宣泄。无论是怎样一种动力的驱使，书评大都可以说是认真读书留下的印记。以上对书评产生背景的归纳，其实也属于"夫子自道"，是我自己的心得。我写下的书评尽管不多，却也超不出以上的归纳。

书评从内容表达看，也可以大致分为两类。

一类是顺着说。顺着说并非全部是捧着说，也有逆着说的尖锐批评。之所以都归纳为顺着说，是由于评论还是沿着著者的话题展开的言说。这种跟著者的对话，属于舞台上的对白。还有一类是隔着说。就学术著作来说，书评的写作者或者不是同一领域的学界中人，或者是学界以外的对书的内容感兴趣的人。这类书评犹如戏剧中的旁白。

顺着说跟书的内容密切相关，对其他读者理解书的内容有比较切近的裨益。不过，我对隔着说也是情有独钟。这种隔着说由于"跳出三界外，不在五行中"，往往会别具只眼，是从另一种视角对书的品读。在业内人士看来，这种评论也许有些脱逸领域内的常识，像是别一星球的话语，读来有些隔膜，有些陌生，似乎未中肯綮，有时还会觉得浅显而不屑一顾。其实，这种"第三只眼"的观察，犹如无忌和无际的童言，有时会给读者乃至作者带来意外的启发。

作为精神产品的书籍，特别是学术著作，能够拥有广泛的读者，无疑是件可喜之事。隔着说的画外音，会促进知识的广泛传播，也会促使著者加深对不同阅读层次读者群的认识，从而会思考著述的可读性，让著述走出专业领域的象牙塔，获得广泛的受众。

对于我的著述的评论，既有学界同仁的顺着说，也有不少完全不识评者的业外的隔着说。这两类评论无论是褒是贬，都让我十分珍视。而我对别人著述的评论，虽然顺着说居多，也有不少外行的隔着说。无论是顺着说还是隔着说，都不外是借他人的杯酒，浇自己胸中的块垒。不介意中的与否，抒发读后感而已。读者、著者阅读我的评论，从愚者之虑能聊获一得，则可欣慰。除此之外，以平常心视之即可，卑之无甚高论。

相对著述来说，书评是他者之言，而序跋则是著者自语。

70年代后期，刚上大学的时候，尽管信息时代还未到来，还没有面临知识爆炸的冲击，不过人类文明的积累，书籍之多，也可以用一个古老的成语形容——浩如烟海。如何更多更快地博览群书？有位老师告诉了我们一个方法，这就是读序跋。过去称作序跋的部分，今天通常叫作前言和后记。这两个部分，不仅扼要具现了书的基本内容，还可以从中窥见著者的逻辑理路或心路历程，是比较吸引眼球的部分。于是，按照老师的教导，便大量地翻书读序跋。有兴趣有闲暇有需要，再来品读全书。如此，居然可以不输老杜，"读书破万卷"。读序跋，的确是一个好的读书捷径。

喜欢读别人的序跋，自己著书立说，也不免俗，照例写下序或跋，讲著述缘起，说要点构架，抒书外心曲。既是尽著述导读之责，更是为了贴近受众，跟读者做朋友。如何读书，如何思考，如何治学，十余篇序跋已把我暴露无遗。丑媳妇从来不怕见公婆，褒贬且由人。年轻学子倘或从中汲取点滴启发，则也不枉汇编了这本小书。

除了他人书评与自著序跋，大多跟书有关，从传统的书籍，到大数据时代，从治史到问学，本书还收录有历年写下的一些杂议之作。

在"品读篇""自序篇""漫谈篇"之外，小书还辟有"缅怀篇"。学术研究和著书立说，都是一代接一代的文化接力，将一朵朵浪花汇入人类文明的长河。立德、立功、立言，古人对人生的体悟真好。不求灵丹妙药，不满百的个体生命，可以做到长生不老，万寿无疆，著述其一也。逝去的师友，其生命即因著述而不朽。缅怀师友，砥砺我们更好地接力他们的征程。

宋代诗人陆游在《秋思》诗中写道："遗簪见取终安用，敝帚虽微亦自珍。"放翁可谓道我心。敝帚自珍，其实是有着一种价值认可的。至少自认为虽敝亦小有可取之处，因而珍之。无论自序还是书评，再加上漫谈与缅怀，其实都点滴地诉说有我治学的思索与经验，构成了未曾整理归纳的一部个人学术史。有心的读者或许会从中获得些许启示。当然，这仅仅是自我观感，认同与否，则有待读者。

构成这本小书的两个主要部分，评书与自序，刚好应了这篇自序开头所引用的诗句。我评书，是站在楼上观察在桥上看风景的人，述说的是彼人彼书；我自序，则是站在桥上看风景，述说的是此情此景。而这本小书，无疑又定格为一桥一景一人。无数读者则成为站在楼上的观察家。观人观景，时间跨度近四十年的书评、序跋、漫谈与缅怀文字，谨此奉上，以供评骘。各文之末，附记原载出处，未具出处者，则来自我的新浪博客或尚未刊布之近作。

是书之成，要归功于责编张钰翰兄的鼓励。在差不多十年前，尚未谋面的钰翰兄，便作为楼上看风景的人评论过我的书。这次，我们又共同制造了一道供人观看的桥上风景。

末了，简单解题。《宋史·五行志》云："天水，国之姓望也。"通常因以"天水一朝"来指代宋朝。瑞来治史研文，以宋代为主，本书内容虽已超出宋代，亦以名书。源远流长的历史文化，是精神创造的源头活水。弱水三千，涓滴微量，仅取一勺。以勺名之，尚兼有母校北大"勺园"之怀。

是为序。

王瑞来

庚子仲夏于日本千叶寓所

品读篇

《万历十五年》读后

　　《万历十五年》一书，为美籍华人学者黄仁宇先生所著。黄仁宇先生曾为纽约州立大学普兹分校中国历史教授，曾著有《明代财政史》，并参加过李约瑟博士主持的《中国科学技术史》的编写工作，治明史有年，具有很深的造诣。《万历十五年》是他的一部明史研究新著。1981 年，此书的英文版在美国耶鲁大学出版社出版。此后，又由著者改写为中文，1982 年 5 月在北京中华书局山版。《万历丨五年》一书，在国外较有影响。此书的英文版曾获得 1982 年美国国家书卷奖（American Book Awards）历史著作类提名。美国实用心理学家斯·布罗托尼克（Srully Blotnick）博士曾在美国一家较大的杂志《福布斯》（Forbes）上撰文，对此书作过如此评价："这是一部很好的书，它回答了有关历史上的中国人和现代中国人的许多方面的问题。"

一

　　万历十五年在明代历史上是一个普通的年份。《万历十五年》一书的英文版书名的汉语直译就是："一五八七年，平淡无奇的一年。"（1587, A Year of No Significance）然而，此书正是从这平淡的一年展开的。著者在书前自序中说："这本《万历十五年》，意在说明十六世纪中国社会的传统的历史背景，也就是尚未与世界潮流冲突时的侧面形态。有了这样一个历史的大失败，就可以保证冲突既开，恢复故态决无可能，因之而给中国留下了一个翻天覆地、彻底创造历史的机缘。"

本书并非卷帙浩繁的鸿篇巨制，只是一本不足二十万字的小书。然而，却颇具容量。著者并没有拘于万历十五年这一年，而是以这平淡无奇的一年为基点，溯上瞰下，从政治、经济、军事、思想文化各个领域，全面展开了明代中晚期的历史，深刻揭示了中国传统体制发展到了明代中晚期的种种弊端以及必然要走向灭亡的趋势。著者在本书最末一章的结尾指出："一五八七年，是为万历十五年，岁次丁亥，表面上似乎是四海升平，无事可记，实际上我们的大明帝国却已经走到了它发展的尽头。在这个时候，皇帝的励精图治或者宴安耽乐，首辅的独裁或者调和，高级将领的富于创造或者习于苟安，文官的廉洁奉公或者贪污舞弊，思想家的极端进步或者绝对保守，最后的结果，都是无分善恶，统统不能在事业上取得有意义的发展，有的身败，有的名裂，还有的人则身败而兼名裂。"从书中叙述的几个历史人物看，正可以得出如上的结论，这是符合历史唯物论的。这说明一种社会制度走到了它的尽头，已非人力所能挽回其灭亡。就如同一个病入膏肓之人，施之于庸医巫术，则会加速其死亡；施之于国医妙手，也至多不过稍得回光返照、苟延残喘而已。明代末年的崇祯皇帝，号称励精图治，然而亦终未能挽回明王朝灭亡的命运。而这种必亡的趋势，在明代中晚期实已屡呈其兆。书中所描写的几个人物，从根本上说，都是明王朝的忠实维护者，不乏见识与能力，并且为改革明朝制度的弊端进行了种种努力。但是，正如曹雪芹在《红楼梦》中描述贾探春的两句诗："才自清明志自高，生于末世运偏消。""万历丁亥年的年鉴，是为历史上一部失败的总纪录。"（本书末章最后一句）

二

在此书中，著者对于明代历史研究的许多重大问题，提出了自己的看法。如对于一般认为明代中期中国传统经济已向资本主义经济进展问题，著者持否定态度。对于多数治明史者用以说明当时已出现资本主义萌芽的一个著名例子，即明张瀚在《松窗梦语》中叙述其祖先夜梦神人授银一锭因购织机起家之事，著者认为这不过在于宣扬因果报应和富贵由命的思想而已。姑不论神人授银之荒诞不经，即以一锭银而论，在当时亦不足以购买织机，此说不能作为信史。

对于历来评论明代"税重民穷"的说法，著者也提出了不同意见。著者认为，如果说全国税收额过高而导致百姓贫困的话，这是与事实不符。著者举例说，16世纪末，全国田赋额最高的为南直隶苏州府，约占农村收入的百分之二十。此外各府县一般都在百分之十以下，远不如当时的日本和17世纪末的英国。据此作进一步探索，可知"民穷"的根本原因不在国家的赋税过重，而端在法律的腐败和政府的低能。国家的税率低，受惠者并非农民，只是鼓励了大小地主加重剥削以及官僚乡里额外加征。

著者还以明代为例，谈到了中国何以在世界范围内由先进的汉唐演变为落后的明清的问题。这实际上已涉及学者们争论不休的中国封建社会何以长期停滞的问题。对于这个问题，明代历史向著者展示了这样一种现象：明王朝采取严格的中央集权，施政方针不着眼于提倡扶助先进的经济，以增益全国财富，而是保护落后的经济，以均衡的姿态维持王朝的安全。著者认为这种情况在世界史中实属罕见。这种维护落后的农业经济，不愿发展商业及金融的做法，正是中国在世界范围内由先进的汉唐演变为落后的明清的主要原因。

另外，著者通过对明代历史的研究，对中国几千年来的传统体制中一些带有根本性的问题作了探讨。著者在自序中指出："中国二千年来，以道德代替法制，至明代而极，这就是一切问题的症结。"对于16世纪中国历史的现实，著者提出了许多值得思索的问题，如："何以万历的立储问题业已解决而争执却绵延不断？何以岛国日本可以侵犯中国而中国却不能远征日本？何以当日的西欧已经用火器改进战术而中国还在修筑万里长城？何以人人都说海瑞是好官而他却屡遭排挤？"（见自序）对这些问题，著者在本书中提出了自己的看法，读者在其中也可得到相应的启示。

三

值得一提的是本书在写作方法上颇具特色，与国内治史论著风格迥异。著者意在讲一种制度的不可救药，却是以人物为线索展开的。本书凡七章，全是写明代的历史人物。这从每章的标题可见：第一章《万历皇帝》，第二章《首辅申时行》，第三章《世间已无张居正》，第四章《活着的祖宗》，第五章《海瑞——古怪的模范官僚》，第六章《戚继光——孤独的将领》，第七章《李贽——自相冲突的哲学家》。著者写这些人物，并不是随意选择的，而是刻意挑选了在某一重要领域具有代表意义的人物，来为深化丰富本书的主题服务。对于这些人物的描写，著者并没有停留在史料的铺叙上，而是从人物的身任职责与人物的重要活动来写，并且着力挖掘人物内在的性格特征以及诸种不同的性格对于人物行动的影响。这一点，不知著者是否受到行为主义理论的影响。

由于著者的这种独特的写法，使每章对每个人物的叙述，让人觉得既像是传记，而又较一般人物传记远为深刻。由于本书以人物为线索，而且又多是采用一些既典型又较为生动的史料，在叙述上，多用形象化的语言，使人读来，宛若著者坐在面前娓娓讲述一个历史故事，丝毫没有枯燥乏味之感。这里还应提及，本书语言生动流畅这一点，还包含了另一位学者的劳动。著者在本书自序中特志如下数语："笔者离祖国已逾三十年，很少阅读中文和使用中文写作的机会，而三十年来的祖国语言又有了不少发展，隔膜更多。幸经中国社会科学院文学研究所沈玉成先生将中文稿仔细阅读一过，作了文字上的润色。"

万历十五年，一个平淡无奇的年份，在著者笔下却写得波澜丛生、跌宕有致，寓意深刻。中国古代的诗话文论，往往把寓雄奇于平淡列为高品。著者作为一个华裔学者，写作这部著作的风格，或许有这些诗话文论影响的因素吧！

（原载《书林》1983 年第 3 期）

史学名家的劳瘁之作

——余嘉锡《世说新语笺疏》述评

在我国历史上，魏晋是一个动乱的时代，统治阶级内部的倾轧篡乱交织着民族间的斗争，以及绵延不断的人民起义，作为这一时代特有产物的士族，他们是以什么方式生存于乱世的呢？人们常常说起的"魏晋风度"，又是什么样子？考诸《后汉书》《三国志》《晋书》等正史，还似乎难以在头脑中聚成一幅清晰的影像。而当我们阅读《世说新语》的时候，那魏晋风度油然跃于纸上，真是"面目气韵，恍然生动"。

《世说新语》是南朝宋刘义庆所撰的一部文言体小说集。这部"或成于众手"的小说集，今本共三卷，根据内容分为《德行》、《言语》等三十六篇。记述汉末到东晋名士们的遗闻逸事，特别是王、谢、顾、郗等士族人物的玄虚清谈。书中涉及的重要人物不下五六百人，上自帝王卿相，下至士庶僧徒，都有所记载。从这部书中，我们可以观察到当时人物的风貌、思想、言行和社会的风俗、习尚等。所以，《世说新语》不仅是一部古典文学名著，也是研究这一时期历史、语言、哲学的重要典籍。鲁迅先生说："《世说》这部书，差不多就可以看做一部名士的教科书。"

《世说新语》辞藻含蓄隽永，叙事简约传神。然而，也许是由于过于简约，往往使人不易洞晓叙事的背景。所以，就像因《三国志》之简约而有裴松之为之作注一样，《世说新语》问世之后，便有梁刘孝标为之作注。刘注参酌旧闻，综采群书，于人物事件详为注述，征引书籍达四百余种，其中绝大多数引书后世已佚。因此，刘注历来被辑佚家视为鸿宝，也为研究魏晋历史的学者所重视。《世说新语》刘孝标注同《三国志》裴松之注、《文选》李善注一起，被视为我国古代典籍中的"三大名注"。

然而，长期以来，对《世说新语》这样一部重要的古典名著的整理出版工作，一直停留于影印阶段。文学古籍刊行社和中华书局曾影印过唐写本、宋绍兴刻本，上海古籍出版社也影印过王先谦校本，但从未出版过妥善的今人注释本。1983 年中华书局出版的余嘉锡《世说新语笺疏》，可以说填补了这一空白。

余嘉锡先生是史学名家，以精于考证古代文献著称。其所著《四库提要辨证》《目录学发微》等书，称誉学林。《世说新语笺疏》是他的遗稿。作者早在 20 世纪 30 年代就致力于《世说新语》的研究。《笺疏》一稿由两部分组成：一为校文，作者以王先谦校本为底本，通校唐写本，并一一录出宋、明、清刊本及唐宋类书中有关异文，以供读者比较辨析。二为笺疏，所下功力，最为深厚。作者广采前人如李慈铭、程炎震、李详诸家以及近人有关《世说新语》的笺释，并参诸史传群书，随文疏解，详为考校。作者分别用五色笔书写于三部刻本眉头行间。撰写此书，作者前后历时十余年，自谓"一生所著甚多，于此最为劳瘁"。可惜晚年因右臂麻痹，未能亲自誊录，编次成书。近由北京大学周祖谟教授和余淑宜同志用多年之力，条分缕析，整理成书。

《笺疏》的内容极为广泛，但重点不在训解文字，而主要注重考案史实。对《世说新语》原作和刘孝标注所记的人物事迹——寻检史籍，考核异同；对原书不备的，略为增补，以广异闻；对事乖情理的，则有所评论，以明是非。这种做法与刘孝标注以及裴松之《三国志注》的做法相类似。裴松之在《上三国志注表》中说："按三国虽历年不远，而事关汉、晋，首尾所涉，出入百载，注记纷错，每多舛互。其寿所不载，事宜存录者，则罔不毕取，以补其阙。或同说一事，而辞有乖杂，或出事本异，疑不能判，并皆抄内，以备异闻。若乃纰缪显然，言不附理，则随违矫正，以惩其妄。"将这一段话移录于此，正可以说明作者撰《笺疏》之意旨所在。归纳起来，《笺疏》所做的工作有两类：一是证误补遗，二是论史评事。

《笺疏》证误补遗的面很广。

首先，是对《世说新语》原文的存疑证误。如《德行第一》，记郗鉴在永嘉丧乱时吐哺二儿之事，《笺疏》根据刘注引《郗鉴别传》和《晋书》本传，断定《世说新语》此言，"疑非事实"。又如《政事第三》记袁绍与十一岁的陈元方问答事，《笺疏》根据陈的墓志、《后汉书》等记载，考以陈氏生平行年，认为"此必魏晋间好事者之所为，以资谈助，非实事也"。《世说新语》之误，许多是出于后人的妄改与传写，《笺疏》也多加辨正。如《文学第四》记刘伶著《酒德颂》，《笺疏》旁征博引，认为著名的"竹林七贤"之一刘伶的名字当作"刘灵"，并说明《世说新语》中"灵"作"伶"，"皆出宋人所改"。对《世说新语》记事采撷之本源，《笺疏》也间有考证。如《言语第二》记"邓艾口吃"，《笺疏》考证："此出裴启《语林》，见《御览》四百六十四引。"

第二，对刘孝标注的证误补遗。如《政事第三》对"山司徒前后选"段，刘注有山涛"累启亮可为左丞相，非选官才"之语，《笺疏》从晋官制无左丞相这一点，并据别本，认为"相"字当为"初"字之误。又如《德行第一》"陈太丘诣荀朗陵"段，刘注云：荀淑有八子，号为"八龙"，未详八龙始末。《笺疏》据陶渊明《圣贤群辅录》引《荀氏谱》加以补遗。《笺疏》的补遗正误，不仅限于《世说新语》及刘注，而是就史事所及，旁及有关多种典籍。这使《笺疏》的学术价值更为广泛。即使不是专门研究《世说新语》的人，读了也会有所裨益。如《言语第二》在"嵇中散语赵景真"段，刘注涉及嵇康"写石经古文"事，《笺疏》就此对清朱彝尊在《经义考》、全祖望在《鲒埼亭集外编·石经考异序》中都认为魏正始石经是嵇康等所书的传统说法，从文字训诂与史实两方面进行了辨误，特别是考证嵇康抄写石经的时间已约为甘露二年（266），其时正始（240—249）石经已立有十多年了，从时间上辨析，二家之说显然都不确切。《笺疏》对这个问题的澄清，对于经学史研究是有意义的。

校证、笺疏、汇注一类的著作，专就一部书的文字、史实进行考辨，这固然有一定的意义与价值，但如果仅仅拘泥于此，则其价值未免见狭。《笺疏》一书，立足本书，又不局限于本书，越出了本书的范围，遍及群书。并且在此基础上，又向前迈出了一大步，由考史而论史。这就使《笺疏》既精于朴学之考辨，又长于义理之论证，宏微相济，意义更广。这可以说是《笺疏》的又一个重要特点。

魏晋时期，士大夫的放浪不羁，玄谈清议，是存在于当时的一个突出的社会现象。怎样看待这一社会现象呢?《笺疏》在《言语第二》"嵇中散既被诛"段写道："要之魏晋士大夫虽遗弃世事，高唱无为，而又贪恋禄位，不能决然舍去。遂至进退失据，无以自处。良以时重世族，身仕乱朝，欲当官而行，则生命可忧;欲高蹈远引，则门户靡托。于是务为自全之策。居其位而不事其事，以为合于老庄清静玄虚之道。我无为而无不为，不治即所以为治也。《魏志·王昶传》载昶为兄子及子作名字，且以书戒之，略曰:'夫人为子之道，莫大于宝身全行，以显父母。欲使汝曹立身行己，遵儒者之教，履道家之言，故以玄默冲虚为名。欲使汝顾名思义，不敢违越也。夫能屈以为伸，让以为得，弱以为强，鲜不遂矣。若夫山林之士，夷、叔之伦，甘长饥于首阳，安赴火于绵山，虽可以激贪励俗，然圣人不可为，吾亦不愿也。'昶之言如此，可以见魏晋士大夫之心理矣。"这种对处于乱世的魏晋士大夫明哲保身的心理分析，可谓是鞭辟入里。这种分析对深入研究魏晋士大夫的言行，不失为一把钥匙。

在《德行第一》"王戎、和峤同时遭大丧"段，《笺疏》指出:"魏晋人一切风气，无不自后汉开之。"在《方正第五》"王中郎年少时"段，从晋代士人对尚书郎的看法所反映的寒门士族的观念，论及当时"以遗事为高，以任职为俗"的士风。"魏晋风度"是特定的政治局势与社会风尚的产物，研究魏晋一段的历史对此是回避不了的。从上述可见，《笺疏》正是紧紧抓住了这条线索，对魏晋社会进行了有一定深度的研究。《笺疏》论史，并不是无的放矢，而是就事论史，从现象到本质，往往于细微处见宏博。如《方正第五》"诸葛恢大女适太尉庾亮儿"段，记载诸葛恢不肯与谢家为婚这样一件事，《笺疏》分析在东晋初年谢氏社会地位还不高，到了谢万、谢安之后，"其名始盛"，由此论及寒门士族的升降。

《笺疏》作者学识之渊博，明显地反映在《笺疏》之中。《笺疏》内容丰富，遍及历史、文学、哲学、语言文字各个方面。从书的角度，不囿于一书；从时间的角度，贯穿于上下。如《言语第二》"顾悦与简文同年"段，《笺疏》论道"晋唐诗文，虽尚骈偶，然只须字面相对，非如宋人四六，必求铢两悉称也。"又如《贤媛第十九》"谢遏绝重其姊"段，对所记济尼比较谢道韫与张玄妹优劣之语（"王夫人神情散朗，故有林下风气。顾家妇清心玉映，自是闺房之秀"），《笺疏》评论道："不言其优劣，而高下自见，此晋人措词妙处。"对魏晋文风作了简明的概括。由此我想到，魏晋名士的清谈，对于我国古典文学含蓄隽永、画龙点睛语言特点的成熟也许有所影响。《笺疏》还对《世说新语》的艺术特点和魏晋口语特点，也多有论述。

《笺疏》所长还在于，比诸校点，不只是给人一部定本；比诸注释，又不只给人以一般的语言诠释。以刘注之法注刘注，其繁博可知；汇集众说而独发己见，其功力可知。从注释的角度说，《笺疏》可以说是一部集解、会注性质的著作。古人之于经书，有注复有疏。《笺疏》之于《世说新语》，也可以说是如此。但《笺疏》的价值在于突破了前人"疏不破注"的局限，对书中所记，误则辨之，阙则补之，并寓发明于史论之中。这反映了今人的治学道路正与前人迥然不同了。可以说《世说新语笺疏》为这种古老的著作体裁灌注了新的生机。《世说新语笺疏》是一部学术性、资料性、考证性兼备的研究著作，也可以说是研究魏晋时期历史的一个重要学术成果。

值得一提的是，中华书局在出版《世说新语笺疏》时，在书后附有《〈世说新语〉常见人名异称表》《〈世说新语〉人名索引》《〈世说新语〉引书索引》，这对查检此书提供了极大的方便。整理古籍，能编制索引的，就应当编而附之，这才是一种比较完整、全面的整理。

（原载《中国社会科学》1985 年第 4 期）

"风吹草低见牛羊"

——《籍贯与流动：北朝文士的历史地理学研究》书后

"敕勒川，阴山下，天似穹庐，笼盖四野。天苍苍，野茫茫，风吹草低见牛羊。"说到南北朝时期北朝的文学，首先是这首《敕勒歌》，伴随着苍凉辽远的画面，浮现于脑海。接着，耳际会响起"唧唧复唧唧，木兰当户织"的《木兰辞》，大概就是这些仅存下来为数不多的民歌。至于文人的作品，讲述4—6世纪的文学时，草长莺飞的南国绚烂，似乎让大漠孤烟的北地显得黯然失色。数来数去，就是所谓的"北地三才"温子昇、魏收和邢子才，顶多再加上南方的流寓作家庾信、王褒和颜之推几个人，显得薄弱而苍白。

作家、作品，是叙述文学史的主要材料。巧妇难为无米之炊。缺少作家、作品，一个时代几百年的文学史如何叙述？这是历来治北朝文学史的难点。

诚然，自西晋永嘉南渡之后，中国的文化格局发生了重大变化。加上三国孙吴的开发，六朝，让中国的经济重心根植江南，直至今日，确固不移，文化之花也在那片温润的土地上，绽放得瑰丽斑斓。

那么，同一时期的北朝呢？文化也像是荒凉的大漠一样吗？

回答这个问题之前，我想把话题从后往前说。

我先要发问，是谁统一了南北朝时期的中国？答案现成：隋。

那么，我接着再问，隋是南朝，还是北朝？答案也不言而喻：北朝。

魏、齐、周、隋，作为北朝的最后一个政权，是隋统一了汉末以来分裂了将近四百年的中国。统一中国的为什么是隋？而不是经济和文化先进的南朝？不仅是隋，接续短暂的隋，是强盛而长久的大唐。人们往往将隋唐并提，实在是有其道理的。不仅唐承隋制，就连两个王朝的皇室都出身于北方军镇——武川镇，还带着亲戚关系，后来都成了名列北周八柱国十二大将军的军事贵族。正像现在人们发现楚文化弥漫于汉朝一样，6世纪末叶的中国，是由北朝统一的。

统一，军事实力并非唯一要因。《资治通鉴》卷一五三记载了这样一段轶事。

南朝梁武帝的使者陈庆之到北魏都城洛阳出访归来后，"特重北人"。有人感到奇怪，就问他原因。陈庆之感慨地说："吾始以为大江以北皆戎狄之乡，比至洛阳，乃知衣冠人物，尽在中原，非江东所及也，奈何轻之？""衣冠人物，尽在中原"，东魏杨衒之《洛阳伽蓝记》卷二记作"衣冠士族，并在中原"。

"衣冠人物，尽在中原，非江东所及"，指的不是军事力量。衣冠和士族，几乎是同义语，都指那个时代的贵族，是有文化的贵族，是"王与马共天下"的"王"们，是那个时代曾经的主宰者。或许感受强烈的陈庆之有些夸张，但至少表明，伴随北魏孝文帝的汉化运动，北朝的文化水准与南朝开始接近。这，才是统一的根本原因之一。此外，还有南北朝共同信仰的佛教纽带，还有汉族皇室的异族联姻所带来的南北民族对立的解消，等等。

南北文化的接近，"衣冠士族，并在中原"，都表明北朝也理应具有繁荣的文学。不过，正像绿洲被沙漠所吞噬一样，史料的缺失，让文学史家"望北兴叹"。

北朝的文学史如何叙述？一个年轻学者找到了一条新路。

其实，我以上所述，正是为了讲述刚刚读到的宋燕鹏著《籍贯与流动：北朝文士的历史地理学研究》（河北大学出版社，2011年）所进行的铺垫。

满天星斗，抬眼望去，映入眼帘的只是一些最亮的一等星、二等星。其实隐约闪烁的，还有肉眼看不见的更多。作家、作品何尝不是如此。文学史只瞩目于名家名作，自然会感到为炊乏米。

名家名作，出类拔萃，那是露出海面的岛屿，它们由浩瀚的大海托起。浩瀚的大海便是长年累世积淀的文化。在大海中，未露出海面的岛礁更多。这就是燕鹏君所关注的文士。从文士入手，揭示一个时代的文化地层，展现一个时代的文学风貌，可谓独具匠心。如此操作，化解了北朝文学史叙述中乏家少作的难题。

燕鹏君首先界定了他这部论著中的关键词——"文士"的概念内涵。他说文士与魏晋南北朝时期的"士庶"之别无关，不具有阶级属性，强调的是士人的文学才能，亦即能文之士。据他的观察，涵盖范围宽泛的"文士"一词，在北朝后期已经成为相对固定的个人身份的称呼。

在概念界定之后，燕鹏君对史传等文献中"善属文""有文才""涉猎经史"之类的评价，对史书行文中有诗歌、文赋等记载，或是有文集的记录，给予了广角关注，由此跳出了文学史叙述以现存作品为依据的樊篱。

产生新想法，找到新角度，固属不易。更不易的是把新想法新角度加以落实，贯彻在实际研究，化作研究成果。那么，燕鹏君是如何操作的呢？

跳出三界外，还在五行中。从这样的视角出发，治史出身的燕鹏君，对北朝文士运用历史地理学方法进行了梳理。说是北朝，实际在时代上下均有延伸，上起五胡十六国，下至隋初，时代跨度将近三百年。

做学问，既需要有巧思，走捷径，还需要下苦功，甘坐冷板凳。这两点，燕鹏君都做到了。选题在北朝，固然是出于这是一个薄弱的领域，其实也极具可操作性。相对于明清时期自不必言，甚至比唐宋在史料上都易于驱使，对这三百年间，凭借一人之力，只要肯下功夫，足可竭泽而渔。我这样说，并没有说燕鹏君做得很轻松的意思。其实，即便易于操作，他做得也很苦。我们光看他制作的下述这些表格，就可以体味到其中的艰辛。

这些表格是，《十六国文士籍贯考表》《北魏文士籍贯一览表》《东魏文士籍贯分布一览表》《北齐"待诏文林馆"文士一览表》《西魏北周文士籍贯一览表》《隋初文士籍贯一览表》《北魏洛阳文士转移目的地一览表》《东魏主要文士地理转移表》《西魏文士入关时间及任职地点一览表》《北周"麟趾学士"一览表》《隋初文士地理转移一览表》等。

这些表格，不仅涵盖了全书上下编九章的全部内容，并且具体体现了燕鹏君的考察方式、操作范围。籍贯考察是"静"，转移考察是"动"，静态与动态相结合，为我们描绘了4—6世纪中国北部全方位的文学景观。风吹草低，我们看到了掩蔽于草丛中的牛羊。

归纳与演绎，是研究的两种方法。以往的文学史叙述，多取演绎法，列举代表性的作家作品。然而，采用什么方法进行研究，是由研究对象的生态条件决定的。北朝文学史乏家少作的状态，无法使用通常的演绎法。因此，燕鹏君的考察是归纳式的。考察实现了对其研究对象北朝文士信息的全覆盖。如此操作虽然辛苦，但得出的结论无疑颇具说服力，并且不易撼动。

历史在时空中运行。历来的研究多注重"时"，而对"空"缺乏关注。而此书则对两者做了最大的兼顾。书中指出："文学作为意识形态的产物，和时代有紧密的结合。不同籍贯的文士在成长过程中都被烙上了地域的印记，从而形成了内在的风格。"这样的明确强调，我觉得并不多见。的确，一方水土养一方人，文学作品风格的形成，无疑也出于一方水土的滋育。

我们来看一下此书的最后一句话："文士的籍贯分布和地理流动是文学演变发展的一条内在线索，惟有把握于此，方能洞察文学发展演变的方向。"研究的最大贡献，在于道人所未道。此之谓也。此书的这一"道人所未道"，极具启发意义，不仅适用于史料匮乏的北朝文学史，也适用于文学史的其他时段。治文学史，此一视角，实不可忽之。

研究的路径有两种。一种在既有研究的基础上，加入自己的新见，这可谓是"听唱新翻杨柳枝"，这是以"史识"见长的研究；还有一种，是开辟草莱，构筑基础，这可谓是"万丈高楼平地起"，这是以"史学"见长的研究。两种路径并无轩轾高下，并且均需要通过"史才"来实现。但无疑，后一种路径会走得比较艰辛。燕鹏君此书，走的就是后一种路径。

燕鹏君此书虽落脚在文学史上，但窃以为，透过文士的考察，更可以阐发出广域的文化史意义。我在我的通史著作《中国史略》①中，将魏晋南北朝时期称作中国历史上第二个百家争鸣时期。几百年春秋战国的动荡酝酿催生了秦汉文化，几百年魏晋南北朝时期的动荡酝酿则催生了隋唐文化。后者更为博大、外向、包容，更富有生命力，让中华文化之花绽放至今。战乱、分裂、动荡虽属不幸，但客观上让大一统时期的政治钳制变得松弛，往往为思想文化带来繁荣的春天。翻翻《隋书·经籍志》，就可以触摸到，那个时代的思想文化是何等的活跃兴旺。研究的聚光灯常常打在南朝，但北朝也有她的历史意义。对这一意义的阐发，燕鹏君此书有贡献，当然，如果从中华文化发展的大视野着眼予以提升，则会更具深度。

燕鹏，这位我在网上认识的年轻学者，有一年听说我去河北大学演讲，专门回到这所他博士毕业的母校来看我。谦逊质朴的形象，至今仍在眼前晃动。书的后记提及，读了宋史博士的他，今后

---

① 王瑞来：《中国史略》第五章《再生への阵痛》，日本东京：DTP出版社，2006年。

将要关注的是南宋士人。魏晋南北朝的坚实根基，会使他游刃有余，坚持下去，成就将不可限量。

"鲤鱼跳龙门"，由雏燕到鲲鹏，是我对燕鹏君的期待。

（原载《传统中国研究集刊》第十二、十三合辑，2014 年）

拓荒者的耕耘
——《唐代仓廪制度初探》评介

在中国古代财政经济史的田园中，有个角落，长期以来荒芜着，为人所遗忘。然而，终于有人走入这个角落，默默地拓荒、耕作。现在，他把拓荒的收获奉献出来了。这就是张弓的《唐代仓廪制度初探》。

当你翻开这本书，作者会告诉你，仓廪制度与中国古代这个传统农业大国的统治有着重要的关系。特别对于处在中国传统社会发展繁荣时期的唐王朝，更是如此。建立在分散的自然经济基础上的统一的中央集权的唐帝国，国家赋税以实物税谷物为主。因此，王朝受纳、储运、分配每年征得的大量税谷，置于各地的仓廪，也就成为国家财政体系的重要组成部分。王朝要靠赋税来养活庞大的皇室、官僚群体和军队。为了保证农业和手工业生产的连续进行，还要把一部分赋税用于社会再生产。因此，为了从财政上保障唐王朝的统治，仓廪制度是不可缺少的。作者将中国古代财政体系同中世纪欧洲封建王朝的财政体制加以比较之后，推测说，庞大的国家仓廪系统的存在，可能是中国传统社会所独有的现象。起码可以说，以唐仓制为代表的中国古代仓制，在世界财政经济史上是颇有特色的。

　　然而，唐代仓廪制度，史籍记载殊少，研究难度很大。由于这个缘故，中国古代财政经济史中的这片田园才一直荒芜着。作者从众多的史籍中，从零散的出土文献中，探赜索隐，披检出大量有关唐代仓廪制度的史料。经过严谨的考证，条分缕析，爬梳排比，把早已荡然无存而又确曾在中国大地上矗立过的各类高仓大廪，重新用文字勾勒出来，再现于读者面前。此书详细叙述了正仓、转运仓、太仓、军仓、常平仓、义仓这几类唐代仓廪的来源、设置、职能、管理等。同时，深入分析和论述了各类仓廪的作用、不同时期的发展变化，以及诸色仓之间的交叉关系等。最后还专设一章，论述了唐代仓法的基本特点、历史作用与历史地位。此书的出版，将会有助于唐代经济史、政治史、军事史等专史研究的深入，对于了解我国传统社会的经济结构，了解专制主义的政治制度也将会有所裨益。

　　此书在写作上也很有特点。一是史籍记载与出土文献相结合。作者在书中大量援引了敦煌吐鲁番文书以及各地出土的有关唐代仓廪制度的铭砖。可以说，如果离开了这些出土文献，仅凭语焉不详的史籍记载，是无法完成该书的论证任务的。二是微观考证与宏观研究相结合。作者以微观考证为基础，将考证的结果，加以深入的理论分析，运用马克思主义政治经济学中社会再生产理论，对唐代仓廪制度进行分析。认为，唐朝仓廪系统的运营情况表明，唐王朝通过义仓、太仓、正仓等对生产者施行的赈贷，及常平仓的平籴平粜，同社会再生产的生产环节相联系；通过正仓、太仓、军仓，同分配环节相联系；通过常平仓，同交换环节相联系。这样，仓廪系统这一渠道，就使得王朝能够更有效地分别联系和控制社会再生产的四个环节，从根本上使国家的财政得到更可靠的保障，这是我国古代财政体系更加完善的一个标志。

（原载《古籍整理出版情况简报》第 163 期，1986 年）

深入浅出，雅俗共赏
——读《三国志选注》

广大群众对各个朝代历史的熟悉程度，恐怕再没有超过三国这一段的了。《三国演义》以及各种艺术形式的三国故事的广泛流传，使这一段历史几乎达到了家喻户晓、妇孺皆知的程度了。在一般人的心目中，《三国演义》所讲述的三国故事，就是历史上真实发生的事情。其实，作为艺术作品的《三国演义》，对历史的反映只是"七实三虚"。这一点，只要读过作为"二十四史"之一的《三国志》，便会了解。然而，由于《三国志》这部史学名著是一千七百多年以前写成的，对于今天的读者来说，在文言语词和人物、史实、典章制度的理解上，都存在较大的障碍。这在一定程度上，限制了人们对三国时期历史本来面目的了解。可喜的是，中华书局新近出版的缪钺先生主编的《三国志选注》，为人们阅读《三国志》的绝大部分章节扫除了障碍，创造了方便条件。

一

二十多年前，缪钺先生曾为高等院校历史专业的学生编注过一部《三国志选》。这个注本，迄今仍在作为高校教材使用。但新出版的这部《三国志选注》，却不是那种改头换面的"炒冷饭"。由于读者对象的不同，新注本在篇幅分量、编选、注释等方面都有很大的改变。翻阅一过，我们就会发觉，《三国志选注》是一部颇具特色的注本。它有以下几个特点。

一、篇目选择的典型性。一个古籍选本，是否能够把最能代表原书特点的、精粹的篇章选入，使读者能以少见多，窥一斑而见全豹，是很能看出编选者的识见与功力的。《三国志选注》的编目，不光注意到"点"的典型性——把《三国志》中最精彩的章节选入，而且还注意到"面"的代表性——把选录范围扩大，着眼于《三国志》所反映的各个领域。他们的选录标准注重在以下几个方面：第一，三国时期不同政治集团的有重要意义的代表人物。例如选了《武帝纪》《董卓传》《袁绍传》《先主传》《诸葛亮传》《吴主传》等；三国时期的重要谋臣战将，例如选了《荀彧传》《郭嘉传》《蒋琬传》《法正传》《张昭传》《周瑜传》《鲁肃传》《夏侯渊传》《张辽传》《关羽传》《吕蒙传》等。第二，有关曹魏境内施行屯田、兴修水利、发展生产的情况。例如选了《梁习传》《任俊传》《郑浑传》《仓慈传》《邓艾传》等。第三，在学术思想、文学、科学技术的成就方面。例如选了《陈思王传》《王粲传》《钟会传》《华佗传》《杜夔传》《韦曜传》等。第四，记载少数民族事迹的篇章。例如选了《乌丸鲜卑传》《李恢传》《张嶷传》《诸葛恪传》等。由于选目上的这些特点，加之读者对象也与过去的《三国志选》不同，因此，新选注本的篇目比原选本大大增多。原选本只选录《三国志》十九篇，而新选本则选录了四十三篇。这也是两个选本的不同之处。

二、注释的通俗性。缪先生的原选本，由于是高校历史专业的教材，对象是学生，有些问题是需要教师在课堂上讲的，因此只是作了必要的简单注释，一般读者阅读还有一定的困难。《三国志选注》则注意到了普及性和通俗性。首先，注释的语言采用白话文，明白流畅。其次，难字注音采用了汉语拼音与同音字注音（直音）相结合的方式。第三，对于个别费解难懂的句子作了串讲今译。例如《武帝纪》中的"不汝置"一句，就译为"不放过你"；又如该篇中"适足以为吾奉"一句，串讲为"正好作为送给我的礼物"。第四，对于成语典故、典章制度以及文中提到的古代重要历史事件，都作了扼要注释，并大多注明了出处。如《崔琰传》中有一句人们常说的"大器晚成"，就注明源出于《吕氏春秋·先识览·乐成》中"大智不形，大器晚成"。又如《武帝纪》中提到"司徒"这个官名，注释说："官名，掌民政。西汉哀帝时罢丞相，置大司徒。东汉去大，称司徒，与太尉、司空并称三公。"这条注释把司徒作为官名在汉代的沿革讲得清清楚楚。第五，对于古代地名的注释，不仅注明该地在古代的方位，还准确地注明为今天何处。如《武帝纪》注"延津"："津名。是当时黄河的重要渡口，在今河南省新乡市东南，在当时白马、黎阳之西。"以上这几个方面通俗易懂的注释，可以说基本上解决了读者阅读的难点。

三、《选注》的学术性。《三国志选注》虽是通俗性读物，但其学术价值，也是专业文史研究者所不应忽视的。

第一，《选注》卷首有缪钺先生撰写的前言，对《三国志》的作者、成书、旧注作了详尽的阐述。对一些学术界有分歧的问题，都提出了自己的见解。对注释体例和注释过程也作了说明。这篇前言，对一般读者来说，是阅读此书的向导；从学术价值看，可以说是《三国志》研究的新成果。

第二，对《三国志》裴松之注也作了详明的诠释。由于《三国志》的记载较为简略。南朝宋的裴松之就采用当时存在的许多记载三国史事的书，对《三国志》进行补阙和纠谬，裴注的分量大大超过了《三国志》本身。史学家历来对它评价甚高，认为它的价值不亚于陈寿的原著。裴松之所引的史书，今天绝大多数都已亡佚，因此，裴注就更值得我们重视。对于同一件史事，裴注往往并列了许多记载，有些记载与《三国志》所记大相径庭。例如，《诸葛亮传》中有名的刘备三顾茅庐故事，裴松之就引述了《魏略》和《九州春秋》，说诸葛亮并不是刘备三顾请出来的，而是他主动去见刘备的。裴注中这类异说还有很多。然而，裴注并不容易读，许多地方读起来比陈寿的书还要困难。因此，如果注《三国志》而不释裴注，可以说就等于只做了一半工作。可是，历来的《三国志》选注本都没有对裴注再作解释的。新选注本对裴注也详加注释，这是裴注的第一次新注，也是本书的一个很突出的特点。

第三，注释吸收了前人旧注和最新研究成果。卷首前言指出："本书的注释，是博采通人，间下己意。古注中有关的，如《后汉书》李贤注、《文选》李善注、《资治通鉴》胡三省注，择善采录；清人校注《三国志》撰成专书者，有杭世骏、赵一清、沈钦韩、陈景云、钱大昭、梁章钜、潘眉、侯康、周寿昌等诸家，而钱大昕、王鸣盛、赵翼、李慈铭诸人考史之书亦有涉及《三国志》者，近人卢弼《三国志集解》，综合诸家，作了总结。这些都是我们采获的对象。近现代学者在报刊中发布的有关《三国志》校勘注释者，凡见到的，也采其胜义。凡所采录，必要时注明出处。"例如古战场赤壁的确切方位，古今聚讼纷纭。《元和郡县志》等认为赤壁在蒲圻，与乌林隔江相对；也有人根据《水经注》，认为赤壁即武昌西南的赤矶山。选注者结合当时的战况，参考了《中国历史博物馆馆刊》一九七九年第一期杨贯一、丁力《对于赤壁所在地的一点看法》一文的说法，认为赤壁在蒲圻之说较为可信。

第四，注释对卢弼《三国志集解》间有补正。近人卢弼《三国志集解》虽然是集《三国志》注释之大成的著作，但也不无阙失。《三国志选注》对此多有补正。如《武帝纪》裴注引《魏书》"前后重沓"一语，卢弼《集解》只引《通鉴释义辨误》，并未说明确切含义。而《选注》则引《颜氏家训》，注为"人多拥挤之意"。又如《陈思王传》"孙邮御之"一语，卢弼《集解》未注"孙邮"何指，《选注》旁征博引，注明"孙邮"即是"伯乐"。

第五，注释对地名考证精确。三国史事，许多发生于巴蜀，选注者身在四川，本着严谨的科学态度，进行了一些必要的实地考察。如《邓艾传》中的德阳亭，以前注者都认为在今江油县的马角坝。选注者经实地考察后，确认应在今江油县的雁门坝。

二

从欣赏的角度看，《三国志选注》对于人们深入了解大家所熟悉的三国故事也很有帮助。《三国演义》中许多艺术化的人物和事件，都可以在这里寻觅到真实的历史痕迹。人们通过《三国志选注》所选的传记，可以了解到许多著名的艺术形象如刘备、关羽、诸葛亮、曹操、孙权、周瑜等人的历史原型。例如，可以从《诸葛亮传》中看到"马谡拒谏失街亭"的真实情况；可以从《后主传》中看到"怒鞭督邮"的本是刘备，而不是张飞；可以从《吴主传》中看到"草船借箭"的本是孙权，而不是诸葛亮；可以从《周瑜传》中看到人们印象中心胸狭窄的周瑜，原本是"性度恢廓"的年轻将领。如果说读了《三国演义》可以让人粗略了解三国时期历史的话，那么读了这部浅显易懂的《三国志选注》，就反过来使人更深刻地了解《三国演义》和其他艺术形式的三国故事从历史真实到艺术真实的加工过程。

从学习的角度看，《三国志选注》是一部好的古籍注本。读者可以从注释中学习到古代汉语知识、古代文化史知识和古代礼仪典章制度、历史地理沿革等许多专门的知识。如果想要了解和学习文史知识，读一些古籍精注本，是一条捷径。读一部好的注本，不啻读了几部专书。

从研究的角度看，《三国志选注》在前人对《三国志》研究的基础上，博采众说，详释裴注，对卢弼《三国志集解》纠谬补阙，对前人未解决的问题阐幽发微，都给进一步研究《三国志》和研究三国时期的历史廓清了道路，创造了方便条件。《三国志选注》作为迄今"二十四史"选注本中分量最大的一种，也是《三国志》裴注的第一个选注本。它的注释具有简明扼要、深入浅出、雅俗共赏的特点，实在值得我们欢迎。我们希望有更多的像《三国志选注》

这样的好注本问世。

　　《三国志选注》是中华书局出版的"中华文史哲名著选读"丛书之一。这套丛书主要是以广大的文史爱好者为读者对象的。这部《三国志选注》所反映的我国古代金戈铁马的征战场面，或许会使许多从烽火硝烟中走过来的老战士回忆起戎马倥偬的当年。"老骥伏枥，志在千里；烈士暮年，壮心不已"，三国时代曹操写下的诗句，也许重新给人以鼓舞和激励。

　　　　　　　　（原载《古籍整理出版情况简报》第 141 期，1985 年）

考源校讹，语林增色

——《唐语林校证》书后

《世说新语》问世后，这种记载人物言行轶事的笔记小说，以其简洁隽永的著述体裁，深得文人士大夫的青睐，对后世有很大影响，产生不少仿效之作。中华书局已出版的《大唐新语》，即是其中之一。而宋人王谠所撰《唐语林》，更称得上是效法《世说新语》的集成之作。现在，这部书经过南京大学古典文献研究所周勋初先生悉心整理，定名为《唐语林校证》，已由中华书局出版。

《直斋书录解题》卷十一《唐语林》云："以唐小说五十家，仿《世说》分三十五，又益十七，为五十二门。"这部唐代说部的集成之作，对于研究文学史，特别是小说史来说，其价值固不待言。此外，由于《唐语林》专载有唐一代史事，"多与正史相发明"，从研究历史，特别是治唐史的角度看，其史料价值颇大。《唐语林》取材的五十种书，多是唐人著述，不见于《新唐书·艺文志》的不到十种。这些书的作者，虽然有的是由晚唐入宋的，有的是宋人，但其内容实际上也是汇纂唐人著述而成。因此，从史料来源看，是由当代人记当代事，大抵信实可靠。由于《唐语林》承续的是《世说新语》的传统，偏重人事，注重情致，因而此书不像《太平广记》那样言多语怪，也不像《绀珠集》《类说》那样引书节略过甚。这些，都相对地提高了《唐语林》的史料价值。

此外，由于《唐语林》采摭的五十种唐宋人小说稗乘，今已亡佚的达二十多种，即便是幸而今存的，也多有残缺。这个事实本身，决定了《唐语林》还具有很高的辑佚价值。而对于至今尚存的引书，《唐语林》则具有较为重要的校勘价值。

《唐语林》虽然具有宝贵的价值，但这部书自问世以来，命运却颇为坎坷。宋代书目著录此书卷数已是纷纭不一，大藏书家晁公武竟说《唐语林》"不详撰人"，可见流传之稀。《唐语林》一书，在宋元之世找不到刊刻的记录。现存的最早刻本，是明嘉靖二年齐之鸾的两卷本。据齐氏自云，"予所得本多谬"，"有不能意晓者"。由于他找不到别本可校，只好"并令阙疑承误"。清人钱熙祚在《守山阁丛书》本《唐语林》校勘记序中云："《说郛》录《唐语林》，寥寥数条，其标题大略与齐之鸾残本合，知陶南村所见本已不完矣。"可见元末陶宗仪所见到的《唐语林》已是残本。亏得明初《永乐大典》将此书收入，清四库馆臣才从中辑出一部分齐本《唐语林》所无的内容，补于齐本之后，以聚珍版刊行。今天人们所能看到的《唐语林》，就是这部前后体例截然不同的"足本"。以后，此书虽屡经刊刻，多有传本，然皆不出此范围。就是这样一部《唐语林》，脱、衍、倒、误等先天缺憾和后天错乱，杂陈并见，几不可读。周勋初先生面对这些讹误，在《前言》中慨叹道："在我国典籍中，很少有像《唐语林》这样的坎坷的遭遇，形成这样奇怪的体例。"

面对校本缺少，毫无整理基础的困难状况，周勋初先生经过数年艰苦的努力，现在摆在读者的书架案头上的这部《唐语林校证》，庶几堪称《唐语林》的定本。

周勋初先生的《唐语林校证》主要做了以下几项工作。

一、考求本源。《唐语林》系撮集唐宋间五十种笔记小说而成，原采撷书目尚存，但究竟哪一条出自哪一种书，王谠并未说明。周勋初先生根据王谠所采书之现存者，与《唐语林》——复勘；引书亡佚者，依据各种类书、总集、别集、笔记小说复勘，将全书907条文字找到了出处，占全书的85.5%。这项考求本源的工作，是一项近于大海捞针般的繁难作业。本源的考出，等于为版本甚少的《唐语林》找到了最可靠校本。对于读者来说，等于大大提高了《唐语林》的使用价值，使读者可以更放心地利用《唐语林》中的史料。

二、校勘讹误。《唐语林》中的讹误，不但数量多，而且种类各异。《校证》对这些讹误，多予校证。校证包括：（1）证编纂者王谠之误。如卷三第341条，言宗楚客纳厚赂启边衅事，此文原出《大唐新语》卷二。其中有"时西突厥阿史那忠节不和"之句，王谠改写后，却成了"时西突厥阿史那与忠节不和"。殊不知"阿史那"乃西突厥之姓，"忠节"乃此人之名，中间不能加"与"字。像王谠那样一改，就把一个人误分为两个人了。此事并见《旧唐书》卷九二《宗楚客传》，内云："景龙中，西突厥安葛与阿史那忠节不和。"据此可知，《大唐新语》叙事不明，然无大误，而王谠妄加一字，却铸成大错。（2）证版本讹误。《唐语林》一书能流传到今天，《永乐大典》起了重要的中间环节作用。如果没有当年《永乐大典》将《唐语林》散入各韵之中，四库馆臣就不可能辑出后半部《唐语林》。不过，《永乐大典》编入《唐语林》也存在许多问题。如不看内容，分类失当；多错别字，且多脱落；张冠李戴，误记篇名等。而四库馆臣辑《唐语林》，工作做得也不理想，如不利用明残本校雠，以致多有讹误；擅改底本《永乐大典》的文字。卷七第919条，原出《因话录》卷六，中经《永乐大典》和《四库全书》，已与原书面目皆非。四库馆臣还由于不熟悉《唐语林》援引之书，妄加按语，致生歧异。对于上述谬误，《校证》凡有发现，均加改正或出校。

三、去伪补脱。去伪如卷八第1075条，言唐人酒令，原来出南宋洪迈《容斋随笔》卷一六。洪迈生于干干谠之后，其文字不可能为前人所吸收，显系《永乐大典》因其内容属于唐代风俗而误题书名羼入。补脱如卷三第404条，原来出《北梦琐言》卷三"高太尉决礼佛僧"条，明残本、《历代小史》本中的文字，如"是夜黄昏""凌胁州将""得于资中处士王迢"等，都与原书相符，而聚珍本却均有脱落，《校证》均出校记加以补足。

四、析合条目。析条如卷五第699、700两条，前者出《大唐传载》，言乐章以边地为名；后者出于《开天传信记》，言安禄山之狡黠。内容完全不同，四库馆臣却硬行捏合在一起，《校证》将其分开。合条如卷六第859、860两条，均述唐文宗问许康佐《左传》中余祭之事，说明这两条文字原出一书，故首尾贯通。但四库馆臣不加细察，却将后条置于第869条之后，把本该缀合的文字割裂了。《校证》则将次序作了调整。

五、辑补佚文。《校证》依据现存之《永乐大典》残卷及《酉阳杂俎》《白孔六帖》《类说》《演繁录》《容斋随笔》等文献，辑出前人所未辑得之《唐语林》佚文19条。

六、编纂索引、提要。《校证》在附录部分，除了收入各家著录的题跋和引用书目之外，还编写了《唐语林援据原书提要》，使读者手持《唐语林校证》一书，即可了解《唐语林》援据之五十种原书的基本情况。同时，还编制了《唐语林援据原书索引》和《唐语林人名索引》。这对于研究者查检《唐语林》中的书名、人名，利用《唐语林》援据之书与原书相校勘，提供了极大的方便。

整理古籍，能够扫去古籍的讹误，即为善矣。而《唐语林校证》却在考明出处、纠正原误、编制索引、叙录提要等方面补做了《唐语林》作者王谠所未做的工作。这无疑使《唐语林》一书更加完整，更具光彩。可以毫不夸张地说，这在新出版的古籍整理本中还不多见。

（原载《古籍整理出版情况简报》第141期，1985年）

以农立国

——读《唐五代农业思想与农业经济研究》

民以食为天。自古以来，中华以农立国。据统计，即使是到了商品经济相当发达的明代，农民依然提供了国家 80% 的岁入。时至今日，农业、农村、农民这样的三农问题仍旧相当严峻。而将历史回溯到一千多年前的唐五代，大江南北、黄河上下，陇亩纵横，阡陌交错，城市仅仅是稻海麦浪中星星点点的孤岛。

中国历史几经嬗变，7 至 10 世纪的唐五代是重要的一环。20 世纪初叶，日人内藤湖南纵观历史大势，首倡唐宋变革论。后来，围绕这一有待实证的命题，在历史研究的诸多领域，都取得了丰硕的成果。不过，对于变革期，扎根于土地的农业研究则显得有些欠缺。20 世纪中叶以来，由于意识形态的主导，对于土地上的人，对于生产关系有了较多的研究，但中国农业史的一个横断面——唐五代农业思想与农业经济研究，则一直付之阙如。这一时代，从均田制到两税法，发生了波及后世的巨大变化。留下一片空白实在遗憾。

可喜的是，这一空白如今被张剑光和邹国慰两先生的劳作所填补。

"东风破早梅，向暖一枝开。"新年伊始，一部《唐五代农业思想与农业经济研究》（上海三联书店，2010年）从沪上越洋而至，带来清新的春的气息。

观《唐五代农业思想与农业经济研究》，知此书为张剑光和邹国慰两先生多年劳作的结集。这是有意识的主题集中的劳作。因此，积累下来，水到渠成，蔚为大观，成果斐然。全书分上下两编，上编为唐五代农业思想研究，下编为唐五代农业经济研究。

交叉于农业史与思想史的农业思想如何研究？著者匠心独运，巧妙入题。先是选择了从初唐到中唐的几个帝王对农业的认识进行考察。他们是唐高祖、唐太宗、武则天和唐玄宗。仅仅帝王还不够，政策的制定与实施有赖于政治家。于是，又有了几个政治家的农业思想的分析。这是陆贽、杜佑与李翱。光有政治家的论述，还嫌枯燥，毕竟不是在复原一个时代的政府公报。于是乎"千树万树梨花开"的叙述，像一幅绚丽的画卷，便呈现在我们面前。这是文学家笔下流出的农业思想，他们是中唐的韩愈、白居易、元稹和晚唐的陆龟蒙。从书后所附怀念王永兴先生的《菊花残，人断肠》一文可知，剑光兄受业于王永兴先生。而王永兴先生则受业于陈寅恪先生。陈寅恪先生力倡诗文证史，撰有名著《元白诗笺证稿》。师承有自，能想到从文学家的诗文作品中发掘农业思想，便毫不奇怪了。较之帝王与政治家，文学家的作品更接近草根，散发着泥土芬芳。由个体入手，从上到下，点线相连，最终构成一个时代农业思想的整体图像，可谓别致。

下编的唐五代农业经济研究，颇具开创意义，可谓是敢于吃螃蟹，勇于啃骨头。如此评价，是缘于，迄今为止，对这一时代，研究生产关系者甚夥，研究生产力者寥寥。这里面似乎有这样的因素在，即做人文科学研究的人对生产技术比较生疏发怵，往往避之三舍。于是乎这只螃蟹就由张、邹二位来吃了，这可是一只肥硕的大闸蟹。

从这一编的五章中，我们看到了农作物的生产与水利事业的规模。

最近，读了不少关于历史上经济重心南移的论著。形成了这样的印象：三国孙吴开发，永嘉南渡移民，东晋百年加上宋齐梁陈一个半世纪，终于完成江南经济重心的建设。从此，中国政治与经济重心二元化，以大运河为标志，体现了统一王朝对江南经济的依赖。然而，通过此书，我们却看到，在唐代前期，北方农业依然占有绝对优势，河东、河北、河南、关内等地是最为发达的地域。这种状况到了安史之乱以后，才开始发生变化。书中所述的这一事实，部分修正了我的认识。

从书中所述，我们还可以了解到，在这一时代，农作物的稻麦逐渐取代了粟稻的传统地位；江南水田生产与复种技术的长足发展；伴随着东西交流，从国外引进了新的蔬菜品种与果树；以北方为中心的养蚕种桑开始迅速南下。书中还旁及了这个时代的渔业、园艺以及花卉和茶叶生产。对于蝗害等自然灾害以及疫病的防治，本书也没有忽视。

在史料发掘方面，本书也别具只眼，从日本入唐僧人圆仁的《入唐求法巡礼记》中，发掘出珍贵史料。其中包括，圆仁笔下的粮食作物种植、经济作物种植以及养殖业，还有粮食价格和北方蝗灾。新史料的发掘，对于研究深入的推动，是毫无疑义的。在史料采掘视角与运用方法上，这也当是本书带给读者的启示意义之一。

自然，鉴往知来，在三农问题依然严峻的中国，此书的启示意义则更为重要。

在环绕东京的山手线电车上，这一季节正悬挂着上野公园冬季牡丹展的广告。看着这个广告，我在想，跟茶叶一样，牡丹花大概也是遣唐使带到日本的吧。由此，我又想到了剑光与国慰兄的这部大著——《唐五代农业思想与农业经济研究》。

（《历史文献研究》第35辑，2015年）

"斜晖脉脉水悠悠"

——《唐代经济与社会研究》阅读遐思

极为个人的阅读体验。我读古典诗词，常常罔顾整体意境，而是根据自己的经历、心境，对其中的某一句产生共鸣，凝成独自的意象，断章而取义。比如对温庭筠的《望江南》，我就可以不理会"梳洗罢，独倚望江楼，过尽千帆皆不是"和"肠断白萍洲"的思妇情绪，仅就中间的 一句"斜晖脉脉水悠悠"展开我的遐思：江水悠悠，时光悠悠，一切都悠闲而缓慢地流淌。

上述的感触，并非无缘而发。

近日，收到剑光教授寄下的新著《唐代经济与社会研究》。作为附录，书后剑光兄附上一篇题为《过尽千帆皆不是，斜晖脉脉水悠悠》的文章，副题为《十年江南史研究及一些体会》。从这篇文章用作标题的诗句，从我了解的剑光兄的学风，让我产生了上述的感触。

我与剑光兄最初是在酒桌上相识的，而更多、更深入的了解与交往，应当是在博客上。

印证我上述感触的，是剑光兄这部新著自序中的几行"夫子自道"："每天，捧着一杯清茶，我能静静地翻阅着充满油墨香味的史书，与古人一起共进退共患难，一旦有了些想法，就敲打几下键盘，码下几行字。"

这几句话，给我传达的意象，正是"斜晖脉脉水悠悠"，也正是他接下来讲到的"平静而安谧、舒坦而美妙"。

"子在川上曰：逝者如斯夫。"岁月长河，匆匆而过。不过，后人研究历史，则不能匆匆。历史的回放，不能快进，而需要缓缓的慢镜头，有时还需要定格。寻觅历史的真相，演绎内在的理路，需要有足够的耐心。"板凳甘坐十年冷"，就是一种耐心。

剑光兄这部新著，是他研史三十年部分成果的结集。从收录的文章中，我看到了他把一段段历史缓缓地回放、定格，从中有了他的新见。

《唐代经济与社会研究》，书名本身已经清楚地昭示了内容。指射目标是唐代的经济与社会。经济史研究，在学界不仅不是冷门，并且一度曾经很热。不过，在我看来，以前热的幅度并不广，大多集中于土地、地主、农民这样的生产资料与生产关系上。在强烈的意识形态主导之下，这样的研究遮盖了本应关注的众多经济史研究的领域。经济活动一定是产生于社会之中的。如果仅仅抽象为生产资料与生产关系，丰富多彩的社会便消失了。同各个领域的历史发展一样，推动经济发展的也是类如物理学所讲的合力，亦即综合因素。剑光教授的这部著作，就体现出了推动历史的合力。本书分为经济篇、政治与人物篇和文化篇。三篇之分，便可见内容涵盖之广。

阅读本书，犹如置身于万花筒中，五光十色，目不暇接。除了对唐代商人社会地位的变化与意义进行的高屋建瓴式的俯瞰，以及以浙东、浙西和河南、河东四道为核心对唐代水利建设重心的探讨，还没有回避唐代中期以后重要的政治与社会问题如藩镇割据，没有将历史静态化。以这一视角，本书动态地考察了藩镇割据与商业的关系。作为商业活动的角色，从本书我们既可以看到牙人的活动，还可以看到在开放的唐王朝外商活跃的身影。而作为商业的另一端消费者，本书还特别关注到唐代长安的女性消费。

本书将考察视野从唐代延伸到五代。从中唐的安史之乱开始，一直贯穿于五代，这一乱象纷呈的时期，其实正是唐宋变革的重要时期。混乱的中原与相对安定的江南同处于这一时期。剑光教授的研究，不仅在时间上由唐至五代，从地域上也延展到了江南。这一时期的江南，不仅仅有着白居易所吟咏的"春来江水绿如蓝"的山清水秀，更开始成为传统中国的经济重心。中唐韩愈如是说："赋出天下，江南十居九。"权德舆如是说："天下大计，仰于东南。"中国政经逐渐分离，走向多元化。研究唐五代的经济，将目光投射在江南，是别具只眼的洞见。对于江南经济的研究，本书既有具体地域的个案研究，比如对越州、润州以及环太湖地区经济的考察，还有对江南城市功能、江南麻布纺织的分布等视野开阔的经济地理研究。具体地域的经济发展与变化，正可以实证区域经济中心的转移。

即使是纳入政治与人物篇的内容，跟经济也有着比较密切的关系。比如论述唐代致仕官员的待遇以及唐代官员致仕思想的理想与成熟等。而研究的人物便有以理财而闻名的赵赞和名相姚崇。经济既不能脱离社会，也不能脱离政治。于是本书又有了对郭子仪的君臣之道与为人处世的讲述，还展示了开唐宋变革之渐的玄宗朝初期政治斗争的画卷。关于唐朝最重要的对外关系，本书也没有缺席，评述了唐朝赴吐蕃的外交使者。

本书称之为文化篇的，则是广范围的研究，有些研究跟经济也没有脱离干系。比如对唐代吴地经济、文化和社会控制的思考。而对六朝隋唐时期太湖地区教育的考察，正可以从一个侧面展现江南成为经济重心的文化因素。编纂历史上第一部政书《通典》的杜佑，其史学思想与思想局限性也进入著者的考察视野。而历史跨度更大的仲雍与泰伯，也是置于江南吴文化之下的人物研究。

本书其实是剑光教授长期研究的一部论文合集，时间跨度很广。从上世纪80年代末到本世纪的最初十年这二十年间。从这一研究历程可见，他是较早从旧有的研究窠臼中摆脱出来的学者之一。这些陆续发表过的论文所显示的在当时看来颇有些超前的识见，无疑在不同时期产生了一定的启示作用。较之专一的理论建构的专著，论文集式的著作有其一定的长处。像一个百宝箱，读者既可以从中各取所需，选择自己喜欢的文章阅读，又可以获得广范围的知识与信息的接受。

同样也研史三十多年了，有无资格且不说，多少可以倚老卖老。于是，开始给年轻一辈讲起治学经验来。我告诉学生，研究历史，也要有职业敏感，而这敏感则是源于热爱。

这对历史科学的热爱，我从剑光兄的书中就读出了。他在自序中写道："我对历史研究充满着兴趣，并把这当成了自己的爱好在消磨着时光。人的一生，如果能一直做着自己感兴趣的事，那真的是很美满很幸福的，而我大概也能算作是一个很幸福的人吧。"

充满兴趣就是热爱，因此才会有锲而不舍的执着，才会把三十年坐冷板凳的生活描述得这么美好。

的确，幸福更多的是一种形而上的感觉。无论物质上富有还是贫乏，能做自己喜欢做的事情，精神便是充实的。悠闲地徜徉于历史长河之中，让剑光兄，让我等，都感受到了幸福。

感谢剑光兄的惠赠。在内容上，新著对唐代江南史的研究，正与我近年的关注相契合。我强调的宋元变革论，支点正是江南。由宋向上追溯，剑光兄的研究成果正可成为我的参考资源。

不仅如此，这部书还会给我、给读者以方法论的启示。附录的文章，叙述了收录书中文章的形成过程，等同导读。同时，此文也可以视为剑光兄对自己学术历程的回顾。

作为体会，他讲到了如何研究江南。第一，他强调的就是热爱，第二是要有实际体验，第三是要有"通"的意识，第四是要有"宽"的眼光。

江南是剑光兄生于斯长于斯的故乡，热爱与体验自不待言。让我更感兴趣的是后两点。不拘于一个时代，不泥于一个地域，不自我设限，不画地为牢，"通"与"宽"，实在是历史学者皆应具备的时空感觉。

从序跋的夫子自道到论述的字里行间，处处能感受到著者的宁静。然而，从剑光兄的博客，又时时可以感受到他那强烈的现实关怀。其实两者综合起来，才是这位学者的完整影像。

历史可以成为化石，但历史学者的心不能结冰，需要有激情，需要有人文情怀。有情怀，有激情，有立足，有超越。投入研究，又会化为冷静缜密，去钩玄索隐，探幽发微，把前人的足迹展示出来，启示今人走向未来。

书中所附的文章以《过尽千帆皆不是，斜晖脉脉水悠悠》为题，我想剑光兄是"新翻杨柳枝"，是诉说他那"路漫漫其修远兮，吾将上下而求索"的学术追求。在这份追求中，又能领略到一份宁静淡泊的悠闲与沉着。

过尽千帆，追寻那一个。

剑光兄，会找到的，我相信。

（《书城》2020 年第 12 期）

历史的天空
——读《中晚唐五代科举与社会变迁》

在杭州科举制与科举学国际研讨会上，年轻的金滢坤博士以其大著《中晚唐五代科举与社会变迁》（人民出版社，2009年）见赠。金博士提交给会议的论文为《〈俄藏敦煌文献〉中的西夏科举"论"考：兼论唐宋西夏的科举试论》。由于是在我主持的分组会上报告，所以比较留意浏览了论文。当时，以为他是研究敦煌学的。敦煌学是一项综合性学科，涉及面广。因此，我对从事此项研究的学者素来钦佩。后来，金博士惠赠大著，仅观书名，便又增添几分敬意。

治唐代科举者，历来不少。因此选择唐代科举作为研究方向，要有"新翻杨柳枝"的勇气与能力。而中晚唐又遭逢乱世，不似盛唐以前平静而有序，这又是一难。再看接下来的五代，更是"变国如传舍"的混乱时代，研究资源也贫乏。研究起来，尤有难度。不过，犹如剑出偏锋，棋走险招，一旦突围，便会脱颖而出，别见洞天。做学问，也要有志气，有气魄。

光有志气和气魄还不够，还要板凳甘坐十年冷。友人韩昇是滢坤博士生时代的导师。据他在序言中讲，在浮躁充斥的学界，西北出身的滢坤平静淡定，潜心向学。终于十年磨一剑，成此大作。

仅有志气、气魄和毅力也不够，还要有正确的方法，准确的方向。研究科举制度者夥矣，从制度到制度，难出新意。然而，从制度史研究更上层楼，便会顿觉天高云淡，历史的苍穹是如此的开阔。

讲唐宋变革，关节点在中唐。中唐以前和平时期逐渐的量变，在中唐以后凸显出来，发生质变。因此，对中唐以后的科举研究，不结合社会变化便无法深入。当科举之舟游入社会，便可"乘风破浪会有时，直挂云帆济沧海"。

研究动态的制度史，此书可以说是成功的尝试。

由于痛感年轻学子所攻过专，知识面过窄，我每每呼吁，要先做杂家，后做专家。为学须"跳出三界外，不在五行中"。如此，方可开阔眼界，不至于僵化。

金榜题名会有时

——小识《南宋科举制度史》

当今公认的研究宋代科举制度的一流专家，不过寥寥数人。何忠礼教授，乃其一也。其早年所撰《宋史选举志补正》，便为当时我们在日本东洋文库《宋史·选举志》译注研究班必备的参考书之一。几十年来，忠礼教授在宋代科举制度的园地里辛勤耕耘，刊布论文过百，前几年曾以结集之《科举与宋代社会》（商务印书馆，2006 年）相赠。手头这部获赠于杭州科举学术研讨会的《南宋科举制度史》（人民出版社，2009 年），则是忠礼教授的又一研究结晶。

本书不仅是既有研究成果的结晶，更是研究创新，可谓是填补断代科举制度史研究空白之作。科举，隋发源，唐续流，至北宋而蔚成洪流，到南宋则江河湖泊，汪洋无所不在，对社会文化产生了巨大的影响。近年以来，相对于唐宋变革论，我极倡宋元变革论。宋元变革论的起点便是南宋，因此，我极为关注南宋，而南宋的科举则是我的研究切入点之一。不是"好雨知时节"，而是"时节逢好雨"，得到忠礼教授此作，实在是如获至宝。

观忠礼教授是书，虽专述南宋科举制度，然前瞻具在，唐代与北宋科举制度沿革的叙述亦未遗漏。仅此，便可视作唐代至两宋的科举制度研究专书。不仅如此，忠礼教授还将眼界放宽，从科举衍及社会，设有《科举制度与南宋社会》一章，将制度的考察投射在广阔的社会空间。

其实，忠礼教授专攻科举，却没有自我设限，囿于科举。这从他早年的《南宋史稿》和近年出版的《宋代政治史》便可概见。

忠礼教授治学没有流于空论，从早年整理出版之《朱熹年谱》，到《中国古代史史料学》等著作，便极可想见其于史料研读之扎实功力。

忠礼教授著作等身，古稀之后，不仅著述不辍，更受命主持南宋史研究中心，将研究中心办得有声有色。几十部南宋史研究的专著相继问世，更显现了忠礼教授于研究之外的学术组织能力。"功夫在诗外"，亦此之谓也。

董理增订愈转精

——《宋史职官志补正（增订本）》跋尾

　　龚延明先生是我的老朋友。1984、1985、1986，宋史年会、国际宋史研讨会、岳飞研究会，连续三年，我们在杭州见面，我还受邀到过延明先生的家里做客。2000年保定的宋史年会是我们暌隔许久的再会，此后经常在学会上相见。两册散发着油墨芬芳的《宋史职官志补正（增订本）》（全二册），是去年9月延明先生访日时亲手持赠。

　　延明先生是宋代职官制度乃至中国古代官制研究公认的大家。几十年如一日，矻矻不倦，终成正果，毅力十分感人。延明先生的著作，除了见面时亲手持赠，还通过各种途径送到我的手边。比如，他的《宋代官制辞典》，就是通过他的一个日本学生回国时带来的。2006年，我参加上海的宋史年会，他因有事未能赴会，但也嘱托他的学生将出版社刚刚送来的样书《中国历代职官别名大辞典》交给我。

　　延明先生跟我颇有文字缘。80年代他在《古籍整理出版情况简报》刊发的《官制修养与古籍整理》一文，开头便提及我的短文《典章制度与古籍校勘》。他的《宋代官制辞典》样稿交到编辑部时，徐敏霞老师请我审阅。后来，我见到延明先生时开玩笑说，您的书，我拿到的审稿费比您拿稿费还早。

与延明先生，不仅是宋史研究上的缘分，在拥有共同的老师这一点上，我们还算是同门，尽管延明先生年长我许多。由于这个缘故，我与延明先生之间，也有一种别样的亲切。

延明先生的《宋史职官志补正》，我手头已有1991年浙江古籍出版社的旧版。两相比较，作为"二十四史校订研究丛刊"出版的增订本比旧版增加了七十多条新的研究成果。有了这部《宋史职官志补正》在，对于准确理解繁难的宋代职官制度，实在是助益颇多。

矻矻劳作，巍巍丰碑

——喜获《宋登科记考》感言

在烟花三月的杭州，又与老友龚延明教授重逢。去年在东京，以重订之《宋史职官志补正》二册见赠；今春在杭州，更以皇皇两巨册《宋登科记考》(江苏教育出版社，2009年）相送。

早在20世纪80年代，以治唐代文学而蜚声学界的傅璇琮先生，曾在《唐代科举与文学》中提到："如果效徐松之书的体例，编撰一部《宋登科记考》，材料一定会更丰富。但搜辑和排比的工夫一定会更繁重。"

傅璇琮先生的这个创意，通过龚延明教授和他实际上的助手祖慧教授的努力，终于在今天变为现实。

两宋科举登科者达11万人之多。其中，除了少数出类拔萃之辈名列宋代史籍之外，出于制度上和人事上的原因，多数人的事迹都湮没无闻了。"江山代有才人出"，支撑了一个时代辉煌的精英，身与名俱灭。不过，他们所创造的文化却传留至今。所以，历史不应遗忘他们。然而，文献无征，研究这些大大小小的人物是何等的困难。我想在清代徐松创为《登科记考》之后，可能不止一个学者萌发过编撰《宋登科记考》的念头。尝试下来，都在繁重的工程量面前望而却步了。

试想一下，编撰这样一部《宋登科记考》，要翻检几乎全部的现存宋代文献和大部分元明清迄至民国的文献，还要查阅几乎是全部的地方志。这样的工程量绝非一个人，甚至是少数人的作业所能承受和完成的。

然而，奇迹就这样发生了。如《辞海》合订本一样皇皇两巨册500万言的《宋登科记考》，真真切切地呈现在我们面前。两宋11万多科举登科者中的4万余人的事迹，尽管详略不等，却赫然在册。并且，这部《宋登科记考》，绝对是专家的专业化操作，每个进士事迹的下面，都注明资料出处，信实可征。

人们习惯于欣赏成就，仰视辉煌。那么，奇迹的背后呢？从延明教授开始编撰到成书，整整花费了十七年。试想，一个人有几个年富力强的十七年！"满纸荒唐言，一把辛酸泪。都云作者痴，谁解其中味？"曹雪芹在《红楼梦》第一回中发出的感慨，让我不贴切地移到了这里。不过，《宋登科记考》则并非"满纸荒唐言"，4万余科举登科者的事迹被钩稽出来，对于宋代文史的研究具有着何等的价值，不言而喻。十七年的不计名利得失，孜孜矻矻，甘坐冷板凳，可云为"痴"。个中甘苦，岂是一把辛酸泪所能洗去？

在3月科举制与科举学国际学术研讨会上，延明教授作了闭幕词。听着充满才情与诗意的闭幕词，我不禁感慨，延明教授也是个性情中人，如果不做学问，本可以成为一个不错的诗人或作家，然而延明教授却将才情付古人，同祖慧教授一起，写出了毫无诗意却字字含金的巨著。

每次参加学术会议或进行学术交流，都会获赠不少友朋新著。飞机托运重量有限，因而每每畏于携带，质量与数量都不堪重负。不过，得到这两大巨册沉甸甸的《宋登科记考》，我真的是如获至宝，连托运都担心寄丢，硬是手提归来。

在科技进步的今天，电子版的制作变得相当容易。皓首穷经与博闻强记都交给了电脑，资料性考证将不再是高深的学问。不过，像《宋登科记考》这样初始的资料搜集和考证作业，却先要有人辛辛苦苦去做，然后才会有图像版或可以检索的电子版。相信不久的将来，《宋登科记考》也会有电子版问世。那时即使是使用着电子版，我们也应对延明教授和祖慧教授这样的初始劳动者抱有深深的敬意。

仰望巍巍耸立的丰碑，我，五体投地。

建档立传，追迹金榜题名人
——《宋代登科总录》评介

　　始于隋，显于唐，盛于宋，历元入明清，一直走到20世纪初叶的1905年，科举这一传统社会的公务员考试，支撑了一千多年的政治运作，提升了全社会的文化，从中华到域外，产生了广泛影响。

　　千年科举，产生了几十万登科者。当年，从政治金字塔顶端，到州县行政末梢，这些士人活跃的身影随处可见。在传统社会，社会发展由拥有知识的士人引领，这一点毋庸置疑。隋唐以降，科举登科的士人便是其中的精英。研究中国的历史与文化发展，这些人当是首要的研究对象。

　　"金榜题名时"，在过去被称为人生的几大喜之一。然而，金榜题名后，并非所有的登科者都会风光无限、钟鸣鼎食，进入正史列传的，只是其中的极少数人，多数登科者滞留在官场底层，默默地走完了仕途。犹如今天的同学录，从唐代的登科记到宋代的同年小录，当年有许多记录登科者的资料，不过也大多都伴随着岁月流逝而散佚失传，使得多数人的事迹湮没而无闻了。"江山代有才人出"，支撑了一个个时代辉煌的精英，身与名俱灭。不过，他们所创造的文化却传留至今。所以，历史不应遗忘他们。

　　然而，文献无征，研究这些大大小小的人物是何等的困难。对于当年在各个领域、不同层面发挥过重要作用的登科者，以前，研究者只能从浩如烟海的文献中进行手工个别搜检爬梳，效率很低，研究的广度和深度均有局限，从而研究质量也难有保证。比如，撰写过著名文史笔记《鹤林玉露》的作者南宋人罗大经，清代编纂《四库提要》的馆臣就叹为"事迹无考"。进士及第后一生都滞留在官场底层的罗大经，三十多年前，我在整理这部笔记时，十分吃力地检寻文献，才考证清楚他的基本生平事迹；三十多年后，又根据各种电子版文献数据库，进一步作了订误和补充考证。可见对文献难征的小人物，考证是何等的困难。然而，历史长河的流逝不仅有惊涛巨浪，还有细波微澜。小人物便是构成历史的细波微澜，研究历史难以回避。不过，研究起来，难度极大。

　　令人欣喜不已的是，以龚延明教授为首的研究团队历二十寒暑，搜检隋唐迄至明清的几乎全部现存古籍、碑志谱录编纂而成的《中国历代登科总录》，为搜检到的1300年间约12万科举考试录取的登科士人撰写了小传，汇集了迄今国内外规模最大的中国古代人物的传记资料。

　　现在，摆在案头的皇皇14巨册《宋代登科总录》，就是先行面世的这一浩大工程的硕果。

　　编撰《宋代登科总录》，要翻检几乎全部的现存宋代文献和大部分元明清迄至民国的文献，还要查阅几乎是全部的地方志。这样的工程量绝非一个人，甚至是少数人的作业所能承受和完成的。《宋代登科总录》的编竣，实在是犹如奇迹一般。近千万字的鸿篇巨制，让两宋 11 万多科举登科者中的 4 万余人的事迹，尽管详略不等，却赫然在册。

这部《宋代登科总录》绝对是专家的专业化操作，体例严谨，各登科人之下，皆旁征博引，详列该人相关之传记资料，不仅使所列登科人确出该榜信实有征，同时又宛若以登科人为线索的宋代人物大型传记资料汇编，极有裨益于知人论世的历史研究。有了这部《宋代登科总录》，研究地域社会文化的盛衰和人才的消长，研究宋代政治史、社会史中的同年现象，便有了基本的数据，获得了极大的便利。

编纂者又充分考虑到研究者的使用，在以年代顺序的各榜各科的排列之内，除榜首前几名之外，其他无论人数多寡，均以姓氏笔画排列。全书并编制有人名笔画索引，颇便检索。

《宋代登科总录》之所以先于《中国历代登科总录》的其他时代卷问世，是因为已经有了良好的资料基础。早在 2009 年，作为宋代科举研究的长期积累，龚延明教授的《宋登科记考》曾由江苏教育出版社出版，仿照清人徐松《登科记考》的两册皇皇大著，甫一问世，即获学界赞誉。时过不到五年，《宋代登科总录》又亮丽登场。那么，这部《宋代登科总录》与以前出版的《宋登科记考》区别在于何处呢？换句话说，有无只是"新翻杨柳枝"，炒冷饭之嫌呢？对比手头的《宋登科记考》，便可以发现，二者有着极大的不同。据我观察，主要区别有以下几点。

第一，对登科人数量的增补。搜集两宋三百年登科人名，其实是在浩瀚的文献大海中捞针。清人编纂《全唐文》《全唐诗》，今人编纂《全宋文》《全宋诗》，已属规模宏大的文化工程，均系动员大量学者编就。然而，这样集众人之力的"全"之作，迄今为止，仍然不断有学者在做补辑工作。可见网眼再小，亦会有漏网之鱼。目标向全，殚精竭力，虽有一定遗漏，亦不可苛责。辑佚补遗，是令人起敬的辛苦劳作。提供了一个大体完整的基础，已经成就了一件无量之功德。没有这个基础，后来的辑补无从谈起，而研究者则更要依靠各自的手工操作来爬梳于浩瀚的文献之间，搜取研究资料。无论研究，还是辑佚，都是前修未密，后出转精。这是学术的传承与接力。

可贵的是，从《宋登科记考》到《宋代登科总录》，编撰和增补，前修后出由一人，都是由龚延明教授带着他的助手来完成的。对比之下，后者比前者在人数上增加了不少。这种对学术事业的谦逊、虔诚、敬业和执着，令人由衷敬佩。在学术界也难免浮躁的当今，龚延明教授的沉潜宁静与锲而不舍值得所有学者学习。

第二，对登科人资料的增补。无论《宋登科记考》还是《宋代登科总录》，对收录的登科人都是无一人无来处，皆有资料依据。惟其如此，作为专业工具书才可信可用。不过，《宋登科记考》或许是出于篇幅的考虑，对收录的登科人仅注明资料出处。尽管这样的处理方式已经给了利用者按图索骥的线索，但毕竟骥尚需索，要根据注明的资料出处来查书。不是所有人都拥有丰富的藏书，不是所有人都有条件、有时间能每天往来于图书馆，因此，对于仅有资料出处的工具书，研究者往往是望书兴叹。

然而《宋代登科总录》则在每个登科人之下，不仅注出资料出处，还节录与该登科人相关的各种主要资料。这样的方式，尽管使书的分量大幅增加，但无疑是极有必要的。因为对有宋一代全部登科人资料的收集，如前所述，需要普查几乎是现有的宋代以及宋代以后的所有文献典籍，从方志到史籍，从文集到笔记，从碑刻到谱录，皆不能漏过。龚延明教授和他的助手，以个人之力，以顽强的毅力，进行了这样令人感动的艰苦作业。这一作业，从《宋登科记考》收录的登科人数和注出的资料出处略可窥见一斑，可以想象到作业之劳苦，不过却无法直接利用到作业普查到的资料。就是说《宋登科记考》只是给研究者搭建了通往所需资料的桥梁，而没有提供桥那边的风景。

《宋代登科总录》对每个登科人则是既注有资料出处，又节引各种主要相关资料，把桥梁和风景一并馈送给了研究者，这就为研究者带来极大的便利，减省了按图索骥的查检功夫。这样的做法，等于是为有宋一代所有在录的登科人建立了一座档案馆，研究者可以从这座档案馆中直接调取有关资料。特别是有些仅见于某部稀见文献的资料，由于编纂者普查才得以发现，具录于该人名下，对于研究者来说，尤为宝贵。因为这是研究者难以发现和索求的资料。相关资料全录，也可以说是龚延明教授和他的助手对学界毫无保留的无私奉献。

由此联想到，学术界的各个领域，无论个人还是集体，都编纂有很多大小不等的专业工具书，在编纂之时，无疑也有资料普查或汇集的过程。但这一过程到了工具书问世之时，便烟消云散，提供给利用者的，只是结果。其实，普查时搜集到的资料非常宝贵。这是只有编纂者才有机会全面而集中地收集到的资料。在工具书成书时将资料舍弃不录，十分可惜。迄今为止，囿于工具书的编纂体例或篇幅，几乎都不录资料。对此，自然不能苛责编纂者和出版者。

对于专业工具书，研究者不敢有过多的奢求，能注出资料来源，便已感激不尽，倘能像《宋代登科总录》这样全录资料，则会喜出望外。《宋代登科总录》的编纂方式，较之循蹈通常工具书编纂方式的《宋登科记考》更上层楼。如果探寻《宋代登科总录》内容以外的价值，毫无疑问，全录资料的编纂方式，会给专业工具书的编纂带来有益的启示。

第三，对内容的修订增补。从《宋登科记考》到《宋代登科总录》的变化，龚延明教授和他的助手并不仅仅是将过去注有资料出处之处补充全录了资料，还对包括登科人名小传进行了全面而准确的修订和增补。这里仅举一例。卷三北宋真宗（赵恒）朝大中祥符八年乙卯（1015）蔡齐榜中，对该榜进士范仲淹的著录，《宋登科记考》记如下文：

【范仲淹】字希文，苏州吴县人。大中祥符八年登进士第。历仕枢密副使，参知政事。终资政殿学士、知颍州。卒谥文正。（第98页）

《宋代登科总录》则如下记载：

【范仲淹】字希文，苏州吴县人。以"朱说"名登大中祥符八年进士第。初授广德军司理参军。历仕枢密副使、参知政事。终资政殿学士、知颍州。卒谥文正。

改动看似不大，但相形之下，颇见后者之准确缜密。我写过一篇文章，题为《"范仲淹"问世》（《文史知识》2012 年第 6 期），考证范仲淹到了 40 岁的天圣六年（1028），才归宗更名，成为日后名满天下的范仲淹，而在天圣六年以前一直使用的，是其母携其改嫁后继父为其起的"朱说"之名。上引《宋登科记考》径直记作"范仲淹"，不提及"朱说"之名，就有一定的问题。因为那时世上还没有"范仲淹"这个名字。而《宋代登科总录》修改为"以'朱说'名登大中祥符八年进士第"，则非常准确。此外，从这条记载看，《宋登科记考》在记仕履上，径直为"历仕枢密副使，参知政事。终资政殿学士、知颍州"。而《宋代登科总录》则有了变化，记载了范仲淹的初仕"初授广德军司理参军"。作为登科录，记载登科后的初授是必要的。因此，在有资料可稽的情况下，应当如是记载。对比两条记载，发现在标点符号的使用上，也有了细微的变化。如在叙官历上，原来"历仕枢密副使"与"参知政事"之间用了逗号，《宋代登科总录》则改用了顿号。不管是出于编纂者还是编辑者的改动，总之是订正得更为准确。

第四，体例变更与价值提升。《宋登科记考》是仿照清人徐松《登科记考》，并参照了现存数科宋人登科录的体例而作。这样的体例有一个目标指向，就是力图恢复昔日登科录的原貌。因此，于各科之前，详细列述试题以及考试过程。然而《宋代登科总录》的目标指向则不同，重在登科人的资料汇集。目标指向的不同带来体例的变化，《宋代登科总录》删除了《宋登科记考》列述试题以及考试过程的部分。因为这部分内容对于研究科举本身具有一定的价值，跟登科总录收录登科人的传记资料则没有必然的联系，所以其删亦宜。

不过，《宋代登科总录》却增加了原来《宋登科记考》所无的内容。这就是在每朝之前加入了对该朝科举的详细数据统计。数据归纳，分部为三。一为科举试。这是对常科中文科和武科的次数统计，以及对非常科中词科、童子科和上舍释褐等次数的统计。二为历科登科人数，列述该朝历科正常开科的登科人数，并附录词科、童子科、上舍释褐等特赐第等登科人数。三为该朝总体登科人数统计，包括进士、特奏名、武进士、词科、上舍释褐、童子科、特赐第等。

加入了这部分内容，读者首先便会对该朝科举登科状况有一个总体概观的认识。这便使《宋代登科总录》在考察不同时期的文化趋势方面，为读者归纳了宏观的数据，使本书在传记资料之外，有了更为广泛意义上的价值提升。这可以视为对传统登科录在体例上的突破与创新。

第五，新史料利用。《宋登科记考》出版几年来，又陆续有新的文献史料出版面世。编纂者亦不断留意和追踪最新学术信息，及时将相关史料采录到《宋代登科总录》之中。比如卷十一南宋孝宗朝隆兴元年癸未（1163）的【王遂】条，就利用了上海古籍出版社于 2012 年出版的章国庆编《宁波历代碑碣墓志汇编》收录的《宋故朝奉郎守国子监司业致仕王公墓志铭》，补入了重要的史料。而卷十一南宋孝宗朝淳熙八年辛丑（1181）【潘叔豹】条，更是利用了浙江古籍出版社 2013 年刚刚出版的郑嘉励、梁晓华编《丽水宋元墓志集录》，补入《潘郁圹志》的史料。

第六，字体变更。《宋登科记考》以繁体字排印，《宋代登科总录》则以简体字排印。作为历史与古典文学领域的专业资料工具书，以繁体字排印自无非议的余地，而改由简体字排印，无疑会扩大读者层，方便非历史与古典文学领域读者的利用。学术普及，走出象牙塔，具有很大的社会意义。不管字体变更是出于编纂者的考虑，还是出版者的建议，对于这样一部以千万字计的大书来说，一个微小的变更，都会牵一发而动全身。由繁改简，所有按笔画排列的登科人名顺序都要变更，这是一个作业量巨大却费力而不讨好的劳动，但却并不是做无用功，很有意义。

在科技进步的今天，电子版的出现，使皓首穷经与博闻强记都交给了电脑，资料性考证将不再是高深的学问。不过，像《宋代登科总录》这样初始的资料搜集和考证作业，却先要有人辛辛苦苦去做，然后才会有图像版或可以检索的电子版。为此，我对编纂者这样初始的手工劳动抱有深深的敬意。《宋代登科总录》为宋代文史研究搭建起一块坚实的平台，相信所有研究者都会都对编纂者和出版者报以极大的感谢。

《中国历代登科总录》犹如一个为众多古人建立的档案库，又犹如一座矗立的巍巍丰碑。档案库为文史研究提供了极大的便利，而丰碑则展示传统中国的灿烂文明，同时也铭刻着以龚延明教授为首的研究团队的辛劳与功绩。并且还述说着广西师范大学出版社的远见、魄力和文化贡献。使用档案库，仰望丰碑，令人心存感激，当须顶礼膜拜。

（原载《中华读书报》2015 年 11 月 25 日）

【追记】令人欣喜的是，《宋代登科总录》作为《历代进士数据库》的组成部分，已收入中华书局古联数据公司籍合网，便利的检索，必将更为嘉惠学界。

纠错正讹，会要新生

——点校本《宋会要辑稿》述评

一、命运多舛：从会要到辑稿

重视历史，从历史中汲取经验教训，是中国人自古以来的传统。殷有贞人，周置太史。晋之乘，楚之梼杌，鲁之春秋，"其文则史"。《太史公书》出，纪传体立。二十四史，绵延至今。正史之外，更有别裁。伴随着历史的脚步，"华夏民族之文化，历数千载之演进，造极于赵宋之世"。在士大夫政治格局之下，宋以文教立国，尤重史籍。其于本朝之史，体裁纷繁，有起居注、时政记，有日历、实录、国史，复有会要之修。

其中，昉自唐代的会要体史籍，极为朝廷所重。宋高宗即云："会要乃祖宗故事之统辖，不可缺。"前朝所行之事，均为广义之祖宗法，皆为决策之参考。可见宋人重史，不惟用于观往知来，更为资治通鉴。诸多本朝史之中，何以偏重会要？宋人程俱在《麟台故事》卷一《官职》记载修纂《政和会要》时道出了原委："朝廷每有讨论，不下国史院而下会要所者，盖以事各类从，每一事则自建隆元年以来至当时，因革利害源流皆在，不如国史之散漫简约，难见首尾也。"由此可知，尽管也本于日历、实录、国史所修，但会要这种体裁形式，犹如史籍中的类书，分门别类，编年排列，典制行事因革，开卷瞭然。作为政策参考，较其他种类的史籍更为便捷。

由于这个缘故，宋朝也相当重视会要的修纂，从北宋至南宋期，会要之修，凡十一次之多。不过，会要由于属于关涉朝政的机密文件，在印刷术普遍应用的宋代，却只将编竣之会要缮写三部，严禁刊刻流传。《宋会要辑稿》刑法二之三八就记载有如此规定："本朝会要、实录不得雕印，违者徒二年，告者赏缗钱十万。"因此，历朝编修的会要，只有南宋后期理宗端平三年（1236）由史家李心传整理成书的《国朝会要总类》588卷在四川雕版刊行。

唯一刊刻的这部会要，估计印数很少，因此流传亦稀。明正统六年（1441）成书的《文渊阁书目》著录："《宋会要》一部，二百三册，缺。"然而这部残缺的《宋会要》，在万历年间编撰的《新定内阁藏书目录》中已不见著录，说明已经亡佚。所幸明初编纂的《永乐大典》这部号称世界上最早的百科全书，大量引录了明廷收藏的这部《宋会要》，才使清人徐松得以借受命编集《全唐文》之机，将散见于《永乐大典》的《宋会要》辑出。不过，徐松辑录的嘉庆年间，《永乐大典》已非全帙，其所辑录，亦非全部。

《永乐大典》的体例由于是"用韵以统字，用字以系事"，所录《宋会要》已非分门别类之原貌。因此，徐松根据宋人王应麟《玉海》所载《庆历国朝会要》的类目，将所辑内容编入各个门类，并作了初步的文字校订。此后，这部辑稿几经辗转，命运多舛，先后由广雅书局的屠寄、嘉业堂的刘富曾和北平图书馆的叶渭清整理校勘，最后由哈佛燕京学社资助，在陈垣先生的主持下，定名《宋会要稿》影印，于1935年以线装200册行世。1957年，中华书局以四合一版缩印，精装八册，易名《宋会要辑稿》发行。嗣后，台湾世界书局、新文丰出版公司又据以影印。而中华书局应研究之需，又数次印行。

二、整理路漫漫：海内外的努力

几十年间，研究者使用的，便是这部《宋会要辑稿》。称之为"稿"，洵非谦辞。其中手写误植、脱缺倒衍、篇次错乱比比皆是。然而舍此无他，对这部堪称宋代史料渊薮的《宋会要辑稿》，研究者只能在忍耐中辨别使用，其中因错讹而误导之事亦所在多有。为了便于使用，海内外学者围绕着这部辑出的《宋会要》稿，进行了许多研究，并编制有不少索引、目录。先于影印本问世的，有汤中出版于1932年的《宋会要研究》。50年代有法国学者巴拉兹（Balazs）等编制的《宋会要目次》，70年代有以日本学者青山定雄为首的东洋文库宋代史研究委员会编制的《宋会要研究备要》，80年代有台湾大学王德毅教授编制的《宋会要辑稿人名索引》，以及东洋文库编制的食货门的系列索引，包括有人名/书名篇、职官篇、地名篇、年月日/诏敕篇等。我在90年代赴日之后，还参与过索引编制的作业。在90年代，日本京都大学梅原郁教授主编了《宋会要辑稿编年索引》。对于《宋会要辑稿》进行系统研究并编制细目的，则是河南大学王云海教授，撰有《宋会要辑稿研究》

和《宋会要辑稿考校》两部专著。而陈垣之孙陈智超先生还利用北图所藏被视为弃稿的部分《宋会要》稿，编就一部《宋会要辑稿补编》，并撰有《解开宋会要之谜》。上述这些研究著作与工具书，为研究者提供了极大的帮助，让错讹纷在的《宋会要辑稿》用起来已经比较方便了。

不过，就像点校整理的"二十四史"一样，学界一直期盼着《宋会要辑稿》也能有整理标点本。其实，整理《宋会要辑稿》的责任感，像一块巨石，一直压在老一代宋史研究者的心头。在80年代中期，以王云海先生为首，国内主要的宋史研究者就酝酿整理《宋会要辑稿》，在人员构成上进行了组织，甚至都印出了整理方案和样稿。进入新世纪，又一次被提上日程。不过都因种种原因未能展开。其中的一个技术原因则是，整理者分散于各地，不便于集中操作。

大规模的整理未能展开，但分类的个别整理还是取得了一定的成果。比如在王云海先生指导下，苗书梅等整理的《宋会要辑稿·崇儒》，以及郭声波整理的《宋会要辑稿·蕃夷道释》、马泓波整理的《宋会要辑稿·刑法》。这些《宋会要辑稿》的部分整理出版，既为研究者提供了使用方便，也为全面整理《宋会要辑稿》提供了经验。

三、集体攻坚：点校本问世

在既有的研究积累之上，四川大学古籍整理研究所在完成360册宋代文章集成《全宋文》这样大型的古籍整理项目之后，再贾余勇，开始着手整理《宋会要辑稿》。早有耳闻，最早川大古籍所是与美国哈佛大学、台湾"中研院"历史语言研究所合作，初步整理出了《宋会要辑稿》以及《宋会要辑稿补编》。这一整理稿作为电子版挂在台湾"汉籍电子文献"网上，一直有条件地公开在一定的范围之内。日本东洋文库由于与台湾的学术机构签订有协议，可以利用台湾的"汉籍电子文献"全部典籍，所以，我所参与的东洋文库《宋会要辑稿·刑法》的研究班，在进行译注作业时，一直都在使用这一电子版，受之嘉惠已有数年之久。尽管据川大古籍所的朋友说，电子版只是一次粗加工，不过，在几年来的使用中，并未发现特别明显的重大失误。

在电子版的基础上，川大古籍所的研究人员再接再厉，在所长舒大刚、副所长尹波两教授作为项目负责人的统筹组织之下，由刁忠民教授初审、刘琳教授终审，将《宋会要辑稿》以焕然一新的面貌奉献在学者面前。《宋会要稿》经过徐松组织辑出，又经过几次整理，业已以《宋会要辑稿》的形式固化，成为一部定型的典籍。因此，川大古籍所的整理，并没有试图超越辑稿，复原会要，而是就《宋会要辑稿》本身加以整理，处理存在的问题。这一整理方针无疑是正确而切合实际的。尽管如此，点校本也使《宋会要辑稿》发生了脱胎换骨般的巨大变化。据统计，校勘记达三万三千多条，而正文中用括号直接改、删、补、乙亦达两万多处，并且字号分条和行款设计都作了精心设计，颇具匠心。除了日常时时使用电子版《宋会要辑稿》，由于某种机缘，尹波教授根据《宋会要辑稿》整理实践所撰写的研究论文也曾拜读过两篇。窥一斑而见全豹，川大古籍所研究人员的用心之专，用力之勤，用功之深，业已目睹实感。

四、管窥见全豹：古籍整理有创新

《宋会要辑稿》新整理本甫一入手，作为利器，便立刻用于研究之中，从而实际体验了新整理本校勘之精湛。近日，在我参加的东洋文库《宋会要辑稿·刑法》研究会上，讨论了《刑法》二之一一三的如下一条记载：

> （绍兴）三十年七月二十日，知太平州周葵言，乞禁师公劝人食素。刑部看详：吃菜事魔，皆有断罪、告赏，前后详备。准绍兴六年六月八日，系结集立愿、断绝饮酒。今来所申为师公劝人食素，未有夜聚晓散之事。除为首师公立愿断酒依上条断罪追赏外，欲今后若有似此违犯，同时捕获之人，将为首人从徒二年断罪，邻州编管，仍许人告，赏钱三百贯。其被劝诱为从之人，并从杖一百。如徒中自告，免罪追赏。

这条记载中的"准绍兴六年六月八日"一句，于义不通，殊为难解。检河南大学出版社于 2011 年出版的马泓波《宋会要辑稿·刑法》整理本，此处一如影印本之旧，未出校语，再检电子版《宋会要辑稿》，亦无校勘记。然而当翻检新整理本《宋会要辑稿》，发现在"准绍兴六年六月八日"一句之下，补入一"诏"字。有了这个"诏"字，全句便豁然可解了，成为"根据绍兴六年六月八日的诏书"之意。整理者并非直逞胸臆，无据妄补。在此句之下记有校记号码，循此号码，在本页之旁看到了赫然印着的一条简洁的校勘记：

诏：原脱，按上文有六年六月八日诏，据补。

按图索骥，根据校勘记的指引，果然在距此条不远处的《刑法》二
之一——一内看到了这样一条记载：

（绍兴）六年六月八日，诏结集立愿、断绝饮酒，为首人
徒二年，邻州编管，从者减二等。并许人告，赏钱三百贯。巡
尉、厢者、巡察人并邻保失觉察，杖一百。

众所周知，徐松从《永乐大典》中录出的《宋会要》，是一部抄本，
并且是没有他本可资校勘的抄本。因此，校勘古籍时所常用的版本
校对于《宋会要辑稿》的校勘来说，毫无用武之地。那么，整理者
又是如何校勘《宋会要辑稿》的呢？从这条校勘记我们可以稍见崖
略。整理者是通过本书内容的互证来施以校勘的。以本书校本书，
在校勘学上称为本校。看来，在版本校无计可施的情况下，《宋会
要辑稿》的整理者大量运用的是本校。评价其大量运用，亦非妄
誉。上述援引的《刑法》二之一——一中的"诏结集立愿"，影印本
记作"诏结集五愿"。这个"五"字的讹误，整理者又据上引《刑
法》二之一——三的记载出校加以了校正。大量运用本校，尽管是由
《宋会要辑稿》这部文献的特殊状况决定的，但也看出了整理者对校
雠之业的精通与纯熟，根据文献的具体情况使用了正确的校勘方法。

观察点校本《宋会要辑稿》的校勘记，可以发现，整理者根据《宋会要辑稿》一书的具体情况，进行了大量的以本书校本书的本校之外，对一般校勘通例有了较大的突破。作为校勘原则，无版本根据不改动原文。如果拘泥于这一原则，对于只有一种抄本存世的《宋会要辑稿》，整理者便会无力可施，就会眼睁睁地看着不可卒读的大量讹误在文本中存在。在无法进行版本校的情况下，整理者还大量运用了他校，即使用与内容相关的文献来校勘纠正《宋会要辑稿》本文的讹误。看似犯了校勘大忌的他校改字，施之于《宋会要辑稿》的特殊状况则是行之有效的。

　　归纳点校本《宋会要辑稿》的他校改字，可以分为两种情形。

　　一种是以引书改文本。根据前述《宋会要辑稿》前生今世的整理史，从徐松到屠寄、刘承幹，对这部《宋会要》稿本做了许多工作。其中之一就是寻觅文献出处。这些寻觅到的出处，许多都注明于稿本之中。这种注明的出处便为后来的整理者提供了宝贵的线索。根据这些线索，按图索骥，找到现存相关文献，便可据以校勘《宋会要》相关部分的文本。我在 80 年代曾写过两篇短文，一是《略谈他校的取材》（载《古籍整理出版情况简报》第 187 期，1988年），一是《略谈古籍引文的校勘》（载《古籍整理出版情况简报》第 207 期，1989 年），皆为以引书校勘文本之论。在我看来，使用原书校勘古籍中的引文，应当属于是一种广义的版本校。《宋会要辑稿》的整理者就充分利用了前人注明的出处，以现存原书校勘了《宋会要》相关部分的文本。比如，《宋会要辑稿》礼四在"中兴礼书"之下，整理者施以一条按语："按，自此至《礼》四之一七均为《中兴礼书》之文。"这条按语，无疑是在前人所注"中兴礼书"线索的指引下，核对现存《中兴礼书》原文所得出的结论。在做了认真核对的基础上，整理者对这部分《宋会要辑稿》文本就主要运用《中兴礼书》进行了校勘。如礼四之一对"（绍兴二十七年）七月二十二日，礼部、太常寺言：勘会八月九日秋分夕月"一句，出了这样一条校勘记："会：原作'合'，据《中兴礼书》卷一二五改。"《宋会要辑稿》源出清人辑抄，清人在抄录时，不仅存在形近音近而讹的笔误，还存在有意无意地以当时熟知之语词改动原文的问题。这条把宋代公文常用作审议核查之意的"勘会"改为明清时代常用的"勘合"，恐怕就不仅仅是出于形近而误。在明代，明朝政府与日本就有着有名的勘合贸易。如果没有《中兴礼书》作根据，像这类问题，就是明知其误也难以改易。而当确认这部分文本文字就是出自《中兴礼书》之后，便可以大胆且理直气壮地加以改正了。无中生有，于无有处觅版本，《宋会要辑稿》的整理者可谓运用甚妙。而运用之妙，存乎一心，在于校勘功力之精深。

另一种是据史籍正讹误。《宋会要辑稿》的整理者从以引书改文本又向前迈了一步。《宋会要》原本为宋朝典章制度的汇编以及施行过程的记录。同样的汇编与记录，存世的宋元时代的史籍、政书、类书等文献亦间见记载。虽说非出同书，然所记之制、所述之事则同一。因此，亦足可取为校勘之资。在无法施以版本校的情况下，《宋会要辑稿》的整理者利用了大量相关文献进行了他校。史籍如李焘的《续资治通鉴长编》和《宋史》，政书如马端临的《文献通考》，类书如王应麟《玉海》、高承《事物纪原》等。几乎现存相关文献皆为整理者所驱使。不据他书改字的校勘原则，原本是出于对文本原貌的保护。如果不据他书改字，文本便扞格难通，那么在写出校勘记的前提下，我觉得还是可以据以改动文本正文的。《宋会要辑稿》的整理者便是如此处理的。这便使一部原本错讹严重的抄本变得清晰顺畅了，因此也极大地方便了研究者。原本错讹的费解之处，不再让研究者在那里费时了。

在几年前完成的电子版时尚无校正，到了几年后的纸本《宋会要辑稿》，就有了校正和校勘记，从这一变化中，看出同一整理者对同一部文献整理的精益求精，也看出了新整理本《宋会要辑稿》在质量上的飞跃。一斑见豹，滴水映日。我的亲身体验，更是印证了新整理本《宋会要辑稿》在校勘上的精湛。

《宋会要辑稿》不同于普通典籍，治宋史者，如果不是专攻制度史，也未见得能够全都读懂。研究宋史，《宋会要辑稿》是不可或离的必备之书。从我 1984 年发表《〈宋会要辑稿〉证误——〈职官〉七十八宰辅罢免之部》（《史学月刊》1984 年第 5 期）到今年，已经整整三十年了。对《宋会要辑稿》错讹之多，阅读之难，也体验了三十多年。对宋代文史典籍，尽管川大古籍所的研究人员有着丰富的整理经验，但面对这样一部极为专门的典章制度之籍，他们所经历的困难可想而知。不过，群策群力，他们啃下了这块让一般研究者都退避三舍的硬骨头。

五、期待修订：更臻完善

前修未密，后出转精。点校本《宋会要辑稿》肯定存在有一定的失误，在今后的使用中会被陆续发现。

在最近的《宋会要辑稿·刑法》研究会上，我们作刑法二之一三七的译注时，便发现有一处不妥，或为失校。该条云：

> （嘉定）六年四月二十六日，右谏议大夫郑昭先言："张官置吏，各有司存。狱有重囚，差官审覆，委之倅贰。令倅或辞避不行。至委幕职代之，随司吏胥不受约束，不过具成案涉笔纸尾而已，冤枉何自而伸？县阙正宰，权摄当属邑佐，今县官不差，至委郡僚或外官兼摄，擅作威福，非理扰民，民力安得不困？苗税自有省限，固当责之令佐，今乃差官交纳，或差州吏下县，已纳再输，已放复催，监系擊鞭笞，残虐如此。酒税自有定额，监官皆系正员，今乃欲应人情，酒务则差官提督，税场则别委拘收，规图添给，且利赢余，紊乱如此。乞明示中外，自今仍前违戾，外则委监司觉察，内则许台谏风闻，重置典宪。"从之。

在这段记载中，"狱有重囚，差官审覆，委之倅贰。令倅或辞避不行"两句，意有不属。上句中"倅贰"，系指州之副长官通判，而下句之"令倅"则颇费解。因为州无令长，县无倅名。检河南大学出版社出版之马泓波《宋会要辑稿·刑法》点校本，此处两句连读为"委之倅贰令倅"，亦含混不清。颇疑"令倅"之"令"乃"今"字之形近而误。这两句是讲州府的重要囚犯委托通判审核，现在通判却避事，又推给下属来做。改"令"为"今"，前后文便豁然开朗。并且，作"今"字在本篇郑昭先的奏疏中也能找到旁证。下文讲到权摄县宰存在的弊病时，就说"今县官不差"，明确用了"今"字。以同篇文字为本校，点校本似当出校。

对于上千万字的大型古籍，能够整理出版，便是功德无量，虽有瑕疵，亦为正常，无须苛责。然而，爱之欲其美。希望整理者在广泛搜集学界意见的基础上，加以不断修订完善。除此之外，作为一点建议，今后，《宋会要辑稿》点校本还应当在海内外既有的研究基础上，编制诸如人名、地名、编年等各种配套索引，使死书变活。有些索引的功能，即使在拥有电子数据库的今天，也还是无法替代的。

尽管存有瑕疵，依然不失为一块巍巍丰碑。用一个不大恰当的类比，对于专业研究人员来说，《宋会要辑稿》点校本的问世，其意义甚至大于《宋史》点校本的出现。《宋会要辑稿》点校本会为研究者扫除不少阅读障碍，会使宋代文史研究提升到一个新的高度。从此，几代研究者将受惠于这部《宋会要辑稿》点校本。享受美味佳肴，我们感谢厨师。应当感谢的，还有上海古籍出版社，在出版市场化的今天，出版这样大型的专业书籍，也需要一定的胆识与魄力。整理者与出版者，对学术文化的贡献，自当风物长宜放眼量。

《宋会要辑稿》点校本的问世，让我还产生一点其他感想。三十年来，伴随着研究课题，我也整理出版过一些宋代史籍，但都规模较小。古籍整理，有些项目非一己之力能够胜任，游击队打不了大战役，一定要依靠集体的力量，才能完成像《宋会要辑稿》这样有难度、有规模的大项目。从《全宋文》的编纂到《宋会要辑稿》的整理，川大古籍所提示了一条古籍整理的成功路径。

仿佛是冥冥之中的命运安排，《宋会要》的最后一次编纂和唯一一次刊刻是在宋代四川，而将近八百年后，《宋会要辑稿》的整理出版又是出自四川学者之手。蜀学有传统，更有活力，代有传人，生生不息。宋代典籍整理重镇在四川，在巴山蜀水间。

（原载《史林》2015年第4期，简略版载《光明日报》2015年3月3日）

"追寻历史的活法"
——《宋代民间财产纠纷与诉讼问题研究》跋尾

这里的"活法",指的并不是生活方式。"法"字用的是本义,即法律。"活法"指的就是相对于文本法的法律实施状态。这个提法反映的是,进入 21 世纪以来,中国法制史领域的研究趋向。

不仅是法制史,一切领域的历史研究都应当重视实态研究,而不能仅仅停留于从制度到制度。这种认识,我在上世纪 80 年代中期发表于《历史研究》中的论文中,就已有明确的表达。认为应当将制度的设立与制度的实施区分开来,将主观意图与客观事实区分开来。后者更是研究者需要重视的一面。当时,应之者寥寥。不过,现在已经作为常识为人们所认识。

手头刚刚收到的高楠博士的著作,就是这种认识的践行之作。由 2009 年云南大学出版社出版、收入"云南大学宋史研究丛书"的高楠博士的著作,题为《宋代民间财产纠纷与诉讼问题研究》。仅看书名,便可知这是一部法制史研究的著作。但此书又不纯为法制史,与经济史和社会史相交叉,是一部从新角度着眼的新切入之作。此书运用跨学科的理论与方法,"力透纸背",从文本法深入到民众经济生活的细部,对民间的各种财产纠纷实态施以多角度的考察和理性的分析，是一部扎实而新颖的佳作。

　　高楠博士的研究内容与研究角度，与其学术传承直接相关。高楠博士的硕士导师邢铁教授是已故著名宋史、经济史名家李埏先生的弟子，博士生导师是中国法制史专家郭东旭教授，而博士后导师则又是李埏先生的弟子林文勋教授。从文勋教授的《从静止式、平面式研究到动态式、立体式研究》的文章看，高楠博士的这部重视历史实态研究的著作，无疑直接受到了文勋教授的指导与影响。

　　在学界也同样充斥浮躁与造假之风的时下，能读到这样的扎实之作，令人欣喜。此外，还更有长江后浪推前浪之欣喜。江山代有才人出，诚哉斯言！

好气任侠，崇礼重法

——我观《燕赵法文化研究》

"法文化"的提法，无论是中文，还是日语，都比较新颖。日本学界有一个刚刚结束的大型课题组，我参加了其中的一个分支课题组。这个分支课题组的名字很长，我们就取其名字中反映主题的几个字，简称"法文化班"。有一次聚会，还专门为"法文化"的提法进行了讨论，探讨这个概念的内涵与外延。

3月，在初春乍暖还寒的一场大雪之后，我应河北大学宋史研究中心之邀，前往进行了一次讲座。在那一天，见到不少阔别已久的老朋友。午餐席间，郭东旭教授以两部新著见赠。其中便有这部《燕赵法文化研究》（河北大学出版社，2009年）。如前所述，我正参加"法文化班"的课题研究，因此，看到书名，心中不禁一动，如遇故知，颇感亲切。

《燕赵法文化研究》，可以称得上是一部地方法律文化通史。27万字的全书，除了书前绪论和书后参考书目，共分四卷。卷一为《法律思想篇》，卷二为《法制建设篇》，卷三为《执法清明篇》，卷四为《法学著述篇》。各篇除卷首亲自执笔的概论之外，均是由其学生撰稿东旭教授修订的分论。分论以人物为中心。

观此结构，感慨长于治史的东旭教授深得传统史书之要。全书所援，皆纪传体史书之例。各篇卷前概论犹专书之志，人物分论犹列传，而卷四《法学著述篇》则犹《艺文志》一卷。全书眉目清晰，本末俱陈。读来让人兴味盎然，绝无枯燥乏味之感。且不论内容如何，仅此形式结构，便足可为治专史者借镜。

燕赵大地，自古以来"慷慨悲歌、好气任侠"。唐代韩愈《送董邵南序》开篇第一句便云"燕赵古称多感慨悲歌之士"。"感慨"后来被改为"慷慨"，更见豪迈。这句话为年轻的毛泽东所激赏，曾在陈独秀主编的《新青年》杂志刊载的《体育之研究》中引述。"慷慨悲歌、好气任侠"，并非无视秩序，无法无天。此书展现的，便是慷慨悲歌的燕赵大地"崇礼重法"的另一面。

"燕赵古称多感慨悲歌之士"，学界郭君，不亦其一乎？

朱熹功臣，劳瘁之作
——《朱熹师友门人往还书札汇编》述评

迄至当代，在互联网出现以前，异地分隔的人们，沟通信息和传达意见的主要手段一直是书信。书信超越空间，拉近了人们的距离。又超越了时间，维持了人们的联系。范仲淹就对书信写下过这样的诗句："频得音书似不遥。"（《范文正公集》卷四《依韵酬邠州通判王稷太博》）书信作为人们交流的不可或缺的重要载体，自古以来普遍应用于公私场域。因而，前人遗留下来的书信也为学术研究者所瞩目。

书信之中，包含有丰富的史料，政治经济、社会生活、思想文化，乃至个人心曲，涵盖面极为广阔，是文史研究的宝贵资源。其中，重要历史人物的书信更为研究者所珍视，在研究中被广泛利用。近年以来，以书信为载体的研究尤为受到超越国界的重视。几年前，我曾在牛津大学参加过一个题为"十至十三世纪中国精英的交流：以书信与笔记作为研究材料"的国际学术会议。会议不仅讨论了以中国宋代为主的知识人书信往来，还介绍了欧洲中世纪的书信交流。从世界史的广阔视野再度认识到书信之于文史研究的重要性（参见拙文《牛津大学〈十至十三世纪中国精英的交流：以书信与笔记作为研究材料〉国际学术工作坊会议参加记》,《国际汉学通讯》第 9 期,2014 年）。

然而,巧妇难为无米之炊。利用书信进行研究,首先要有书信这样的研究材料。这一点自不待言。虽说古代文人有将书信作为自己的作品收录于个人文集中的习惯,但一是这些文集有很多并未重新整理出版,不便利用;二是收录于文集中的信件出于各种因素并不完整,存在许多阙佚,这也影响到利用。有鉴于此,不少研究者和古籍整理工作者辛勤地做了一些基础性的整理工作。比如文集点校、编年等,为利用书信进行研究初步地廓清了一些障碍。对于一些重要历史人物,还有更为细致的资料梳理。

在中国文化史、特别是儒学发展史上,朱熹是一位继往开来的学术坐标。朱熹除了有丰富著作存世之外,遗留下来的大量书信也构成了他学术大厦的一个支柱。因此对朱熹书信的研究整理也一直为学界所重。迄今为止,已有陈来先生《朱子书信编年考证》和束景南先生《朱熹年谱长编》这样的基础作业,为学界的研究提供了很大便利。近日讲学沪上,获赠顾宏义教授《朱熹师友门人往还书札汇编》,欣喜朱熹书信研究整理又结硕果。

顾宏义教授所撰《朱熹师友门人往还书札汇编》,皇皇 6 厚册,多达 200 万字,2017 年底刚由上海古籍出版社作为《朱子学文献大系·朱子学史专题研究》系列之一推出问世。

古籍整理常常见到重复整理出版,并且质量也是良莠不齐。前面提及,对于朱熹的书信整理研究,已有陈来、束景南两位权威学者的出色成果在,那么,顾宏义教授这部《朱熹师友门人往还书札汇编》是不是也属于炒冷饭式的重复出版呢？非也。

关于这一点，我们稍微比较一下，便可明了。就拿陈来先生的《朱子书信编年考证》来说，对于朱熹书信编年考证做得已经颇为扎实。不过，此作仅仅是就朱熹书信本身进行的梳理、编年以及考证。就收录的书信本身来说，跟存在于别集中的书信并无二致。我们读别集中的古人书信，常常有一种是古人自说自话式的"夫子自道"的感觉。为什么会产生这样的感觉？这是因为文集收录的往往只是寄信人本人的书信，这只是一种单向的信息传递。读者阅读这些信件时，其实很想知道收信人是如何对应、如何反应的。遗憾的是，这种信息的反馈在多数别集中是看不到的。我们留意一下顾宏义教授这部大著书名中的表述"朱熹师友门人往还书札"。我认为顾氏此著区别于既有研究成果的最大特色就在于"往还"二字之中。就是说，此著不仅像既有的整理那样收录了朱熹的书信，还收录了众多师友门人写给朱熹的书信。这样便使一部分书信有了一往一还，构成了全息镜像。

在士大夫政治的背景之下，宋代的士人、士大夫拥有广泛的人际网络。美国哈佛大学包彼德教授主持的中国历代人物传记资料库（CBDB），就主要着眼于这样的人际网络关系。朱熹作为当时的闻人，与各色人等有着广泛的交往。据考证，从朱熹进士登科的前一年绍兴十七年（1147）到去世的庆元六年（1200），与朱熹有着书信往来的多达530余人。在资讯远不如今天发达的12世纪，这是一个何等庞大的人际交往网络。研究朱熹其人，研究朱熹的社会活动，研究朱熹的思想、学术，这些往还的书信绝对是不可或缺的宝贵存在。

迄今为止，对朱熹交游的研究，还仅仅停留于个案研究的层面。而顾氏这部《朱熹师友门人往还书札汇编》，则为全面研究提供了基础资源。

当然，近千年的岁月，让文献有了不少散佚残缺，朱熹与530余人的书信往复已经难以全部一一对应目睹。不过顾氏此著已经竭其全力做了迄今为止最为完整的收集。此著收录朱熹的信札计2580余通，他人致朱熹的书札计370余通。这里包括了编撰者顾氏爬梳文献辛苦搜集到的集外佚文和残篇断简。仅就朱熹的书信来说，在收录数量上业已超过了上述现有的研究著述。尽管时至今日各种数据库、电子版的出现，让文献的搜集已经变得相当便利，但考索、辨析还需要手工操作。说顾氏做得辛苦，是说他在搜集集外佚文和残篇断简时，不仅仅停留于朱熹与当时交往之人的著述，诸如记文、序跋、碑传志文等所收录的文字，还把射程指向了元、明人的著述，从中辑录出不少资料。除了呈现书信往还的全息影像，一个相对的"全"字，当是对顾氏此作的第二个概括。

辛勤辑录出的朱熹师友门人往还书札，这是干货，是构成这部巨制的基础，但仅仅停留于此还远远不够，还需要对搜集到的书札进行考释、辨伪和编年。相对于辛苦收集，这项作业则是更显功力。几近机械式的收集可见"勤"，考释、辨伪和编年则见"思"。

无论是集内书札，还是集外佚文，顾氏对每一篇书信都施以考辨系年。此处仅举一例。第1935页对朱熹《答吕子约十一月二十七日》的考辨按语云：

按，书中言及"恰写至此，忽报已有农簿之命，此亦可喜"。《宋史》卷四五五本传云吕祖俭"除司农簿，已而乞补外，通判台州"。据《赤城志》卷一〇，吕祖俭于绍熙四年六月赴台州通判任，十一月除太府丞。故推知吕祖俭在绍熙三年中，则本书当撰于三年十一月二十七日。

　　这是我随机从书中拈出的一则考辨。这一则考辨从书中云及"农簿之命"的线索入手，通过《宋史》本传查检到吕祖俭除司农簿后请求补外而通判台州的事实，又通过《赤城志》的记载，吕祖俭在绍熙四年六月赴任，当年十一月除太府丞。由于考证清楚了时间下限，所以便可以确定这通书信所记"十一月二十七日"只能是绍熙三年，从而落实了确凿的系年。如果我们只是就一个小问题作这样的考证还不足为奇。作者是把将近三千通书信篇篇都如是作了考辨，其功力和毅力就不能不令人叹为观止。

　　在运用大量文献资料对书信进行考辨时，可以明确系年者则下断语，难以明确系年者，即使是既有的研究已经作出了系年，作者亦未曲从，多数以"待考"的表达来存疑。如第1158页朱熹《答江德功默》的按语，作者云："按，本书乃答《论语》问，撰时不详。《书信编年》系于淳熙元年，待考。"于此备见作者的严谨与审慎。

　　然而，如果有确凿证据可以证明既有研究不确之处，作者认真地表明自己的意见，予以指正。如第2718页朱熹《与王尚书佐》

的考辨中，就指出：

> 又按：本书中云"蒿殡西湖之智果院三十年矣"之"三十年"乃属约数。《书信编年》《年谱长编》卷上因此"三十年"而定本书撰于淳熙元年者，不确。

除了对两部著名的朱熹书信系年的著作偶有正误之外，其他有关研究如有不确，作者也予以了纠正。如第1856页陆九渊《与朱元晦》的按语云："书中所谓'外台之除'，指淳熙十六年八月间宋廷授朱熹江东路转运使。……陈荣捷《朱陆通讯详述》系本书于淳熙十四年朱熹辞免江西路提点刑狱公事时，不确。"作者涉猎之广，考辨之精，不仅使人折服，并且这样的考辨为准确研究朱熹的交游奠定了坚实可靠的基础。

不仅每通书信附以系年考辨，对于所收录与朱熹通信的致信人，无论有名与否，顾氏均钩玄索隐，在首通信件之前立有小传。此处仅择一较为简短的小传为例。第3603页周介小传云：

> 周介，字叔谨，初姓叶，字公谨，括苍（今浙江丽水）人。尝从东莱吕先生、晦庵朱先生学。刘宰《漫塘集》卷三《汤贡士行述》。

小传基本节引原始资料之语言，不加撰者本人褒贬，且于传后注有文献出处，以示征信。此外，书后所附的征引书目不仅是撰者字字艰辛的写照，之于读者，还是一篇文献目录学的导读。而书后所编制的详细的人名索引，又使这部大书活了起来，不再艰于检索。

相信这部翔实可信的《朱熹师友门人往还书札汇编》问世，不仅有助于研究朱熹的交游，并且对于朱熹所处时代士人圈的诸多面向可以获得清晰的解读。以朱熹为中心，那一时代的士人、士大夫，不仅志于得君行道，更注重移风易俗，积极参与地方建设，发掘经典的时代意义，建构道学体系，力行儒学的民间教化。通过朱熹师友门人往还书札，我们可以寻觅出自南宋发轫，立足于江南宋元社会转型的轨迹。宋元变革，朱熹的时代是一个重要的节点，而朱熹及其师友的道学建构，又为社会转型提供了理论资源。可以这样说，顾宏义教授这部《朱熹师友门人往还书札汇编》的学术意义不仅仅局限于朱熹及其师友，这是一个时代的剖面，研究南宋中期以后的文化与历史，从资料汇编中读出思想，读出社会，我相信这部书会日益显示出其常读常新的价值。

顾宏义教授是宋史学界少有的以文献入手从事研究的学者。其立论之坚实自是源于文献的根底。《朱熹师友门人往还书札汇编》之撰，是具有奉献精神的基础性作业。在此基础上起跳，无疑会有更大的飞跃。书中的内容有我熟悉的部分，比如在朱熹与周必大的通信中，讨论范仲淹和吕夷简是否解仇的内容占有不少篇幅，当年我撰写《范吕解仇公案再探讨》（《历史研究》2013年第1期）时，完全是手工作业，当时如果有《朱熹师友门人往还书札汇编》，无疑会省时省力良多。举这个例子，是说这部书的问世，为学者的相关研究提供了极大的便利。

　　翻阅这部大书，也略感缺憾。就撰者宏义教授而言，此书除了正文作者小传和书信考辨系年之外，仅有编例一篇，对本书的编撰加以说明，并无序跋。相信宏义教授在编撰过程中，头脑曾产生过许多相关的问题意识，却没有付诸笔端，此是一憾。至于二憾，则是就本书的版面设计而言。朱熹师友门人往还书札本身与宏义教授撰写的小传以及每篇书信之后的考辨系年，本当以不同字号或字体加以区别，但现在通作一体，阅读之时，颇费辨识之力。以上二者诚为美中不足，白玉微瑕，期待将来再版时能够得以修正。

（原载《中华读书报》2018 年 5 月 23 日）

考亭有知音
——《朱熹文集编年评注》述评

一、儒学与朱子学

两千多年，主导传统中国思想的，不是宗教，而是儒学。先秦儒家，以孔子为代表，整理旧籍，确立五经。进入大一统时代的汉王朝，儒学成为事实上的国教。以后，虽与时沉浮，但一直居于上层建筑的主流地位。历史进入宋代，科举大盛，士大夫政治蔚成主宰，"为天地立心，为生民立命，为往圣继绝学，为万世开太平"，读书人不仅拥有以天下为己任的雄心壮志，更是在思想层面弘扬儒学，为士大夫政治建构了理论基础。从范仲淹、欧阳修等人主导的士大夫政治精神建设开始，北宋五子周敦颐、程颢、程颐、张载、邵雍以及王安石等人承继唐代以来的道统，融合佛道等新的思想资源，让儒学从传统的经籍注疏中走出，以理学的崭新风貌面世，重新挖掘阐释的格物、致知、正心、诚意、修身、齐家、治国、平天下，让儒学拥有了更为广泛的社会意义。

繁盛的北宋在女真突袭下覆亡，不死鸟在江南涅槃。由北入南，帝系、士大夫政治、思想学术，在政治、经济重心合一的江南得以延续。发展到极致的唐宋变革在新的历史时空下转型，新一轮宋元变革开始。地域社会的强盛、商品经济的发达、平民文化的繁荣、士人流向多元化等新的因素，让北宋以来影响不断扩大的理学，再度变身，发展成为更为宏阔的道学。在道学的旗帜下，蜀学、浙学、闽学、湖湘学等空前活跃。这之中，朱熹承继北宋五子以来的理学道统，汲取整合诸家之长，建构起宏大的思想体系，成为道学的集大成者。

由科举入仕的朱熹，一生仕宦，在朝仅四十余天，多数时间在地方任官。尽管颇有政绩，但主要影响还在于他对道学的弘扬。朱熹在世之时，孝宗朝的宰相周必大就已称朱熹"为世儒宗"。朱熹在生前身后影响巨大，不仅是由于有数以千计的弟子为之揄扬，更是由于他的学说致君行道与移风易俗并行，获得了来自朝野的广泛认同。经历了庆元党禁等政治刺激带来的逆反之后，朱熹作为儒宗的地位确固不移。宁宗赐谥，理宗封国公，并得以从祀孔庙。历元至明清，即使江山几度鼎革，都没有改变朱熹的儒宗地位，反而不断提升。元封齐国公，清升配孔庙十哲。朱熹的《四书章句集注》，自元朝统一，江南儒学覆盖全域之后，迄至 20 世纪初叶，一直是科举考试的指定内容。

孔子有五经，朱子有四书，儒学并世两巨人。经历了汉代兴盛之后的儒学，在魏晋南北朝的乱世，曾一度开出玄学之花，但很快便枯萎，湮没于其他思想土壤之中。反观道学，则与时俱兴，愈加宏大。这当中，朱熹厥功至伟。纵观两千多年的儒学史，孔子发轫，朱子则像是中继器一样把儒学的幅波空前放大。不仅限于中土，在汉字文化圈的辐射范围内，朱子学也成为近代以前的朝鲜和日本以及越南的主流思想，产生了巨大的影响。

二、朱熹文集的全新编注

作为儒宗的朱熹的著作，在历代与各地都有着超越时空的大量刊行。除了各种专著以外，在朱熹生前，便有了诗文选集《晦庵先生文集》前后集的刊行。朱熹去世后，在大力崇尚道学的理宗朝，全集本的文集定型为百卷本。这一定型的正集百卷，在宋世便屡经刊刻，形成有"闽本""浙本"两个系统。随着朱熹地位的不断上升，其文字虽吉光片羽，皆被珍视，因而百卷正集之外，又有续集、别集相继形成，总计凡 165 卷。这个分量几乎是除周必大的 200 卷文集之外，体量最大的宋人文集了。

明清以降，俨然成为儒学新圣人的朱熹，其文集刊刻甚多，"晦庵文集""朱文公集""朱子大全""朱子全书"等名目不一，卷帙亦异。此外，尚有分类选编本、语录及专书合编，还有域外朝鲜本、日本的和刻本等，不一而足。进入 21 世纪，又有陈俊民校编《朱子文集》和朱杰人、严佐之主编《朱子全书》分别在海峡两岸问世。其他各种形式的选编亦复不少，不遑列举。

现在出现在我们面前的皇皇精装 13 巨册《朱熹文集编年评注》，则是郭齐、尹波编注，由福建人民出版社推出的最新文集整理本。

任职于四川大学古籍整理研究所的郭齐、尹波两教授，致力于宋代文献的整理，对朱熹文集的考证、辑佚等研究有年。早在二十多年前的 1996 年，便已在四川教育出版社出版了整理本《朱熹集》。此次新书的推出，无疑是在既有研究和整理基础上形成的推陈出新。

看着这部油墨飘香的新整理本，我想读者至少会跟我一样，心存两问：第一，朱熹的著作很多，为什么要首选文集进行整理呢？第二，包括整理者自身的成果在内，已有不少整理本存在，新整理本的特色和价值又体现在哪里呢？

或许是深谙读者心理，两教授在前言中首先回答了第一个问题。他们认为，在朱熹的著作中，文集具有特殊的重要性。相比较由门人弟子记录言论而成的有名的《朱子语类》，文集的基干系朱熹亲手撰著编定，在资料的可靠性上，要胜过《语类》。跟其他专书相比，文集细大兼收，内容的涵盖面更广，是朱熹思想乃至生平的综合资料库。基于这种认识，两教授决意为朱熹乃至儒学研究提供一个完整而可靠的文集定本。这可以视为整理缘起。

对于第二个问题，两教授没有完整的回答，需要读者通过阅读全书方能得出答案。作为读者，我粗加浏览，有如下大致归纳。

第一，篇目收录较全。这一点是自两个意义而言。一是整理底本选择准确。尽管有不少宋刻本存世，但整理者选择的底本却是明嘉靖十一年张大轮、胡岳刊《晦庵先生朱文公文集》一百卷、续集十一卷、别集十卷本。这样的选择，似乎有违以早刊、原刊为底本的整理惯例，但事无固必。有时早未必好，未必全。这个明刊本以宋闽刻本为底本，又兼取宋刻浙本之长，收文较全，刊刻较精，且间有考订，可谓是明清以来影响最大的通行本。当年张元济编印《四部丛刊》，亦是慧眼识精品，予以选用。古籍整理成功与否的第一步，可以说是底本定乾坤。两教授吸收了当年张元济的见识，加之以自己的考察，正确选择了底本。这一基础奠定，就至少保证了篇目收录较全。

另一个意义则是，在底本本身收录较全的基础上，又复行辑佚。对于朱熹集外佚文，无论是朱熹研究者的个别努力，诸如束景南《朱熹佚文辑考》等，还是《全宋文》《全宋诗》的集体作业，在明清以来辑佚的基础上，已经有为数不少的辑佚。在此基础上，两教授细心爬梳文献的汪洋，留意近年新披露的石刻墓志、民间收藏等资料，漏网遗珠，又有新获。于是，所有集外佚文在附刊前人编定的遗集三卷之外，又增益以外集一卷。从这两个意义上讲，新整理本是迄今为止收录最全的朱熹文集。

第二，文本校勘精细。由丁底本选择正确，错误较少，因此，尽管是比勘众本，但意义不大的无谓校记并不多。凡出校者，多为必要的校记。校语表达也比较简洁，择善而从，没有繁琐的考证。除了准确的标点，古籍整理本的水平很大程度反映在校勘记之中。校勘记对各本异同的判断从违，有时并不是依据语意的简单选择，而需要动用校勘者头脑中所贮存的综合知识。

比如，本集卷十四《行宫便殿奏札》中有"臣近者尝与漕臣何异备奏全州守臣韩邈所申乞减添差员数"一句，其中"漕臣"，底本原作"漕司"。整理者据宋闽刻、浙刻本作了改正。在宋代，"漕臣"与"漕司"这两种说法都有，但所指不同。"漕臣"指担任一路转运使副或判官的官员，"漕司"则指转运使司官署。对于这种两通的异文，判断正误殊为不易。检《宋史》卷四〇一《何异传》，何异在光宗朝"外授湖南转运判官，偶摄帅事"，与本文系年绍熙五年正相合。据此，当作"漕臣"为是。校记的正确判断，无疑是依据上述的这一考证，只不过出于简洁，没有写入校勘记而已。

此外，本书把校勘记放在每篇诗文之后，而未像通常的古籍整理本那样置于每卷之末，这也颇便读者。新整理本的参校众本，扫除了底本的衍、讹、脱、倒等在刊刻流传过程中所形成的大量错误，为读者奉献出一部朱熹文集的全新定本。

从全面整理的角度看，新整理本全标专名线，也是做了一项完整的整理工作。现在许多新整理古籍，不标专名线，实际上是一种避难就易的做法。标了专名线，等于是为全书作了简单的注释，何者为人名，何者为地名，何者为书名，一目了然。然而古人著书立说，用典很多，知有未逮，可能会出现误标、漏标之处。谁也不是全能的神仙，作为整理者应当知难而上，施以标线，尽量不误不漏，保证质量；而作为阅读者对于误标、漏标也无须苛责，善意指出，以待修订。

第三，篇目全面系年。历史在时空中运行。知人论世，一定要在特定的时空内进行。这就是对诗文系年的意义所在。关于朱熹文章的系年，迄今为止已有一定的研究积累。如陈来《朱子书信编年考证》、顾宏义《朱熹师友门人往还书札汇编》等。不过，由这些书名所示可知，编年主要集中于朱熹的书信。对书信以外的大量诗文，尽管束景南的《朱熹年谱长编》有部分编年，但对朱熹全部诗文进行编年的，本书尚属首次。仅此一点，便堪称填补空白的创举。

跟上面列举的校勘记判断正误的考证过程一样，对于没有系年部分的诗文，需要深入到文本内容之中，根据诗文所透露的蛛丝马迹，结合朱熹彼时彼地的写作背景，有时还要参考前后诗文的系年线索，甚至还要广范围地撒网，参考大量相关文献，方可定谳。尽管诗文不同，难易有差，但几千篇诗文几乎都经历了这样的考证过程。这不光需要扎实而娴熟的考证功底，而且还是工作量巨大的铁杵磨针般坐冷板凳的功夫。如果考证失误，还会遭受指责。尽管费力不讨好，毫无疑问，这项作业基本解明了诗文的写作背景，对于研究者来说，实属功德无量。

对于完全未曾有过系年基础的文章，本书整理者会加以细致考证。略举一例。卷四《和亦乐园韵》一诗，题下系于"绍熙三年春"。我们来看一下整理者是如何得出这一结论的。在此诗【编年】项目之下，作者这样写道："周必大《文忠集》卷八、杨万里《诚斋集》卷二十九皆有《和马惟良少张亦乐园》诗，皆与此诗同韵，知为一时先后之作。必大诗下注'壬子'，是为绍熙三年。诗云'坐间花柳阴初合'，杨诗云'刺桐花发梅花落，安得乘风去一观'，是为春天之景。"这一简短的考证，既有对相关文献的追寻，又有深入文本内容的探索。因此，系年结论令人信服。对于朱熹诗词系年，整理者拥有一定的研究基础，在已经出版的专著中，专辟有《朱熹诗词编年考》一章。本书的这部分系年当是在此基础上的精细加工。

关于朱熹书信部分的系年，前面已经提到，已经有了相当成熟的研究基础，那么，是不是采取"拿来主义"的方式，做起来相对简单呢？具体观察之后，感到远非如此。对于已经有了系年结论的书信，整理者还要走一遍检证过程，是者从之，非者证误，语焉未详者补证。有时候，往往草创相对简单，因为是没有参照物的独一份，对既有研究结论的是非证误，则更需功力。

对此，聊以举例观之。正集卷二十六《与颜提举札子》，系于"淳熙六年冬"。本文【编年】云："据《书信编年》。卷二十二有《自劾不合致人户逃移状》两篇，为此札作年确证，《书信编年》未举出。又《年谱长编》将以上四札前三篇置于淳熙六年六月，而此第四札不列六年之内，或见文云'今秋多雨，晚田多旱'，故以为七年事耶？"这一编年考证，对以往研究，既有对系年未备者之补充，又有对不确者之指误，还有对致误原因的分析。

再看一例。卷四〇《答何叔京》系于"淳熙初"。本文【编年】云："此篇与下篇当依淳熙本作《答王子合》。本篇言《复卦》'见天地之心'说及心体之说，卷四十九《答王子合》二、五书皆言《复卦》，二、五、十二书皆言心体，故当一时先后所作。彼数书作于淳熙初，故此与下篇亦当作于同时。《书信编年》仍作《答何叔京》，置乾道三年、八年，不妥。"系年依据宋刊版本对致信对象作了发覆，并从文本内容与作于同时的书信加以比较，从而作出了正确的系年，同时还指出了既有研究沿袭版本之讹而形成的错误。这样的系年考证无疑极有裨益于朱熹行历、交游乃至思想的研究。

整理者对诗文系年，还留意利用了新发现的墓志石刻史料。例如，卷六〇《答朱朋孙》，系于"绍熙三年四年间"，本文【编年】云："据最近新发现的《程迥墓志铭》(中国江西网上饶频道2014年4月10日通讯员程子华报道)，程迥卒于绍熙三年五月。书云：'欲为沙随程丈立祠'，是在其卒后不久，盖三四年之间也。《书信编年》置于庆元元年，乃因迥卒年误断所致。"利用新发现的墓志，反映出整理者对学术动态的敏感关注，而对既有结论纠正的信而有征，也极大提升了朱熹诗文系年的准确度。

此外对系年的处理方式，也有值得赞许之处。现在，不少编年的新整理本都将原书编排打散，按考证出的系年重加排列。自然如此处理，将所有作品系于同一年之下，有读者便览的好处。不过改变了古籍原貌，看了总有些戚戚然。我们整理古籍一个目的是供研究之用，还有一个目的是让古籍保持原貌，流传下去，而不是要来制造一部"新籍"。从这个意义上说，这部朱熹文集新整理本处理的方式比较可取。即在维护文集原貌的基础上，将系年记于诗文题下。

第四，诗词解题注释。翻检新整理本，理学家朱熹的诗词作品出乎意外之多。其实，对于朱熹的诗词，一向有很高的评价，诸如"古体当推朱元晦""诗名终是朱文公""三百篇以来，一人而已"，等等，只不过，道学过强的光芒遮蔽了朱熹的诗词成就。文集共收诗词七百六十二篇，一千二百一十八首。"问渠那得清如许，为有源头活水来"，"少年易老学难成，一寸光阴不可轻"。除了这些耳熟能详、明白易晓的诗句，跟唐宋其他诗人一样，朱熹诗词不乏本事和用典。并且他还以广博的学识，贯穿儒释道，借诗说理。这对于今天的读者来说，会有一些理解障碍。因此，整理者对集中全部诗词加以注解，以"解题"介绍创作背景，提纲挈领地概括全篇意旨；以"注释"疏通文意，点出本事、用典及阐释疑难词句。得"理趣"而祛"理障"，在全面研究的基础上，从诗词观朱子，更可以捕捉到朱熹的全息影像。

我们试看其中一首七绝的题解与注释。卷五上《方广奉怀定叟》:"偶来石廪峰头寺,忽忆画船斋里人。城市山林虽一致,不知何处是真身?"【解题】云:"定叟,张栻弟张构之字。"【注释】云:"①石廪峰:衡山一景,以其峰形似廪得名。②真身:佛教语,即为度脱众生而化现的世间色身,如佛、菩萨、罗汉等,此借用指本我,作者之意实认为身在山林方得本我。"

固然,对注释也会有见仁见智的认识。不过,通过注释传播的知识必定有助于读者对诗词的理解。不是文集中所有部分都适合注释,因此,整理者仅选择了诗词部分。看似破例的整理方式,还主要是从方便读者接受为着眼点的。这部分通俗的注释,可以让新整理本半步跨出学术狭小的象牙塔,获得更多的受众,雅俗共赏。为了实现这一目标,整理者着实花了大气力,将一千多首诗词逐一加以解题与注释,其志可嘉,其功可佩。

第五,择载历代评论。成为道学宗主的朱熹,其诗文成为后世的研究对象,前人有很多评论。这些评论不乏灼见,对理解朱熹的文字与思想很有裨益。不过,散见于群书篇什之中,颇难检寻,不便利用。整理者在近人既有的研究基础上,又进一步钩玄索隐,爬梳辑录,将历代评论以两种形式附益于书中。

一是将有关某篇诗文的评论附于该文之后。我们试看两则。卷六八《跪坐拜说》之后,【评论】云:"《宾退录》卷七:'此朱文公《白鹿礼殿塑像说》,后其季子在守南康,因更新礼殿,闻之于朝,迄成先志。然远方学者未尽见此说,故识之。'"这是宋人的评论。再看一则清人的评论。卷七九《漳州龙岩县学记》之后,【评论】云:"周大璋《朱子古文读本》卷三《漳州龙岩县学记》:'教诸生并勉曾君，致意拳拳，议论正大，与诸记同，而结体疏遒，此篇独揽胜境。'"

二是将历代有关朱熹诗文的总体评论统附于全书之后。通过这两种形式，不仅可以考察历代学者的朱熹诗文接受史，更可以汲取前人认识之精华，借此加深对朱熹的理解。

第六，附录资料翔实。附录凡七卷，几二十万字。一是朱熹传记资料，收录有私撰的行状和源自国史的《宋史》传记。二是关于朱熹文集的历代书录解题和各种版本的序跋。收录范围相当广泛，多达一百余篇，当为迄今为止朱熹文集序跋收录之最。整理者在传统的目录学意识主导之下，通过这些序跋，将朱熹文集的流传史翔实地予以具现。三是整理者所撰朱熹文集《版本考略》。由此可知，为了整理这部朱熹文集，整理者几乎靡有遗漏地调查了所有收藏于海内外的现存版本。是为调查记录。今后的研究者可以以此为线索，按图索骥，查阅所需相关版本。四是整理者编制的《朱熹年表》，简明扼要，概见生平。五是历代评论。与具体诗文相关的评论已附益于各篇之下，此处所收，乃为综合评论。这种综合评论多属宏观议论，对于朱熹研究不乏启示意义。六是伪托误题朱熹诗文存目。这部分也很有价值。有些误题，已被考证清楚，板上钉钉。有些则属存疑，没有定论。目前认知不逮，资料不足，留此线索，以俟后学。此外，即便真是伪托，为何伪托，探究起来，恐怕亦可挖掘出其中的思想史意义。而羼入过程的考察，也有文献学意义。七是主要参考文献。在整理过程中，主要使用了哪些文献，把文献学线索也一览无余地传达给了读者。

除了上述七部分附录，书后还有一部分重要内容，这就是整理者编纂的《篇目索引》。卷帙繁多的朱熹文集，都有哪些篇目，这些篇目都在哪一册哪一页，篇目索引会回答。我觉得这也体现了整理者的目录学意识。国外的学术著作，大多附有索引，而国内学者，这方面的意识尚需加强。固然在大数据时代，许多索引已经失去了很大的意义，但阅读纸本，倘附有索引，还是会方便不少。

三、尽善尽美的期待

新整理本的六大特色，已如上述。如果从尽善尽美的标准审视，尚有微瑕，略加置喙。

一部古籍的整理者，是对该古籍最为熟悉者之一，就该古籍来说，堪称专家。因此，应当对读者负有导读之责。这一导读便是整理者置于书前的前言或整理说明。作为古籍的附加物，尽管通过校勘记，整理者可以表达自己的见解，但全部而集中的综合的表达，就是书前的这篇文字了。七级造塔，这是最后一篑。这部《朱熹文集编年评注》自然也拥有这一部分。不过，过于简短。读后觉得有一种未能将撰者的研究心得充分表达出来的缺憾。此外，对于朱熹庞大而复杂的思想体系，撰者仅蹈袭旧说，以唯物、唯心来衡量，亦嫌过于简单。

此外，从技术角度而论，古籍整理本在校勘记等处使用的整理者的语言文体，一般是与古籍风格相应的浅近文言文，本书基本也是遵循了这一惯例。不过，在诗词注释部分却大多使用了白话文。固然，这部分可以视为一个独立的部分，然而毕竟是同一部书，文体统一方不致产生违和感。

在校勘方面，异文两通，又无他校可证，一般多出异同校，而不主张改字。比如卷五《林间残雪时落锵然有声》中"忽复空枝堕残白，恍疑鸣璈落丛霄"一联，校记云："白，原作雪，据宋闽、浙本改。"按，"忽复空枝堕残雪"可通。且从诗本身的表达来看，上句"雪"对下句"霄"，名词对名词，可能比记作形容词"白"还更好一些。像这类异文，出一异同校，指出某本作某即可。多走一步，反而欠妥。

跟改字有关，校勘学上有一条铁则，即无版本依据绝对不改字。本书在个别处似未能恪守。比如卷八九《右文殿修撰张公神道碑》的一条校记为："试，原作诚，据杨万里《诚斋集》卷一百一十六《张左司传》改。"所改固然为是，但却破坏了校勘原则。这种情况，似乎可以不改正文，而将校勘者的意见在校记中讲述。

对于本书所着力的编年，有些诗文、特别是书信的系年，未列既有研究是如何处理的。如果既有研究未加考证系年，亦似应加以说明。个别系年，尚似可商榷。比如卷三八《与周益公》，系于"绍熙五年四月"，在编年栏对《书信编年》系于淳熙十六年进行了辨误，而据《年谱长编》系之年月，并引述周必大《文忠集》卷四六所载《新安吏部朱公乔年稿》相关跋语自署"绍熙五年二月"。检《文忠集》此跋云："公之子元晦为某言，先君子少喜学荆公书，多储真迹。唯此纸有跨越古今、开阖宇宙之气。"这几句话正是对朱熹此通书信的引述。据此可知，此信作时当在周必大跋语自署的"绍熙五年二月"之前，而不当从《年谱长编》系于"绍熙五年四月"。系年似当在任命周必大判隆兴府的绍熙四年十月至书写题跋的绍熙五年二月之间，然而这一时段又与朱熹信中所云"孟夏清和"有冲突。其中的错讹可能比较复杂，有鉴于此，以存疑的方式处理似为妥当。

前面说过，本书维持文集原貌的系年方式比较可取，但如果再花一些气力，在书后编制一份全书的篇目编年就更臻完美了。以上这些，期待再版之际有所改正。

本书整理，当是多历年所，耗费两教授的良多精力和心血而成，值得报以深深的敬意。两教授很谦逊，这部凝聚心血的皇皇巨制仅署作"编注"。翻阅之下，当可知此编非同寻常编，而是全面系年，而注又是"评注"之概括。延续传统经典注疏的传统，学界历来是将笺注类的成果视为著述的。因此，我没有拘于自署之"编注"，径称为"撰"。

朱熹除了短期在江西、浙江、湖南、安徽任官之外，一生六十多年都是在福建度过的，武夷钟秀的山水滋润了这位不世出的大儒。在朱熹的生前，闽中就有坊刻本问世，当时的新媒体民间印刷业很青睐这位大儒。朱熹去世后，文集最后的百卷定本也是由建安书院推出。朱熹与福建结下的不解之缘，一直延续到近千年后的今天。过去有"朱子大全集"，拥有文化担当的福建人民出版社这次出版的，是迄今为止的"朱子最全集"。朱熹作为乡贤属于福建，作为文化巨人则属于中国和世界。后出转精的朱熹文集问世，我为郭齐、尹波两教授贺，也为福建贺。从洙泗到建溪，源头活水，清清如许，长流不息。

南宋"祖宗之法"的记录
——《皇宋中兴两朝圣政辑校》述评

　　"圣政"一词，由来已久。在《汉书》中就已经出现了，而《后汉书》则又有了"王德圣政"的连用，明确表明这是用以形容帝王的德政。于是汉代以后的正史，"圣政"一词便不绝于书。然而，作为史书体裁的一种，大约是昉自唐代。《旧唐书》卷一六《穆宗纪》于长庆元年四月载："戊寅，宰臣崔植、杜元颖奏请，坐日所有君臣献替，事关礼体，便随日撰录，号为圣政纪，岁终付史馆。从之。"这应当就是圣政这种史书的肇始，不过从"从之"之后的一句"事亦不行"看，唐代似乎还仅仅停留于动议之中。尽管如此，这项动议对后世的圣政编纂从方式到内容还是指示了方向。

　　进入宋代，作为史书的圣政，在强调"祖宗法"的背景下得到了认真的编纂。检视《宋史·艺文志》，在北宋，就著录有不著撰人的《宋圣政编年》十二卷、《真宗圣政纪》一百五十卷、钱惟演《咸平圣政录》三卷、郑居中《崇宁圣政》二百五十册及《圣政录》三百二十三册。除了史志所载，《宋史·张耆传》还记载真宗曾赐给过张耆《圣政纪》，这显然是真宗之前的圣政。

　　处于全盛期的北宋在女真人的突袭下戛然而亡，不死鸟又在江南重生。南宋作为重起炉灶建立起的王朝，不仅宣示承继北宋帝系正统的中兴，还要近距离地总结新的祖宗法，于是，圣政这类史书便再度应运而生。后来成为宰相的周必大讲道，隆兴元年（1163），孝宗受禅即位后，"首命编类圣政"。作为试起居郎的周必大也兼任了编类圣政所的详定官。

从上面唐人的奏疏看，圣政"随日撰录"，因此跟宋代官方史书的日历体裁比较接近。由于这个缘故，据《宋史·职官志》的记载，在隆兴元年当年，就"诏编类圣政所并归日历所"，后来又并归到国史院。以皇帝为主角的史书，在宋代除了圣政，还有宝训以及玉牒等。据我的考察，宝训以记言为主，玉牒以记德为主，圣政则如名所示，以记政为主，各有侧重。李心传曾指出："大凡分门立论，视宝训而加详焉。"尽管李心传仅就《光尧圣政录》而言，但还是道出了圣政的特点。

圣政、宝训、玉牒的编纂、进呈和著录在《宋史》本纪和《艺文志》都能看到不少。然而，流传到今天的，宝训除了可以见到零散的摘引以及后来改编的《太平宝训政事编年》之外，已经没有完整的遗存。玉牒则只留下了刘克庄纂写的两卷草稿。只有圣政留下了篇幅不少的残卷。这就是《皇宋中兴两朝圣政》。

流传到今天的《皇宋中兴两朝圣政》，并不是编纂当初的面貌，而是南宋高宗、孝宗两朝皇帝圣政的合并和改编。《宋史·艺文志》著录的《高宗圣政》五十卷，据李心传讲是乾道二年（1166）参知政事蒋芾领衔进呈的，而《孝宗圣政》五十卷则是在绍熙三年（1192）由左丞相留正领衔进呈的。因此通常把《皇宋中兴两朝圣政》的著作权归在留正名下是不准确的。圣政和日历一样，并不是后人修前朝之事，而是当朝就已渐次编修，"随日撰录"。当然完整的一朝圣政则是后来对历年逐次编修的整理归纳。

把南宋前两朝圣政合编的作业，在孝宗当朝便有了操作。《宋史·艺文志》著录有《高宗孝宗圣政编要》二十卷，并注明为"乾道、淳熙中修"。当然，这部二十卷《高宗孝宗圣政编要》跟流传至今的原本六十四卷的《皇宋中兴两朝圣政》并不一样，而且其间也没有渊源关系。之所以都把高宗、孝宗放在一起合观，因为这两个皇帝是南宋开国和奠基的"太祖"和"太宗"。强调南宋的"祖宗法"的意识，都是相同的。

现存的《皇宋中兴两朝圣政》大量引用有吕中的《大事记讲义》。据我考证，吕中作为淳祐七年的进士，主要活动于南宋理宗时期。由此可知，这部《皇宋中兴两朝圣政》的成书，当已是南宋晚期。在印刷出版业发达的南宋后期，吕中的《类编皇朝大事记讲义》由坊间书商推出，嗣后《高宗圣政》《孝宗圣政》乃至李心传的《建炎以来系年要录》都被加以改编出版。《皇宋中兴两朝圣政》就是在这一背景下由坊间书商主导制造的作品。在同一时期问世的，还有署名刘时举的《续宋中兴编年资治通鉴》。

宋元鼎革，较少遭受战争创伤的江南，在充满故国之思的氛围下，出版业依然延续了宋代史书出版的传统，《宋季三朝政要》《宋史全文》又都是利用了上述南宋晚期坊间作品编纂整理出版的。说《宋史全文》大量使用了《皇宋中兴两朝圣政》，正是由于《皇宋中兴两朝圣政》成为一个源头，所以才有了因袭。

史书散入《大事记讲义》之类的史论，是南宋后期普遍出现的形式。《建炎以来系年要录》等书被坊间加入晚出的史论，《续宋中兴编年资治通鉴》也是如此。改编而成的《皇宋中兴两朝圣政》，自然也沿用了这种有助于理解史实的方式。传统史书的编纂方式，除了以《史记》为代表的纪传体，还有以《春秋》为代表的编年体，司马光的《资治通鉴》则是编年体之集大成者。历时性的编年体由于缺乏空间感，读者不容易把握一个事件的来龙去脉。所以南宋的袁枢又创造出纪事本末体，以事件为主线，从中再体现历时性。这是对编年体史书缺憾的一种补救。面对内容庞杂繁多的《资治通鉴》，朝着通俗易懂的方向改造的，不仅有袁枢，还有朱熹的纲为提要、目以叙事的《通鉴纲目》。这两种方式对编年体史书的改造都产生了启发意义。

坊间改编出版的《皇宋中兴两朝圣政》尽管是编年体，但根据内容，分为十五门、三百二十一子目，列在书前。并且将子目又印在相关记载史事之页的天头。这样提示，一目了然，颇有助于读者在阅读时提纲挈领。这种形式可以说就是来自纪事本末体和纲目体的启示。

宋代史料的遗存很不均衡。北宋灭亡，南宋建立，为了宣示正统，再建朝章，重温祖宗法，还有出于东京梦华，在去北宋未远、大量资料尚存的有利条件下，官私补纂或编纂了大量各种题材的史书。作为名著，李焘的《续资治通鉴长编》、王称的《东都事略》、陈均的《九朝编年备要》，为研治宋史者所熟知。不过南宋就没有这么幸运。灭亡之后，尽管元廷无禁，但原本由于兵燹战乱就损毁甚多。出于利益驱动，元代的书坊迎合民众的故国之思，只是编纂了少量有关南宋的史书，在数量上根本无法与北宋相比。因此，这部记载南宋前期高宗、孝宗两朝的《皇宋中兴两朝圣政》便成为宝贵的遗存。

对于南宋的高宗朝，由于有李心传详密的《建炎以来系年要录》的存世，使得《中兴小历》以及记有高宗朝部分的《皇宋十朝纲要》《续宋中兴编年资治通鉴》等书变得不那么珍稀，主要起到史实参互或文献比勘的作用。然而孝宗朝则缺少像《建炎以来系年要录》那样的巨著存世。除了宋人刘时举编纂的《续宋中兴编年资治通鉴》以及相传为陈均所编的《中兴两朝编年纲目》各有三卷和五卷专记孝宗朝史事的史书之外，最主要的就是《皇宋中兴两朝圣政》了。

治宋史者，对《皇宋中兴两朝圣政》皆不陌生。这部书要比上述的《续宋中兴编年资治通鉴》和《中兴两朝编年纲目》有名得多。长期以来人们在研究时使用的都是上海商务印书馆和后来台湾文海出版社、北京图书馆出版社影印出版的《宛委别藏》景宋钞本。不过，这部《皇宋中兴两朝圣政》景宋钞本有不少残缺。高宗朝缺了卷三十一至卷四十，即绍兴十六年至三十二年（1146—1162）的部分，孝宗朝缺了卷四十一至卷四十五，即隆兴元年至乾道二年（1163—1166）四月。除了这些完整缺卷的部分，其他各卷亦间有残缺。原本六十四卷的《皇宋中兴两朝圣政》，实际只存有四十九卷多。不过，这也聊胜于无，孝宗朝的记事成为研究这一时期历史不可或缺的史料。

《宛委别藏》本，其实也不便使用，存在有不少手抄误植。因此，长期以来研究者一直盼望有一部新的整理本。遗憾的是，一些古籍甚至出现重复整理的状况，这部钞本《皇宋中兴两朝圣政》却一直无人问津。直到最近，终于有了中华书局出版的孔学辑校本。对于宋史研究者来说，诚为可喜可贺之事。

从书名可知，新整理本并不仅仅停留于通常的标点与校勘，而是针对《皇宋中兴两朝圣政》存在大量残缺的状况，进行了辑校。孔学先生研究《皇宋中兴两朝圣政》有年，他认为根据现存宋代史籍文献可以对《皇宋中兴两朝圣政》残缺的部分恢复到95%的程度。因此，新整理本以《宋史全文》为主，参考《建炎以来系年要录》《中兴小历》《皇朝中兴纪事本末》《中兴两朝编年纲目》《续宋中兴编年资治通鉴》等史籍，对《皇宋中兴两朝圣政》残缺的部分进行了全力辑佚。现在这部《皇宋中兴两朝圣政》除了有了省力易读的新式标点，有了精审的纠谬校勘，还补足了大量的残缺，颇便研究者使用。在排版上，也保持了天头标纲目这样《皇宋中兴两朝圣政》的宋刊原貌。这些标在天头的纲目，对今天的读者来说，同样有着提纲挈领的作用。

值得一提的是，此书的整理出版，还是整理者和编辑共同合作的结晶。《皇宋中兴两朝圣政》一书，除了常见的《宛委别藏》景宋钞本，在台湾还收藏有南宋建阳刊巾箱本和明影写宋刊本。从残缺状况看，《宛委别藏》景宋钞本与南宋建阳刊巾箱本似乎有渊源关系，而明影写宋刊本则与南宋建阳刊巾箱本及《宛委别藏》景宋钞本差别较大，似出别一系统。从校勘学的角度看，源头版本和不同版本源流的本子均具有较大的校勘价值。而整理者无缘看到的这两个珍贵版本，正是责任编辑胡珂女士设法找来提供的。这就使本来只能依据他校的本书的整理，有了宝贵的对校本。而且还用明钞本补足的《宛委别藏》景宋钞本和南宋巾箱本所无的第三十卷、三十一卷两卷完整的阙卷。

不仅提供稀见版本，在整理过程中，编辑与整理者也保持着密切的沟通与协商。研究者的专长在于研究，对于古籍整理的一些规则和技术性处理往往并不熟悉。比如，孔学先生曾决意以《宋史全文》辑补《中兴两朝圣政》的阙卷。胡珂女士不同意以他书补本书。跟我沟通后，我也觉得以他书补本书违反了校勘学原则，会改变原貌，因此专门写去了我的意见。现在的整理本阙卷就是付之阙如的状态，遵循了校勘原则和惯例。

对于阙卷的处理，我不同意用《宋史全文》补入正文，曾建议放在附录。就像现在附录一《建炎以来系年要录所存中兴圣政阙卷内容》的方式处理，将孝宗朝卷四十一至卷四十五，即隆兴元年至乾道二年四月的内容，也全部移录《宋史全文》的相应内容作为附录放在书后。这样既可通过新整理本便可窥见这一历史时期的全貌，也方便研究者使用。不过，整理者没有这样做，只是说阙卷部分可以去参考《宋史全文》。指示了路径固然不错，但毕竟不如一册在手使用方便。这是一个缺憾。当年我作《宋宰辅编年录校补》，就用明人的续作附在后面，补足了原撰者徐自明未作的部分。

此外，本书在整理上大量运用他校改字。对此，窃有异议。校勘学的原则之一，就是没有版本根据不能改字。尽管出有校勘记，但毕竟校勘记是古籍的附加物，他校改字，用意不错，但也使古籍的原貌发生了变化。有时候，即使有他校根据，明知其误，也不应改字。作为补救的办法，可以在校勘记中加以说明。

当然，对于研究者来说，校勘等技术性问题似乎无关紧要，重要的是，《皇宋中兴两朝圣政》新整理本的问世，不仅为研究提供了原影印本所无法提供的方便，更使这部史籍化身千百，广为流传。南宋是我提倡宋元变革论的时代起点。高、孝两朝君臣的作为以及社会变化成为后来社会转型的滥觞。研究中国社会如何由近世步入近代，走到今天，《皇宋中兴两朝圣政》所展示的史料具有重要的研究价值。为此，应当感谢孔学先生的劳作。

（原载《中华读书报》2019 年 11 月 6 日）

"子道自能久"
——重读《北宋文化史述论》

2017年金秋时节，去杭州开会兼讲学，与时任杭师大副校长的何俊教授一起吃饭。席间，他提起，今年是陈植锷先生70岁冥诞，如果不纪念一下，过去了就会留下遗憾。何俊教授是陈植锷先生在浙江大学任教时带的为数不多的研究生之一，他又知道我与陈植锷先生是大学同学，由于这层关系，常客气地以帅叔相称，因此说到这个话题。响应何俊教授的提议，于是便有了当年年末的一次"人文研究的传承与创新——陈植锷教授70秩纪念学术座谈会"的召开，同学好友聚集一堂，缅怀这位英年早逝的学术天才。

这次座谈会，让已经在流逝的时光中被逐渐淡忘的陈植锷教授，重新回到了人们的视野之中，他的学术成就也再度引起关注。如果把这次座谈会比作一朵应时绽开的悼念之花，那么，今年由有文化担当的中华书局重新郑重推出的陈植锷教授《北宋文化史述论》就是一颗丰硕的收获之果。

其实，植锷教授尽管已经离去整整二十五年了，但并没有被学术界所遗忘。研究中国文化史，他的这部《北宋文化史述论》是绕不过去的存在。一部学术著作，在写作三十年之后，依然被人们时常提及和引述，就不仅仅是具有学术史意义了，而是因为这部著作至今还有着不可替代的价值。在浩瀚的学术星空中，这部《北宋文化史述论》俨然犹如一个星座，业已定格。

那么，这部《北宋文化史述论》的学术价值在哪里呢？重读之下，我有了以下一些认识。

首先，这部构筑宏观的著作，在当年具有很大的拨乱反正的冲击力。"五四"以来，过度强调理学流弊的认识占据了思想界的主流，认为理学以"天理"扼杀了人性自由，以"道统"扼杀了学术自由，以"崇儒"阻碍了对不同文化的吸收，从而把近代以降中国落后的原因归罪于理学。植锷教授从历史的脉络中加以考察，认为这样的认识不符合历史事实。比如，他指出，"以理杀人"是清代戴震才提出的说法，而"某些禁锢人们思想的行为和律条，虽经宋人强调而在后世产生了很大的影响，但在有宋之时，包括北宋和南宋的大部分时间里，却并非如此"（第636页）。支撑这一结论的，是书中列举的大量例证。读到这里，联想到去年我还应朋友的提问，写作发表了《道学在南宋有多大的约束力？》的短文，而植锷教授在30年前就把这个问题讲得很清楚了。由此我不仅钦佩植锷教授的先见，也由写作之因感慨学术成果的普及和学术进步的缓慢。

除了直接拨乱反正，驳斥流行的通说，本书更多的是从正面考察和强调了宋学所富有的创造精神和经典意识以及开拓精神、兼容精神。本书着重探讨的是传统儒学在北宋时期的发展演变，讲述作为传统儒学的宋学对同时代其他文化层面的渗透与影响，详细地论述了宋学对传统文化的改造和对外来文化的积极吸收。

　　植锷教授论述北宋文化史，将重点放在宋学上，也是有着特定的学术史背景的。在80年代后期，宋史学界的两位大家邓广铭先生和漆侠先生，都分别从政治史、制度史或经济史领域将学术视野和学术兴趣扩展到了宋学。本书卷首邓广铭先生高屋建瓴的序引就表明了这一趋向。植锷教授受学于邓广铭先生，得以亲炙，直接接受了这种学术影响。这可以说是本书产生的具体背景。

　　接受来自导师的学术影响，植锷教授作这一课题，又有自身的独特优势。植锷教授的本科是北大中文系古典文献专业。尽管他的专业学习不足两年，就考取了杭州大学研究生，但在古典文献专业设置的课程中，接受了文史哲等多学科的综合知识和文字、音韵、训诂以及版本、目录、校勘等文献学的基本训练，这些知识和训练所培养的信息意识、文献学功底以及开阔的学术视野，使植锷教授操作这一课题得心应手，游刃有余。这可以说是植锷教授写作本书的知识背景。

　　本书的写作，其实还有着著者长时间个案研究的学术积淀，在80年代，出身古典文献专业的我们班几个同学分别有古籍整理的著作在中华书局出版，比如张力伟整理了《云仙散录》，吴仁华整理了《五峰集》，我整理了《鹤林玉露》，植锷教授则整理了宋初三先生之一的重要理学家石介的《徂徕石先生文集》。除了整理，他还多走了一步，写作了《石介事迹著作编年》。这部书应当出自他的硕士研究生时代导师徐规先生的指导，路径与徐规先生作《王禹偁事迹著作编年》如出一辙。这种个案研究和文献整理过程中所引发的问题意识与深入思考，又应当看作是本书写作的学术史背景。

此外，植锷教授深厚的社会阅历、广博的知识积累、敏锐的学术嗅觉以及勤奋的拼搏精神，加之较强的思辨能力和流畅的文字表达能力，又是本书产生的个人因素背景。邓广铭先生书前的序引就说："从其取材方面来说，他的确是当得起博览群书这句话的。"印证邓先生这句话的，就是书后长达30页、几百种引用书目和参考论著目录。本书是站在前人肩膀上的起跳，是后出转精之作。

本书以宋学为主线，史学的训练使植锷教授能将论述对象纳入特定的时代背景之中。叙述时代背景，他把儒学的复兴与尊王攘夷的政治需要结合起来。的确，北宋立国后，宋、辽、西夏紧张的民族关系又将本已模糊的胡汉意识明晰起来，儒学在强调《春秋》大一统的尊王攘夷语境下获得强劲的复兴。讲述宋学的时代背景，本书既纳入唐宋之际生产关系变化的经济史视野，又投射到北宋台谏制度等政治史的变化，同时更是敏锐地观察到科举改革与教育改革对宋学的推动。一个时代有一个时代的学术，80年代使用的学术话语与今天不同。观察科举扩大所客观造就的改变历史的时代特征，我归纳为士大夫政治。本书虽然没有这样的归纳，但百虑一致，殊途同归，所叙述的历史现象并无分别。

为什么要使用"宋学"的概念，而不用当代所流行的"新儒学"的说法，植锷教授有自己的考量。他认为包括冯友兰《中国哲学史》下册在内所使用的"新儒学"概念，不过是狭义的程朱理学的等值代名词，而他使用的宋学无疑包含有更为广泛的含义。

对于宋学的发展阶段，本书从疑传讲到疑经，从议古讲到拟古，从义理之学讲到性理之学，梳理精致而到位。对于性情与理欲之辨、君子小人和义利之辨、上智下愚与真善美之辨等宋学的一些重要概念和学术争论，本书也没有回避。通过认真解析，从中归纳出宋学的主题与精神。

援佛入儒，三教合流，是宋学的特征和渐进的趋势。本书从历史脉络讲述了排佛与融佛，具体涉及了佛教的世俗化、禅宗的文字化以及佛学的儒学化等一些重要文化现象，还论述了宋学与老氏之学的关系。

在上述这样的论述之后，本书平面铺开，展开了放射性的笔触，论述了宋学与宋文、宋诗、宋词、宋画和科技的互动关系。治学偏向古典文学的植锷教授在写作本书之前，曾写过《诗歌意象论》，因此讲述宋代的文学艺术正是其所长。

以上，构成了别具只眼的北宋文化史叙述。在80年代，这样跳出窠臼的文化史叙述，可以说是凤毛麟角。当然，本书并非严格意义上的北宋文化史。我在日本讲中国通史，讲到文化，分别讲精神文化和物质文化。本书则正如邓广铭先生书前的序引所言，"只论述了属于精神文化的各个方面，而未涉及科学技术方面的诸多发现、进展、创造和发明"。

植锷教授非专攻思想史者，正因为如此，我觉得方能"跳出三界外，不在五行中"，实现多学科之融合。讲到这里，必须强调一下本书在成书三十年之后仍然具有的另一种价值。这就是，对今天的学者还具有方法论的启示。植锷教授认为："要把握一个时代的文化精神，常常在文化构成的各个层面之间互相渗透的交界点，可以看得更清楚。"这种强调打通学术边界的认识的确很有见地。为什么要走这样的路径？他接着讲道："这样做能够比较充分地体现宏观与微观相结合、纵向和横向相沟通的研究方法的长处。做得好，既可以为进一步宏观地概观一代之文化打下基础，又可以为分类研究提供一些比较切近的新视点。"这种通家之论，不仅适用于文化史研究，对于很多领域的研究都具有启示意义。

在这种方法论的指引之下，本书颇多创见。比如，植锷教授指出，在北宋，仁宗初年（11世纪初期）和神宗初年（11世纪后期），是两条重要的界线。前者是儒学复兴和义理之学创立的开始，后者则是宋儒由义理之学演进到以性命道德为主要探讨内容的性理之学的标志。作为儒家传统文化的一对亲密伙伴，古文（文）与儒学（学），在前一时期均以鲜明而一往无前地努力排佛，为宋学的开创打通一条道路。后一时期，宋儒由一味辟佛转入表面上排佛、骨子里援佛，而以宗儒为本的阶段，古文体制和儒家文化从形式上得到保留，但其内容已加进了前所未有的新东西——心性义理。在这一过程中，还伴随着援儒入佛，禅宗由"不立文字"转为文字化、儒学化的反向融合过程。古文，不仅成为占统治地位的文学样式，而且还是宋儒（如二程、张载）与宋释（如契嵩、慧洪）从事学术活动的工具，为整个社会所接受。读到这样精辟的见解，教人不能不佩服著者敏锐的观察和深邃的思考。这里旁及的关于宋代古文的认识，今天读来，依然有道人所未道的新鲜感。我曾写过《范仲淹与北宋古文运动》（台北《大陆杂志》1994年第4期），视野就没有投射到儒佛交融这一文化现象上。

学术研究，问题有大有小。无论问题大小，需有体现研究者的一个主线贯穿其中，沿着这一主线思考，方有区别于人云亦云的独特见解。研究宋史，士大夫政治就是我的主线。研究社会转型，宋元变革就是我的主线。植锷教授研究宋学，从义理之学到性理之学就是他的主线。

植锷教授整理的石介《徂徕石先生文集》，在石介去世不久，欧阳修就反复阅读过，并写下过《重读徂徕集》一诗。诗的开头是这样写的："我欲哭石子，夜开《徂徕编》。开编未及读，涕泗已涟涟。"我重读这部《北宋文化史述论》亦有同样之感。

在我们班同学中，我跟植锷教授的交往相对较多。在大学二年级，我发表了第一篇学术论文《试论〈豳风·七月〉作者的阶级地位》，植锷教授就向我索要过写作这篇论文的相关资料。我们一起学日语，那时植锷教授就通过有限的日语知识关注到日本学界的研究动向，跟我谈及过松浦友久的唐诗意象论，还具体一起谈论过现代意义上"文学"一词的起源。

毕业后，尽管各奔东西，不过由于都研究宋代，交集也很多。学术交流与私谊交织在一起。

1982年，参加在郑州举行的第二届宋史研究会年会。会后，我们曾同访少林寺，畅饮黄河畔。到杭州出差，他特地把我请到家里。出生在北方的我，第一次吃到不少海蟹。临走，又给我拿上一大罐自制的杨梅酒，让我跟同行的白化文先生品尝了一路。以后在1984年第三届宋史研究会年会、1985年首届国际宋史研讨会、1986年首届岳飞研究会频频相见。回顾往事，读斯书，忆斯人，正如欧阳修的诗所写"如闻子谈论，疑子立我前。乃知长在世，谁谓已沉泉"，一切都是那样的鲜活。

邓广铭先生在书前的序引期待说："我热切希望，陈植锷同志如能继此论文之后，再把他论述的时限延伸而及于南宋，更把他所论述的课题，由儒学、理学、文学等精神文化而扩及于由两宋人士所创造、发明或发展、改进了的物质文化诸方面，使读者借此都能窥得宋学的全貌，那将是对于中国学术文化史的一桩更大的贡献了。"可惜天妒英才，植锷教授遽归道山。曲终人去，广陵散绝，邓先生的期待已经无法实现，一部《北宋文化史述论》，犹如一座里程碑，永远地矗立在学术史上。

然而，转而想想，也有欣然之感。这也如欧阳修的诗所写："人生一世中，长短无百年。无穷在其后，万世在其先。得长多几何，得短未足怜。惟彼不可朽，名声文行然。"如何可以做到不朽？名声与文行。植锷教授有这一部《北宋文化史述论》在，已足以不朽。欧阳修的《重读徂徕集》的最后两句写道："子道自能久，吾言岂须镌。"此言犹我言，植锷教授，既然"子道自能久"，那也无需我多言了，就此打住。

（原载《上海书评》2019 年 10 月 17 日）

金字塔的底部
——读《宋代乡村组织研究》

几年前，也是夏季，在我刚刚建立不久的《中国史 Salon》网站的 BBS 栏，贴出一个来自国内的帖子。发帖之人，素昧平生。帖子是一份论文目录。发帖的人叫谭景玉，自我介绍说是山东大学的博士生，希望我能帮助查找十多篇很旧的日本学者的论文。我的日文网站并不支持中文，中文的文字贴出，几乎都成为无法识读的乱码，这也是我之所以后来在国内开博的动因之一。然而，不知小谭用了什么方式，居然将信息准确传达给了我。

科技发达的日本，对人文科学论文却没有建立起像中国诸如《知网》那样的数据库，只有手工操作，按题索志，按志索文，然后一页一页地复印。好在日本的大学图书馆纸本收藏得完备，尽管费时费力，开列的论文总算悉数找到，印出并寄给了小谭。三四年后，在昆明的宋史学会上，我见到了这个朴实憨厚的小伙子。不过，由于当时人多时间短，与小谭只是寒暄了几句，便再无机会说话。会后也音信杳然。

一两个月以前，突然收到小谭的一通邮件，说是他的书已经出版，要送给我，确认邮寄地址。回复之后，月余不到，一部《宋代乡村组织研究》便悄然而至。

近 50 万字，近 500 页，足称厚重。

此书正是谭君景玉博士论文的增补本，作为其导师马新教授主编的"中国古代地方政治研究"系列的一种，今年 4 月刚由山东大学出版社推出。

先将此书的目录略去细目，揭示章名大纲，于此书所述之大体内容与研究范围，则不言自明。

书前，首列长达 34 页的绪论一篇，详尽介绍了迄今为止海内外关于宋代乡村组织的研究史，并对既有研究的成就与待解决之问题，逐一进行了认真评论，为本书的研究展开作了铺垫。绪论本身就是一篇关于宋代乡村组织研究的完整回顾与展望。

绪论之后，分篇上中下，为章凡九。

上篇为《宋代乡村行政组织》，含有三章，分别为：

《宋代乡村行政组织及其演变》；

《宋代乡村行政组织职能的实施》；

《宋代乡村行政组织的运行机制》。

中篇为《宋代乡村民间组织》，含有五章，分别为：

《宋代乡村宗族组织》；

《宋代乡村的民间经济组织》；

《宋代民间宗教组织》；

《宋代民间自保武装》；

《宋代乡村组织间的互动关系》。

下篇为《宋代乡村组织与社会控制》，下列一章为：
《宋代乡村组织与乡村社会控制的实现》。

观以上纲目，便可大致明了，此书将宋代乡村组织分为两大块。这就是与王朝相联系的行政系统和具有自发性的民间组织系统。对于两个系统组织间的互动考察，以及对乡村组织与社会控制的考察，则是综合性的理论提升。

关于宋代乡村组织研究，单篇论文间或可见，论著偶及亦不乏有，但如此全面系统地考察论述，恕我寡闻，窃以为当属首部。

把中国传统社会简单勾勒，可以视为金字塔形结构。中国是一个史学大国，几千年间的积蓄，留下了大量的史书。悠久的史学研究传统，迄今不衰。然而，无论传统史家，还是当代学人，关注的大多是辉煌耀眼的金字塔顶部，关注着在那里活动的帝王将相。几千年的文明，以政治史的话语叙述为多。即使是以政治史话语的叙述，也很少有人关注构成金字塔基础的底部。尽管这种状况在近些年来已经有了很大改变，历史学家和多种学科联姻，开始尝试进行多层面、多视角的研究，但还远远不够，政治史、甚或说王朝更替史依然是学者的主要关注点。

我这样说，并非专为责人，而多是自责。且不说我的宋代研究就是以政治史为主，连给学生讲通史也是政治史的线索。后来，我意识到如此讲史的缺陷，开始眼睛向下，对历史尝试进行社会史式的关注。在我所写的日文版《中国史略》的明代一章，加入了"社会史视角下的明代史"一大节。在这一节的前面，有几段概述，可以表达我的认识。现部分摘译如下。

在金字塔式的中国社会中，由国家权力派生出的上层社会，其基盘是下层社会。上层社会尽管来自下层社会，但生成之后，则处于相对独立的状态。迄至于隋唐的中世官僚再生产，主要进行于上层社会内部。即贵族独占的世袭交替。

然而，唐末五代几十年间的剧烈动荡，武人势力的大幅上升，模糊了上下层社会的界限。进入北宋，科举规模的扩大，为和平时期下层社会进入上层社会提供了机缘。这不仅改变了历来的上层社会构成，还在几乎隔绝的上下层社会之间设置了沟通的管道。

进入南宋，尽管统治区域变狭，但科举规模依然，于是便生出新的问题。有限的官位使多数士人无法挤入仕途，便逐渐转向地域社会，来寻求出路。

进入元代后，科举几乎废止，一部分士人成为形形色色的庶民之一"儒户"。被排斥于仕途之外的多数士人，开始流入下层社会。地域社会的乡绅，城市的戏曲作家，以及从事于官衙事务的吏，等等，成为士人的新形象。尽管历来的下层社会都包含有乡绅和士人，但由南宋至元的社会流动使下层社会旧貌换新颜，知识人的比重在构成中增大。

处于相对独立状态的下层社会的活跃，与王朝中央末端远离、统治力不逮有关。秦汉以来，历代王朝县以下几乎不派官，采取的方式是政府监督下地方自治。这对于王朝来说是一种节能省耗的方式，但在客观上则增强了下层社会的独立性。

南宋以后，知识人的大量进入，提高了下层社会的质量。从南宋，尤其是从元代开始的社会分离，在一定程度上淡化了知识人的"官"意识。这对明代社会产生了很大影响。而元代以后商品经济的发达，更是将知识人的一部分注意力吸引了过去。

享有免除赋役特权的乡绅由退职的官僚士大夫、大地主以及本地势力强大的人构成。他们是与上层社会有着千丝万缕联系的下层社会领袖。下层社会，历来不是如想象般的一盘散沙，存在着与国家行政系统形式不同的组织。例如宗族、宗教、民团、香会以及具有互助会性质的"社"，还有行业团体、文人的诗画社团体、书院等民间教育团体以及形形色色的秘密团体等。比之上层社会，下层的民间社会，远为多姿多彩。

进入明代，完成的主要是民族统治的转换，下层社会并没有受到很大的冲击。反过来元代形成的多样化的下层社会，却为明代全盘接收下来。经济具有魔力，是只看不见的手。商品经济的发达，正是明代下层社会活跃的根本原因。明人所撰的小说《水浒传》《金瓶梅》，皆为明代下层社会的鲜活映照。特别是已呈现出近代特征的 16 世纪明代后期社会，更是与今天的中国社会有着密切的关联。

以上所述，实为粗略概观，如大写意。而谭君所著，则细若工笔，纤毫毕见。不仅详述体制，更究原委，探索互动，全方位、多层面地展示了宋代下层社会的结构关系。像这样的制度性研究，必将成为进一步全面探讨宋代下层社会生活的基石。

历史讲究一个"历"字，上穷碧落下黄泉，便是经这个"历"。点与线，时与空，交织构成，不可或缺。究其历，寻其史，须在变与不变中着力。谭君此著，于宋代乡村组织之研讨，备极详尽。虽未细细披览，唯感源流叙述之际，于各组织之来源所自，稍嫌欠然。我总在想，较之上层社会的剧烈变动，下层社会犹如平缓流淌的大河，历朝各代，虽有因时而异，但无论组织，还是心态，变化缓慢。唯其如此，治宋史，也须瞻前顾后，溯源寻流，方更为完备，更有意义。作为食客，总对厨师有过分的奢望，希望吃到更好的菜。祈望谭君不以为忤。

话还是说回来。常言十年磨一剑，谭君向我索求论文，已是六年之前。而据本书后记，他关于这一课题的探讨，已达七年之久。在一个浮躁的时代，能孜孜不倦，锲而不舍，潜心七年研究，其心之专可赞，其心之静可敬。

谭君，在自己搭建的舞台上，接下来，演示活生生的宋代下层社会生活史吧。

我的期待。

暗合前修诚可信

——读《中国行政区划通史·宋西夏卷》

人们常说，历史像一条长河，湍流不息。这其实是说历史一去不返的时间矢向性。如果以河流为喻，那么河流还在一定的地域流淌。这一定的地域，便是历史运行的空间。时空交织，历史演进。已故宋史大家邓广铭先生在50年代曾提出历史研究的四把钥匙之说。这四把钥匙就是：年代、地理、职官、目录。揭开历史之谜，这四把钥匙不可或缺。

四把钥匙，地理居其一。历史的河流在特定的地域流淌，地理焉可不知！

不过，历史漫长，王朝兴替，统一分裂，行政变更，地名沿革，实在纷纭复杂，难以理清头绪者往往而在。并且，理其头绪的作业也是枯燥无味。相信很少有人把正史的《地理志》读得津津有味。钥匙是工具，喜爱不喜爱都得用。历史之门，不是喊声"芝麻，开门吧"就能轰然敞开的。因此，要求历史研究者必须要对历史地理有一定程度的了解。

然而，生也有涯，一个人的精力有限，难以事事皆通皆精，怎么办？有人提供了钥匙，有人搭建了阶梯，要善加利用。这就是要善于利用既有的研究成果，站在巨人的肩膀上，后人的研究才会有相应的高度。

既有研究成果的结晶之一，是工具书。我在大学时代学了很多课程，其中有一门似乎学术含金量不多的课程，反倒受益最多，这就是"工具书使用法"。这门课程，不仅介绍各种专门的文史工具书，教授四角号码使用法，其实，在学习过程中，潜移默化地提升了信息意识。这是授人以渔的课程，为学生指出了一条做学问事半而功倍的捷径。思及于此，我特别怀念教授这门课程的已故陈宏天老师。斯人已逝，他的《文史工具书手册》一书，相信还在嘉惠人间。

专业的文史工具书，就不仅仅限于《辞海》《辞源》了，一切具有工具性的书籍皆此之属。绕了半天，其实我想向大家推介一部地理工具书。

四年前，南京大学李昌宪教授托他留日的学生给我捎来一部新作，即《中国行政区划通史》中的一卷——《宋西夏卷》。这是一部 16 开、整整 800 页、近 90 万字的皇皇巨著。

关于历史地理，一直缺乏比较新的研究工具书，以致 1931 年商务印书馆出版的《古今地名大辞典》还一印再印。新近的工具书，不离书案的，也只有 70 年代出版的谭其骧先生主编的《中国历史地图集》和出版于 90 年代的魏嵩山编的一册规模并不大的《中国历史地名大辞典》。近年来虽然出版了一些类似的辞书，但还缺乏权威性。

在中华书局从事编辑工作的时代起，我与历史地理学者多有过交往，接待过谭其骧先生和史念海先生，也是那时认识了谭先生的高足葛剑雄先生，后来又认识了谭先生的另一位高足、主编这部《中国行政区划通史》的周振鹤先生。还曾担任过王文楚、魏嵩山两先生整理的《元丰九域志》的责任编辑。与历史地理学者的交往，以及通过自身的研究经历，我深知这类历史地理书籍之于研究的重要性。

我认识的一些日本学者，也十分重视历史地理沿革。他们每次去北京，必去陶然亭附近的地图出版社门市部，购买每年出版的最新《中华人民共和国行政区划手册》，为在研究中准确注明今地时使用。

实在需要启动一个工程，动员全国的历史地理研究者来编写一部与今天的行政区划相对应的翔实的《中国历史地名大辞典》。

然而，大型的综合性历史地理工具书的推出，需要长期而坚实的学术积累。李昌宪教授这部《中国行政区划通史·宋西夏卷》就是这种积累。

得到此书，如获至宝。这种心情和后来获得龚延明先生的两大巨册《宋登科记考》时完全一样。立即便置放在案头手边了。

不过，工具书的功用主要是用来查，而不是用来读的。我对于常见于报端的某某人读《辞海》不大以为然。我在少年时代也曾把内部发行的两大本《辞海》放在手边，但那只是泛泛翻书而已，是无法将整部《辞海》吃到肚子里去的。强调工具书宜查不宜读，是想请昌宪兄见谅。如获至宝的大著放在案头，但由于近年来的研究不大涉及地理，居然也就没怎么翻动。

书衣积尘的大著终于今天翻阅了。

坦白地说，翻阅的缘起，居然是出于一种"不良"心理。

最近在看《隆平集校证》的校样。在前言中，我为了说明《隆平集》一书的价值，写下这样一段话：

> 清代著名学者钱大昕，还从另一个角度反证出《隆平集》的价值，在《跋隆平集》一文中，钱大昕写道："句容之茅山有常宁镇，宋天禧元年所置，见于《景定建康志》，予游三茅，尝至其地。《宋史·地理志》云：'句容，天禧四年改名常宁。'似改县名为常宁矣。句容名县，自汉迄今，未之有改。此集郡县篇亦无改常宁县事，不审史家何以舛误乃尔。"不载反为是，《隆平集》在记载地理沿革时，并没有发生《宋史·地理志》这样的错误。

这段话是我在初校时加进前言的，因此在看校样时便比较认真地核对有无误排。此时，忽然一个念头升起，昌宪兄的《中国行政区划通史·宋西夏卷》对钱大昕指出的《宋史·地理志》讹误有没有发现？

翻检《中国行政区划通史·宋西夏卷》，在第三编第九章《江南东路州县沿革》看到了如下表述：

> 按，《宋史》卷88《地理志四》江宁府条言，句容县，"天禧四年，改名常宁"。《文献通考》卷318建康府条同。然

据《景定建康志》卷13言，"天禧元年，置常宁镇于句容县"。又该书卷16言，"常宁镇，在句容县东南五十，天禧元年，以镇置寨"。两处均未言句容改名常宁事，前两书当是误书。

猜测昌宪兄当是没有看到钱大昕写在《潜研堂集》卷二十八的上述文字。但昌宪兄利用南宋地方志对《宋史》和《文献通考》的正误居然与之暗合！

百虑而一致，殊途而同归，比较钱大昕未举证据的结论，昌宪兄的考证更为信实。正可谓前修未密，后学转精。

纯属于"用心不良"的随机抽查，昌宪兄没有让我看笑话。仅仅百余字对一个细小问题的考证，犹如一滴晶莹的水珠，折射出整体的光辉。不须再多抽查了，这部书，值得信任。

翻看书的封底，载有整套书的著者，除本卷之外，其他有：

总论、先秦卷为周振鹤、李晓杰；

秦汉卷为周振鹤、李晓杰；

三国两晋南北朝为胡阿祥、孙祥军；

十六国北朝为牟发松、毋有江；

隋代为施和金；

唐五代为郭声波、李晓杰；

辽金卷为余蔚；

元代卷为李治安；

明代卷为郭红、靳润成；

清代卷为林涓；

中华民国卷为傅林祥、郑宝恒。

撰者诸公，除了主编周振鹤是我熟知的老友，整理《读史方舆纪要》的施和金先生也在80年代的中华书局朝夕相处过，牟发松、李治安亦为旧友，胡阿祥、余蔚均曾谋面。他们的学术功底，我皆有所知，宿儒和新秀组成了强劲的阵容。从昌宪的一滴水，又不难看到全体的光辉。从主编到众多撰者，我信赖。

检寻之际，对书后未附地名索引而略感遗憾。翻检受赠之同一系列余蔚教授的《中国行政区划通史·辽金卷》，同样也没有索引，想来这套书的体例就没有设计地名索引。大陆出书，编著者的索引意识略嫌欠缺。观欧美、日本乃至中国台湾地区的学术论著多附有索引，颇便检索。特别是工具类的书籍，索引是必不可少的。切望这套书能在再版之际补入地名索引。

在宋史圈内，我原本对李昌宪兄一无所知，直到有一天日本书店书架上的《宋代安抚使考》赫然入目，方知此方神圣。后来90年代后期在台湾开会，首次相逢。再后来，宋史学术会议，便屡屡相聚。昌宪兄厚重少文，扎扎实实，宜乎硕果累累。期待年及花甲的昌宪兄对历史地理研究作出更大贡献。

（原载《咏归集——李昌宪先生七十寿辰纪念文集》，
中国社会科学院出版社，2018年）

根基坚实的大厦
——再读《中国行政区划通史·宋西夏卷》

几年前，我曾写过一篇短文，题为《暗合前修诚可信——读〈中国行政区划通史·宋西夏卷〉》。文章举了一例，指出李昌宪先生所著《中国行政区划通史·宋西夏卷》的一处考证结论与清代大家钱大昕暗合，来感叹此书之信实可靠。

仅举一例，即云可信，似丁友人有以孤证佞誉之私嫌。最近读书，又让我发现了一例。校勘司马光的《稽古录》宋代部分，校到宋朝平江南所得州县之事实，检以《宋史》卷三《太祖纪》，其于开宝八年十一月载："乙未，曹彬克升州，俘其国主煜，江南平。凡得州十九、军三、县一百八十、户六十五万五千六十。"我对其中所载县数有些生疑，似乎江南当时所辖之县未有一百八十之多。因疑而核，检视了现存宋代文献之相关记载。

曾巩《隆平集》卷一二载："曹彬平李煜，得州十九、军三、县一百八、户六十五万五千六十五。"

李焘《续资治通鉴长编》卷一六于开宝八年载："二月己亥朔，江南捷书至，凡得州十九、军三、县一百有八、户六十五万五千六十有五。"

彭百川《太平治迹统类》卷一《太祖平江南》载："十二月己亥，江南捷书至，凡得州十九、军三、县一百有八十、户六十五万五千六十有五。"

陈均《九朝编年备要》卷二于开宝八年载："十一月，曹彬克金陵，李煜降，江南平。得州十九、军三、县一百有八、户六十五万五千。"

王称《东都事略》卷二载："（开宝八年）十二月己亥，曹彬克升州，擒李煜，江南平。得州十九、军三、县一百八。"

王应麟《玉海》卷一四《祥符州县图经》载："（开宝）八年，平江南，得州十九、军三、县一百八。"

王应麟《玉海》卷一九三上《兵捷》亦载："（开宝八年十一月）二十七日乙未，曹彬等拔升州，擒李煜及其臣寮百余人，江南平。得州十九、军三、县一百八、户六十五万。"

繁琐检核，只为求实。以上罗列宋人编纂之六种文献的七处记载，关于宋朝平江南所得县数，只有《太平治迹统类》所记同《宋史》本纪，为"一百八十"，其他文献均以"一百有八"或"一百八"为记。

尽管证误不能完全取决于少数服从多数，但数量对比无疑是一个过硬的指标。从上述记载看，宋朝平江南所得县数，似以一百零八为得其实。一百八十之"十"字当为衍文。

其实，此误通过校勘学之本校法亦可证明。同为《宋史》，于卷八五《地理志一》便明确记载："（开宝）八年平江南，得州一十九、军三、县一百八、户六十五万五千六十五。"不过，由

"一百八"衍误为"一百八十"，应当说是由来已久。除了《宋史》本纪和《太平治迹统类》，元人陈桱的《通鉴续编》卷三亦记为"县一百八十"。

检核至此，我又想到了李昌宪先生的这本地理工具书，想看看他在书中有无提及这个问题。如果提及了，是如何解释的，可否印证我的上述推测？

昌宪先生于此书第二编《宋代省地各断代年限的地方行政区划》中第一章《宋初的州县》，专辟有第七节"开宝八年平江南所得的州县"。于此节开头，即有如下叙述：

> 开宝八年，宋平江南，所得州县，《宋史》卷85《地理志一》、《长编》卷16、《降平集》卷12、《东都事略》卷2、王应麟《玉海》卷14《祥符州县图经》、《文献通考》、《宋本历代地理指掌图·太祖皇帝肇造之图》均言"得州十九、军三、县一百八"，然《宋史》卷3《太祖纪三》言，"凡得州十九、军三、县一百八十"，恐为笔误，今不取。

我所走的上述那道检核程序，昌宪先生在考察这一事实时，亦同样走了一遍，并且得出了与我相同的结论。

昌宪先生"恐为笔误"的结论，不仅来自文献的比勘，更是出自自身的实证。在这段叙述之下，他以州系县，具体列出了十九州所辖县名，计有一百一十县。尽管多出一百八之数，然亦远不及一百八十。具体开列的县名与数字，彻底证明了"县一百八十"的记载之误。

上述关于宋朝平江南所得州县数的史料记载，从正误对比上看，正确的记载占多数。对于这一事实的证误，确实可以少数服从多数，昌宪先生的实证成为有力的证明。然而，真理掌握在少数人的手中，诸书皆误，一书独是，这种现象亦非鲜见。关于这一点，昌宪先生的这部书也给我们提供了例证。在第二编第八节"太平兴国三年漳泉献地所得州县"中，有如下叙述：

> 太平兴国三年，陈洪进献漳、泉之地，《宋史》卷85《地理志一》、《宋史》卷4《太宗纪一》、《长编》卷19、《东都事略》卷3、《玉海》卷14、《文献通考》作"得州二，县十四"，唯《隆平集》卷12《伪国》作"二州，十二县"。《十国春秋·地理志》所据同。

然而，昌宪先生的考察并未为文献记载的多数数据所惑，而是通过实证，一个一个县地考证，具体考出漳州所辖3县和泉州所辖9县之名，然后，底气十足地指出："今考实所得，同《隆平集》之数。"惜乎读到昌宪先生的这段叙述太晚，不然，我一定会作为论证《隆平集》价值之一例，写到我的《隆平集校证》前言之中。

从上述昌宪先生所述检视的书名来看，为了考证一个具体问题，他不仅几乎将所有相关文献皆加以寓目靡漏，竭泽而渔，还留意到一些稀见文献。其所述《宋本历代地理指掌图》，就是仅存于日本东洋文库的一部孤本。80年代谭其骧先生访日，始将此书复制回国，嗣后上海古籍出版社影印出版。尽管如此，此书还不甚为人所知。资料的广泛寓目，使得出的结论拥有坚实的支撑。这一实例的检视，又让我看到了一滴水的折光。相信全书的史料支撑，一座大厦的钢筋混凝土的根基都同样坚实。

昌宪先生的实证精神与实证结论，再一次让我拜服。

（原载《咏归集——李昌宪先生七十寿辰纪念文集》，中国社会科学院出版社，2018 年）

知人方可论世

——跋《张镃年谱》

日前，一包印刷品邮件从遥远的兰州飞至我的书房。看邮寄者，人名陌生。拆封，一册印刷精美的《张镃年谱》（人民出版社，2010年），脱封而出。

著者曾维刚，为兰州大学文学院副教授。观后记，恍然而悟。曾博士夫人为铁爱花，武汉大学历史学博士，近年以来曾两次在国内的学会上相见，曾听铁博士讲起过夫君专攻古典文学，颇为缜密用功。定是铁博士绍介，而有是书之见赠。

翻阅这部2月刚刚出版的大著，知铁博士称誉夫君之语非虚。

张镃其人，相信不大为人所知。这是一个曾经活跃在南宋中期（1153—1235）的人物。张镃家世显赫，曾祖张俊、外祖刘光世均为南宋初年名将。张镃自幼生长于南宋都城临安，以恩荫入官，曾做过临安通判。张镃生逢政治相对安定的时期，平静地在孝宗、光宗和宁宗前期度过了他一生的大部分时光。不过，在过了知天命之年以后，张镃的人生则发生了逆转。先是参与史弥远诛杀韩侂胄的密谋，而后又得罪权相史弥远，被贬近三十年，最后死于贬所。

观上所述，知张镃与政治牵连甚多。解读该时期的政治史，也是一个不可或缺的纽结。

研究张镃，不仅具有政治史上的意义，他更是当时的文坛名流。我们看南宋文坛四大家之一的杨万里如何评价张镃："尤萧陆范四诗翁，此后谁当第一功？新拜南湖为上将，更推白石作先锋。"诗中的"南湖"指的就是张镃。杨万里将其与陆游、范成大、尤袤、萧德藻、姜夔等知名的文坛大家相提并论，可见推重之深。

检视艺文经籍之录，张镃的作品传世不少。卷帙比较多的，有文集《南湖集》十卷和所辑笔记《仕学规范》四十卷。此外，尚有《诗学规范》《玉照堂梅品》《桂隐百课》《四并集》《玉照堂词抄》等零帙短篇流传下来。

不过，这样一个时代闻人，《宋史》中并没有他的传记。降至后世，其事迹更是湮没无闻。让人慨叹的是，历史之无情，不仅让芸芸众生默默无闻，也让一代风流销声匿迹。无怪子在川上曰，逝者如斯夫。滚滚长河不仅大浪淘沙，连不少巨石小山也席卷而去，不留踪影。

知人方可论世。然而文献无征，又由何可知，从何而论？史料者，实为研治文史者的下锅之米，向壁难以虚造。因此，无论是出于研究者为自己课题所做的资料准备，还是专为搜寻辑佚之学问，我都对年谱这样的研究成果报以极大的欢迎，对从事这种作业的研究者报以极大的尊敬。这也往往是件能者不为、不能者难为之事。

曾君维刚遍检史传、文集、笔记、诗话，又及方志、年谱、家谱、墓志、碑刻，上穷碧落下黄泉，钩玄索隐，并且广泛吸收了今人的研究成果，系统地整理了谱主张镃的家世、行历仕履交游和诗文系年，以一个人物为线索，为读者展示了一个时代。二十多年前，在整理宋庠的诗文集时，我曾编撰过宋庠、宋祁的《二宋年谱》，深知资料搜索和考索系年之劳力劳心。因此，从这部长达30万字的《张镃年谱》，可以想见曾君维刚作业之艰辛。然而，从另一个角度观之，编撰年谱亦属一种综合性训练，倘能耐得辛苦与孤寂，其收获也必是良多。"功夫在诗外"，编撰年谱的收获，绝不只是年谱本身，无形之中，学问学识必会大增，从而受益无穷。

　　鉴此，我为曾君贺。

月峰有光华，不掩赖茂生
——《孙月峰年谱》小识

　　进入我的博客《惠赠小识》者，多为相识之学界友人惠赠之作。不过，这部《孙月峰年谱》则属意外，是来自网上博客。著者原本不相识，由于读了我的博客，示以将大著相赠之意。盖雅有同好、嘤鸣友声也。果然，一月有余，一册厚重的《孙月峰年谱》便越洋飘然而至。

　　翻阅之下，再次感慨，互联网直如看不见的海洋，其中卧龙藏蛟。

　　《孙月峰年谱》，孤山王孙荣撰，2009 年 5 月由大众文艺出版社刊行。据是书跋语，孙荣字茂生，尝负笈沪上。又检网上，更知现致力于地方史志编纂之茂生，乃一方闻人，不觉肃然起敬。

　　然而，尤使我敬意沛然的，则是茂生此著。

　　《孙月峰年谱》，乃明人孙鑛之年谱。谱主号月峰，因以名书。孙鑛（1543—1613），字文融，万历二年（1574）进士及第。孙鑛早年为张居正所抑，然却少有怨望，曾称张居正为"宰相中射雕手"，足见其胸襟。身为书生的孙鑛，尝总督蓟辽，主抗倭事，功绩灿然，官终南京兵部尚书。人称其"手持书卷，坐大司马堂"。

孙镰事业以武功显，名声以著述闻。笔耕甚勤，著述颇丰。据茂生统计，多达90余种，经史子集，均有所涉，特于批点见长，为明清学人所重。近人章士钊于《柳文指要》专有评骘。惜乎著述散佚太半。

孙镰无嗣，曾自嘲云："释迦不以罗睺传，仲尼不以伯鱼传。"不过，九泉月峰当足慰，四百年后有知音。茂生此著，穷数年之力，搜讨颇广，考证良精。长达30万言之年谱，征引文献多达130余种。谱文纪事，不止编年，详至系月系日。茂生不仅于月峰生平所述甚详，且缀有附录一编。内有传状赞文、后裔纪述、著作知见、集外文录、历代评叙、参引举要，实为孙镰研究资料汇编。其中《集外文录》，极见搜讨功力，于学者研究甚有裨益。

我与月峰，说起来亦有隔世一面之缘。早年整理宋人笔记《鹤林玉露》，曾获见一版本为明万历三十六年南京都察院所刊。其后便记有时任南京都察院右都御史孙镰之跋语，为我录入整理本《鹤林玉露》附录，并在《〈鹤林玉露〉版本源流考》一文中提及。茂生亦在该年二月初七日之下，录有此跋。足见年谱之详备无遗。由此跋之缘，获茂生此赠，于月峰其人，非但不陌生，且有如晤故人之感。

茂生所业，非纯为旧学，而颇具新学之见识。其于谱主本事之外，且述相关之历史背景、朝野大事。孙镰身当张居正改革成就彰显之万历时代，从此明朝由盛入衰。学者读此，足可以月峰之所历，明了时代之经纬。

署名有字，识地有望，行文典雅，为学严谨，直意茂生乃一著旧宿儒。不料稍为查检，居然为方涉而立之新秀，不禁立生可畏之敬意。

知人论世，研文治史，《孙月峰年谱》实为填补了一个向为学界所忽之空白，其功非浅。

揖手茂生。

（原载《上林》2010 年第 3 期）

云贵樟气

——《清代云南瘴气与生态变迁研究》读后

看到题目，读者会怀疑，"樟气"？是不是写错了？应该是"瘴气"吧。没错，应当是"瘴气"，但我却是有意为之。金秋时节，从遥远的祖国西南昆明，一部书翻山越洋而至。这就是周琼博士的《清代云南瘴气与生态变迁研究》（中国社会科学出版社，2007年）。樟，散发的是香气。周琼的书带来的香气，让我倍觉秋高气爽。"瘴""樟"谐音，故谓"樟气"。

这是一部长达41万字的厚重大著。

书的内容，是自认为杂家的我完全没有涉足，也无力涉足的领域。对内容外行，只好"功夫在诗外"，作些外围观察。

周琼的研究截取了清代这一历史断面。此处有巧思。这样的截取使研究范围有了限定，在技术层面上易于操作。更重要的是，这一课题具有很强的应用价值。因此说，选择与今天距离最近的清代，更能彰显研究的意义。固然，或许一个简单的选择理由就是，清代是周琼的所熟所长。就像我研究皇权要截取在宋代一样。

将地理考察确定在云南，也是现成的选择。云南是古代瘴气的典型地域，又是周琼生于兹长于兹的故乡。选题里含有一份对故乡的爱。

此书是周琼在她博士论文基础上整理增订而成的。

一个文科博士生把瘴气作为研究课题，要冒极大的风险。因为这一课题，涉及面极广，触角伸向了毒物学、病理学、矿物学和自然地理学等自然科学的多种领域，并不是仅仅懂得历史就能拿下的。因此，首先这份勇气就值得尊敬。

敢于啃，并且能够啃下这块骨头，便是难得的贡献。因为这一课题，仅仅懂得自然科学，没有受过历史学训练，读不通古籍的人，无疑也是难以胜任的。能够打通断代，已经难求，兼通文理，便更难奢望。然而，周琼这部厚重的大著，给了我们一个无言的微笑。这微笑，充满自豪。

梅花香自苦寒来。从书后的参考文献看，仅古籍的征引就达173种，据书中附注说，这还不是全部。而按她的导师林超民先生的序言说，此书对史部的征引"几乎没有遗漏，堪称竭泽而渔"。对现当代学者的著作，参考数量达61部，论文达111篇。在一个浮躁的时代，如此潜心治学，又让人报以敬意。

研究中国历史，瘴气其实也是一个绕不开的不大不小的问题。从诸葛亮挥兵横渡泸水，到唐玄宗兵败南诏，都遭遇了瘴气。在宋代，远恶州县甚至官员都不愿赴任，怕的也是瘴气之类，而烟瘴之地又是获罪官员的贬谪之所。宋代名臣寇准就是死于烟瘴之地。

然而，"瘴雨蛮烟今已息"，之于今人，瘴气又是一团消逝的云雾。追踪这段远去的历史，殊属不易。

像是《尔雅》释物，周琼将文献研读与田野调查相结合，对历来语焉不详的瘴气概念作了全新的界定，将过去笼统所称之瘴气，细分为瘴与瘴疠。其中瘴又包括有瘴气与瘴水，属于特殊生态环境下产生的对人体有害的自然物质，而瘴疠则是人在沾染瘴气或瘴水后罹患的各种疾病。

又像是《水经注》梳理河道，周琼将云南的瘴气划分为七大区域，从有到无，进行了具体的生态变迁研究。书中敏锐地指出，瘴气区域的缩小或消失与生态恶化没有必然关系，恰恰相反，这正是生态环境逐渐改善的标志。

然而，倘若仅仅停留于对瘴气本身或生态变化的研究，那就成了自然科学工作者的作业。周琼在对瘴气的自然属性与地理环境研究的基础上，更进一步探讨了瘴气在历史上的社会影响，从而展开了广阔的研究视野。从民族聚集格局到城池兴建、经济发展，从政治制度到军事驻防，通过周琼的笔触，我们都看到了瘴气缭绕。

环境史、疾病史、灾害史、生态学、地理学、社会学、民族学，周琼以辛勤的劳作，缜密的考察，实现广范围的学科跨越。

溯往而知来，通鉴而资治，对人类如何与自然和谐共存，是书尤显现实意义。不仅云南一域，甚或东南亚，考察其环境生态与社会变迁，此书都自有其独特的价值。

"屏山雪霁瘴岚消，珠林宝地增清豪。"周琼博士之著，也为学林增清豪。称之为馨薰之樟气，不亦宜乎！

（原载《云南政协报》，2011 年 7 月 8 日）

"便引诗情到碧霄"

——《重读中国史：文化的江山》《通往立宪之路：告别晚清的近代史》小识

最近，收获两部来自祖国的好书，为我舒展一幅文化江山的大美画卷，引领我回溯刚刚走过百余年的艰辛的通往立宪之路。

书名我已点出：《重读中国史：文化的江山》；《通往立宪之路：告别晚清的近代史》。

两部书，都是别具只眼看中国，独具匠心讲历史。

我的理解，前者，是作者重构的古代史；后者，则是作者的近代史别裁。前者让王朝远离，凸显出一座瑰丽的文化江山；后者审视王朝没落，诉说一个走向科学与民主的近代中国。

两部书高屋建瓴，鸿篇巨制。高屋建瓴是说气势和视野；鸿篇巨制是讲体系构筑，非仅字数云尔。

"一部十七史，从何处说起？"这是文天祥被俘后面对元朝宰相发问的回答。脑海里浮现出这句话，是我面对这两部书的困惑。内容博大，哲思精深，只言片语，难以评说。

我写过通史，因此，读起来，如他乡故知，老友重逢。或同或异，每每会心。从古到今，上下几千年，我钦佩作者的博学，更钦佩作者的识见。刘知幾所云史家三长"才、学、识",于书中毕见。

内容不遑具论,形式先发感慨。

两部书都写得汪洋恣肆,酣畅淋漓。并且趣味盎然,文字优美,读来不忍释卷。

少年时代喜欢写诗、读诗,至今诗人张永枚 70 年代的报告诗《西沙之战》还能吟出片断:"汉字碑,先辈坟,永乐古钱,蓝花瓷盘,文物、古迹,铁证万件。使人依稀可见:祖先的渔火,汉、唐的炊烟,明、清的篷帆……"诗人以史入诗,写得很优美。

这两部书,则是以诗入史。说以诗入史,并非诗体史书,而是寓诗情于哲思,或赞美,或抨击,或扼腕,或忧思,抑扬顿挫,跌宕多姿,字里行间处处流淌着浓浓的诗意。文字洒脱跳跃,充满灵性。一唱三叹,读来荡气回肠。

上大学时,读过李泽厚的《美的历程》,也为其诗一般的语言表达形式所吸引。这两部书也是如此。在作者眼里,喜剧是诗,悲剧亦诗,剧变是诗,平常亦诗。像写诗那样写史,沉重也好,欢快也好,作者笔下的历史充满诗意。

历史也可以这样写。

以前写过诗话,说"诗由情生"。其实何止是诗,治史也须有激情。起码,这份激情折射着作者的一份挚爱。对先人,对祖国,对文化,对从事的这项事业。

除了自然史,历史是人的活动轨迹。人的活动的变数与不定,注定让历史学研究不能像自然科学研究那样机械而定量。并且,历史事实一经叙述,必然有意无意带上载笔者的意识。"一切历史都是当代史"，无法做到绝对客观。爱恨情仇，也是载笔者的自然流露。激情不同于偏见。

"横看成岭侧成峰，远近高低各不同。"历史认识，见仁见智。诗心诗性下的历史观照，自是不同。诗无雷同。以诗心观史，便会别具只眼；以诗性治史，便会个性鲜明。

不久前，曾写过短文《书给谁看》，那是对出版社的期待。其实，我更看重"书为谁写"。我在一本书的前言中，强调历史学家无论置身于象牙塔的内或外，都应当注重文字表达的可读性。翻译标准的"信、达、雅"，也应当成为历史学家的文字表达标准。文以载道，史以演义。此道此义，应当寻求最易接受的表达方式。否则，再有真知灼见，也如茶壶里的饺子。

文似看山不喜平。一时记不起在哪里看到过的话，大意是，为人要守规矩，为文则要不守规矩。

两部书语言张扬，极致发挥，颇有些潇潇雨歇，壮怀激烈。根据迄今为止的史学训练，绝对是不中规中矩的另类。不过，让人喜欢。并且老实说，循规蹈矩，难出佳品。从形式到内容，历史研究，亦当千姿百态，而不应千篇一律。规范，有时会成为扼制才思的紧箍咒。

"晴空一鹤排云上，便引诗情到碧霄。"两部书为历史研究写作吹入一股新风，是史学著作之林中的一道别致风景。读之，精神为之一爽，眼前为之一亮。

两部书的作者相同，是我还未曾谋面的学者伉俪刘刚、李冬君。

永久的纪念

——《漆侠全集》书后

去年入冬，收到河北大学宋史研究中心寄下的《漆侠全集》（河北大学出版社，2008年11月出版）。看着全12卷数百万字的漆侠先生著作和各卷书前的一幅幅照片，目睹故人遗著，分外亲切，倍感怀念。

跟漆侠先生的缘分，是在认识先生之前，更是早在我踏入学界之前。家里的藏书中，有一册出版于50年代的《王安石变法》，所以在很小的时候，便知道了漆侠先生的名字。大学毕业，从事宋史研究，更是直接得到了漆侠先生的指导。在1984年杭州的第三届宋史年会时，我把自己的《论宋代相权》稿本拿给漆侠先生。漆侠先生认真看过之后，在会间跟我谈话，对我把制度的设置与制度的实施区分开来的认识给予了充分的肯定，极大地鼓舞了我这个初学者的信心。以后只要是能同先生见面，都向先生请教许多问题。清楚地记得，在1985年的国际宋史研讨会期间，早上同先生一起散步，先生讲起，他每天都坚持读宋人文集。听了之后，深为先生的毅力所感动。

不仅是问学，在工作上，漆侠先生也给了我许多帮助。1985

年，我负责重印《宋史》，打算在可能的范围内对点校错误进行一些订正。于是，我便请先生帮助审订了《宋史》的《食货志》。后来，汪圣铎先生的《两宋财政史》交稿，我也是请先生审阅，先生很认真地阅读并提出了审读意见。

来日之后，也有几次与漆侠先生见面的机缘。

一次是先生应东京都立大学佐竹靖彦先生的邀请访日，我同早大的近藤一成先生前去看望。那次见面，由当时佐竹先生的研究生小川快之先生拍摄的合影，至今还摆放在我的研究室。

此后的1999年去台湾参加学术会议，又意外地见到了先生。

第二年的2000年，时隔十多年，我去保定河北大学参加了宋史研究会第九届年会，再次，也是最后一次见到先生。

先生和蔼可亲，每次见到，都像是见到老朋友一样，热情地只用名字的后两个字来称呼我。那次见到时，先生还签名送给了我他的著作。

无缘受教于漆侠先生门下，但以上的缘分，足以称得上是先生的私淑弟子了。

为此，我要感谢河北大学宋史研究中心姜锡东兄以及各位先生，给了我一份珍贵的礼物，也给了我一份永久的纪念。

静如平湖，崇若高山

——《朱瑞熙文集》出版寄语

3月的北京。一个温暖的午后，在东厂胡同中国近代史研究所的一间研究室，朱瑞熙先生翻开《四库珍本丛书》中的一册，向我讲述宋江受招安的证据：北宋李若水的《捕盗偶成》。娓娓道来，如沐春风。——这是三十五年前的一幕场景。至今清晰如在眼前，身置暖春。

那时我在中华书局供职，80年代的出版业，尚未充分进入市场经济，没有现时的紧迫感和经济压力，编辑工作相对轻松。中华书局编辑即学者的传统，更是让我把很大精力投入到学术研究之中。从当时位于王府井大街36号的中华书局，到近代史所和科学院图书馆只有不到一里地的距离。很长一段时间，我都是上午看稿，下午到科图看书。时而顺便就到朱先生那里坐坐。于是，就有了上述的一幕。

朝花夕拾，往事浮现，是缘于朱先生八卷本文集的出版。上海师大人文学院以古籍所长张剑光教授为中心的团队历时半年精心编辑的皇皇巨制八卷，是朱先生数十年治史的集成。曾经担任中国宋史研究会会长的朱瑞熙先生，既是宋史学界健在并依然活跃在研究第一线的为数不多的第一世代学者，又是国内外公认的第一流宋史研究大家。纵观朱先生治史的历程，由经济史而入社会生活史，最终进入政治制度史。这三个领域皆繁难而博杂，令人望而生畏。一个学者把这三个领域中的一个细部作为课题，都可以成为毕生的研究事业。而朱先生在这三个领域都有丰硕的创获。

或许有人会说，朱先生的成就得益于名师指点和拥有良好的研究环境，还有运气。这自然都是不错的。朱先生受业于国内宋史研究的开创者之一蒙文通先生，又与著名历史学家范文澜先生共事，此可谓得益于名师。研究生毕业后进入中国科学院近代史研究所，可谓拥有良好的研究环境。说到运气好，也多少符合实际。朱先生毕业工作不久，"文革"来临，许多研究者都被迫多年中断了研究，而朱先生却由于意外的机缘没有远离研究。从朱先生的经历看，1967 年，被近代史所派到历史所参加中国农民战争史编写组，参与农战史相关内容的写作；1972 年，回到近代史所《中国通史》编写组，协助蔡美彪先生编写《中国通史》第五、六、七册的工作。这都是在"文革"期间很少能拥有的研究机会。尽管大环境不可能没有影响，但参与共同研究，毕竟没有远离学术。并且，共同编写，尽管不是从事自己的专门研究，但在那个时代里能够接触到文献，研读史料，也不能不说是一种幸运。而在这过程中受到的无形训练和引发出的问题意识与思考，更是一种研究的幸运。我常常讲，历史的结果是由合力造成的，一个人的历史亦犹如此。良师、环境、未中断，这三个因素，让朱先生在"文革"结束后，不需调整，就径入佳境，进入学术研究的临阵状态，从而成就卓然非凡。

不过，这里所说的因素，皆为外部因素。朱先生对宋代的史料很熟悉，可以说到了如数家珍的程度。除了经济史、社会生活史、政治制度史三大块之外，从发表的论著看，朱先生关注的面非常广。从相关的出土墓志到诗词八股，以及宋代的衣食住行，都有大量文字刊布，包括总结自己的学术经历。我常常跟学生们讲，先做杂家，后做专家，由广泛的支点构成知识结构，研究问题方能视野广阔，左右逢源，得心应手。从朱先生的研究经历，完全可以印证我的这一认识。然而，要做一个好的杂家也不容易，除了拥有广泛的兴趣，还要下苦功夫。形容专注研究，人们常说"板凳甘做十年冷"。朱先生岂止是十年，可以说是"板凳甘做一生冷"。在大数据时代到来之前的手工操作时代，朱先生抄录了大量的卡片。这些卡片的存在，让朱先生形成一个放在头脑中的数据库，遇到相应问题，便会启动。看似容易却艰辛。青灯古佛，故纸冷壁，个中甘苦，唯有先生自知。早期为时不短的通史编纂，让朱先生拥有着时间上的纵深视野。而广泛的学术兴趣，又让朱先生有了从帝王将相到贩夫走卒这样从上到下空间上的开阔关注。宏微相济的知识结构，构筑了朱先生宏大的学术时空。

从80年代起，朱先生便跟随着邓广铭、漆侠等先生，处于学术前沿，引领着宋史研究。从《中国历史大辞典》的宋史卷到《中国大百科全书》辽宋西夏金史，都是主要的编纂者。《中国大百科全书》辽宋西夏金史的这部分，后来由中国大百科全书出版社抽出，与《中国大百科全书》中其他断代的中国史部分汇为一编，单独题为《中国历史概说》出版。我在日文版《中国史略》中向学生介绍说，这本书代表了中国史学界迄至于80年代关于中国史研究的最高成就。其中，就有朱先生的很大贡献。

在宋代制度史研究领域，先有韩国申采湜先生出版于1981年的《宋代官僚制研究》，继有日本梅原郁先生出版于1985年的《宋代官僚制度研究》。1996年，朱先生的《中国政治制度通史》(宋代卷)出版，形成中日韩三足鼎立。朱先生这部著作后出转精，在学界享有盛誉。在书如山积的书房，常苦于翻检，而朱先生的《中国政治制度通史》(宋代卷)，我总是放在视线可及的书架表层，以备随时查阅。朱先生之所以能撰写出这样对宋代政治制度史全面归纳的精专之作，跟他的"杂家"的兴趣关注与长期的学术积累密不可分。

像《中国政治制度通史》(宋代卷)这样的重要论著，学界自然予以较多的关注。不过，构成《中国政治制度通史》(宋代卷)学术积累的一个重要内容，似乎还未进入关注者的视野。这就是前面提及的朱先生参与编撰的《中国历史大辞典》(宋史卷)。在这本有史以来的第一部宋史辞典中，朱先生撰写的词条多达700余条，内容均与制度有关。从90年代到进入新世纪，我一直参与日本东洋文库的《宋史选举志译注》和《朝野类要译注》的研究班。在几乎每周一次的研究会上，案头必备书籍，就有《中国历史大辞典》(宋史卷)。分册版的《中国历史大辞典》(宋史卷)的每个词条之后，都附有撰写人的姓名。评价向来苛刻的日本学者十分服膺朱先生撰写的词条。相反，对有些署名词条则不大信任。信其书，想见其人。于是就有了在2007年早春二月对朱先生夫妇的邀访。在一个星期的访问中，朱先生与日本学者有了广泛的交流。在繁忙的交流中，朱先生抓紧时间，除了在东洋文库演讲，参加研究会，还专门去了静嘉堂查阅跟研究课题有关的善本。

朱先生的论著，不仅仅停留于琐碎的事物考证和具体的制度复原，对制度运行的实态和事物在时空中的变化都投射了观照。许多历来不得其详的事物，被朱先生考证清楚。如对宋代的称谓和排行、避讳、押字、文身、休假、民间家族组织、节日等考证发覆，都有填补空白的贡献。又如关于宋代的宫廷制度、经筵制度、皇储制度、职官制度、幕职州县官的荐举制度、官员的用餐制度、官员的回避制度、官员的休假制度、官员的礼品馈赠制度、行政奖惩制度、科举制度、官署的简称和别称、"敕命"的书行和书读、八股文雏形等研究，也多具有开辟草莱之功。朱先生对具体问题的研究，其实是在宏观视野观照之下的作业。因此，除了具体的考证与研究，朱先生也不乏高屋建瓴的考察，如对宋代社会风尚、对宋朝历史地位的论述等。

不仅制度史的专著和《中国历史大辞典》的词条解释给予学者极大的帮助，作为宋史研究的带头人，还有对于研究宋史具有指导意义的撰著。对此，可以举出他和他的学生程郁一起编写的研究综述性质的《宋史研究》一书。除此之外，朱先生的学术贡献，还体现在主编《宋史辞典》上。这部尚未出版的《宋史辞典》从受托到编竣，长达近三十年，总字数将近一千万。为了统一体例和文字风格，朱先生都是一个人审读校样。经费不足，据说朱先生还补贴进去两万元的退休金。晚年的朱先生在精力和物质上都为学术做了极大的投入，令人报以由衷的敬佩。

在 80 年代，朱先生的有些文章不仅具有历史研究的学术价值，还给人现实的启发意义。比如对于列宁在肯定土地国有化的前提下，说"王安石是 11 世纪的改革家"，通过历史考察，朱先生认为王安石变法并没有土地国有化的内容，列宁是沿袭了普列汉诺夫的误读。这篇发表在 80 年代中期《光明日报》的文章，对于当时破除迷信、解放思想，无疑具有启示意义。

恩格斯称但丁"是中世纪的最后一位诗人，同时又是新时代的最初一位诗人"，承先启后，代不乏人。在宋史研究领域，朱先生也是世纪交替和世代交替之际的学术领军人物。

朱先生的学术贡献，还在于对其他学术同行和后辈的著作写下不少推介和褒奖的书评。如为王曾瑜的《岳飞新传》、张其凡的《赵普评传》、吴松弟的《北方移民与南宋社会变迁》、李昌宪的《宋代安抚使考》、李华瑞的《宋夏关系史》、方建新和徐吉军的《中国妇女通史·宋代卷》等学术论著撰写的书评。我的《宰相故事：宋代士大夫政治下的权力场》出版后，朱先生也在《光明日报》上撰文加以褒奖。推介同辈和奖掖后进的本身，就显现了一位学者的胸怀和品质。

我在"王瑞来学术文丛"跋语中这样讲道，大学毕业后，直接进入专业出版社，从事历史与文献的编辑工作。我常常慨叹自己无师无承。不过认真想来，虽无师承，胜有师承。拥有博士学位，却无特定导师。虽无宗无派，却得千手千眼指导，这更是我的幸运。朱瑞熙先生于我，便属于这样的千手千眼之一。尽管从 1982 年开始，就在日常以及各种学术会议中跟朱先生时有接触，但密集的接触还是在他访日期间，我陪同在侧。影响无形，启发多在日常言谈之中。即使没有机会经常见面，朱先生的论著属于必读之物。读其书，亦如面晤。朱先生的不少著作都蒙签名惠赠，从《嚠城集》到《义丰文集校注》。朱先生的研究方法以及学术风格，都在潜移默化之中，对我产生了影响。未入朱先生之门，自认是私淑弟子。

朱先生为人谦和，为学为文亦如其人，没有咄咄逼人之态，持论平允。说到朱先生其人其学，在我的脑海中常常会出现高山平湖的意象。平静而少涟漪，广阔而深邃。朱先生的学问，则令人高山仰止。

在三十五年前的那个温暖的午后，不仅得到朱瑞熙先生的许多教诲，还接受了一部《中国历史大辞典》（宋史卷）的馈赠。在书的扉页，朱先生谦逊而工整地用左手写下了："瑞来同志赐正／朱瑞熙敬赠／一九八五年三月。"后生小子，被学术前辈朱先生引为同志，是受宠若惊般的鼓舞。三十多年来，去国怀乡，乘桴辗转，许多藏书都散失了，但这部辞典，却一直没有离开过我，宝爱而常用。

（原载《文汇报·文汇学人》，2020 年 5 月 9 日）

千秋说赵普

——《赵普评传》新版代序

一

俯瞰北宋初期历史，从"陈桥兵变，黄袍加身"，到"杯酒释兵权"；从"烛影斧声"到"金匮之盟"，对一些影响历史进程的重大事件都有直接或间接参与、难脱干系的，那就是赵普。围绕着赵普，还有许多诸如"雪夜定策""半部《论语》治天下"等轶事与传说。研究北宋前期历史，绝对绕不过去赵普这个有故事的人物。

五代后期，常年混迹于地方州县和军阀幕府的赵普，对社会现实有着切身的了解。而胥吏和幕僚的生涯，又让他磨炼出出色的行政才能，积累了丰富的政治经验。当他与赵匡胤兄弟风云际会之后，这一切经历所积蓄的能量，便极大地发挥出来。

当事者迷，距离过近，有时反而像老花眼一样，看不清历史。当拉开距离，登高望远，则往往可以洞若观火。对宋初的一些事件也是如此。比如陈桥兵变，赵普绝对是主谋的角色。五代以来骄兵悍将拥立主帅成为一种惯常行为，后周太祖郭威还是被扯黄旗加身，像是出于仓促的突发事变，而赵匡胤披上的则是预先准备好的黄袍。以防这样的故伎重演的杯酒释兵权，也是在赵普极力劝说下发生的戏剧性事件。导致宋太祖壮年而亡的"烛影斧声之谜"，表面上看没有赵普什么事，但他怂恿和协助太祖翦除打击太宗势力，使兄弟二人关系恶化，则不能不说是导致事件突发的一个不近不远的促因。太宗即位已经几年之后，炮制"金匮之盟"，以证实太宗继位的合法性为交易，失势的赵普咸鱼翻身，又两度出任宰相。

从结识到进入幕府，赵普便与赵匡胤兄弟一家结下一生不解之缘。其中既有如鱼得水的亲密，也有疙疙瘩瘩的恩怨。赵匡胤之母杜太后视赵普为宗亲，赵匡胤兄弟雪夜突访赵宅，围坐火炉，吃着烤肉，商讨确定了先南后北的统一战略。其间对赵普之妻以大嫂相称，君臣关系其乐融融。北宋建立，赵普从以枢密直学士的身份实际主政，到担任宰相走向前台，无论统一事业，还是内政建设，都发挥了主导性的决策作用。

不过，赵普十多年主政，其中又单独担任宰相十年，"以天下为己任，故为政专事"。"其堂帖之行，与诏敕无二"。过重的相权，终于与皇权发生冲突。年长太祖几岁的赵普，不光拥有很大权力，足智多谋，还与枢密使等有势力的军政要人结有姻亲关系，这些都不能不让一直未从五代废立阴影中走出的赵匡胤猜忌。并且，他的专断又引来政敌的攻击。诸种合力作用下，赵普被罢免宰相。在太宗朝，赵普尽管又两度短期为相，由于曾有的旧怨，已难以如昔日之专权，更多的是成为太宗优待老臣和稳定政治的一种象征性存在。

继五代之后，宋代没有成为短命的第六代。在创建和巩固宋王朝的过程中，赵普发挥了极为重要的作用。乃至宋太祖如此说：

"朕与卿平祸乱以取天下，所创法度，子孙若能谨守，虽百世可也。"这句话除了表明赵普在宋朝"祖宗法"形成过程中所起到的作用，其实还客观地显示了赵普是开宋代君臣共治的先行者。一百多年后，再造宋朝的中兴之主宋高宗也如是称赞赵普："唐末五季藩镇之乱，普能消于谈笑间。如国初十节度使，非普亦孰能制？辅佐太祖，可谓社稷功臣矣。"尽管宋高宗的称赞有着感慨南宋当时武将跋扈的现实背景，但也点明了赵普的主要贡献。

还有在宋朝消失之后更远的历史观察，由元入明的陈桱在他的《通鉴续编》卷二就记载了赵普在"杯酒释兵权"等一系列削弱武人势力的行动中的作用。在平定了宋初李筠、李重进的叛乱之后，宋太祖忧虑地向赵普发问："天下自唐季以来，数十年间，帝王凡易八姓，斗战不息，生民涂地，其故何也？吾欲息天下之兵，建国家久长之计，其道何如？"于是，宋太祖的发问便引出了赵普总结历史与现实的经验教训，巩固新兴政权的策略："此无他，方镇太重，君弱臣强而已。今欲治之，宜稍夺其权，制其钱谷，收其精兵，则天下自安矣。"

这一策略成为"杯酒释兵权"行动的认识前提。不过，当赵普主张具体行动时，宋太祖又有些放不开情面。"普数以为言，宋主未之许。普乘间复力言之，宋主曰：'彼等必不吾叛，卿何忧之深耶？'普曰：'臣亦不忧其叛也。然熟观数人者，皆非统御才，恐不能制伏其下。则军伍间万一有作孽者，彼临时亦不得自由耳。'"赵普最后的这番话让宋太祖痛下决心，于是就有了后来那场戏剧性的"杯酒释兵权"。

在"杯酒释兵权"之后，赵普对位高权重的武将的抑制也是不遗余力。赵普比宋太祖年长，所以尽管有君臣之分，说起话来有时也很直接。比如他反对让有势力的武将、同时又是赵光义岳父的符彦卿掌管禁军，宋太祖说："朕待彦卿厚，岂忍相负耶？"对此，赵普冷冷地回答了一句："陛下何以能负周世宗？"噎得宋太祖一句话也说不出。

"杯酒释兵权"只是消除武人势力潜在威胁的第一步，赵普此后又有了进一步的抑武行动，《通鉴续编》卷二记载道："赵普请设通判于诸州，凡军民之政，皆统治之，事得专达，与长吏均礼。大州或置二员，又令节镇所领支郡，皆直隶京师，得自奏事，不属诸藩。于是，节度使之权始轻矣。"

其实除了上述贡献，赵普还有一个潜在的贡献被强调得不够。宋仁宗在位四十年，有人夸张地说是中国历史上最好的四十年。宋仁宗被宋人称为"百事不会，只会做官家"的皇帝，他的无为而治，给了士大夫们驰骋政坛、充分发挥才智的广阔空间。"与士大夫治天下"的君臣共治，其实始源于赵普时代对皇权的塑形。

这首先体现在从行政上限制皇权。《宋史》赵普本传记载道："尝奏荐某人为某官，太祖不用。普明日复奏其人，亦不用。明日，普又以其人奏，太祖怒，碎裂奏牍掷地，普颜色不变，跪而拾之以归。他日补缀旧纸，复奏如初。太祖乃悟，卒用其人。又有群臣当迁官，太祖素恶其人，不与。普坚以为请，太祖怒曰：'朕固不为迁官，卿若之何？'普曰：'刑以惩恶，赏以酬功，古今通道也。且刑赏天下之刑赏，非陛下之刑赏，岂得以喜怒专之。'太祖怒甚，起，普亦随之。太祖入宫，普立于宫门，久之不去，竟得俞允。"这件事，尽管逆鳞，但却扭转了太祖的意志。

对皇权的塑形还体现在从制度上进行制约。南宋杨万里曾在奏疏中引述了一件为宋人所津津乐道的赵普轶事："太祖皇帝尝令后苑造一薰笼，数日不至。帝怒责左右，对以事下尚书省，尚书省下本部，本部下本寺，本寺下本局覆奏，又得旨，依方下制造，乃进御。以经历诸处故也。帝怒问宰相赵普曰：'我在民间时，用数十钱可买一薰笼，今为天子，乃数日不得，何也？'普曰：'此是自来条贯，不为陛下设，乃为陛下子孙设。使后代子孙，若非理制造奢侈之物，破坏钱物，以经诸处行遣，须有台谏理会，此条贯深意也。'太祖大喜曰：'此条贯极妙。'"皇帝和皇权就是这样被士大夫们装进了制度的笼子里。

对皇权的塑形还体现在从道理上进行教谕。有一个有名的逸话。宋太祖曾问宰相赵普：天下何物最大？大概宋太祖本心是希望赵普回答"陛下最大"。但赵普却回答说："道理最大。"面对这样令人哭笑不得的回答，宋太祖什么也说不出，只好连连称善。到了南宋，一个州学教授向宋孝宗讲了这段逸话。并说，"夫知道理为大，则必不以私意而失公中"。于是，宋孝宗回答说，"固不当任私意"。"不任私意"，就必然被束缚于为君之道的规范之中。后来，宰相留正就这段史实议论道："天下惟道理最大，故有以万乘之尊而屈于匹夫之一言，以四海之富而不得以私于其亲与故者。"赵普说"道理最大"，就等于是说还有高于至高无上的天子的重要东西存在。赵普说的道理后来被理学家上升为天理的理论高度。

对皇权的塑形，在太宗朝我们依然可以观察到。一个最明显的例子就是赵普欲对宋太宗宠爱的不法妖人侯莫陈利用治罪，宋太宗求情说："岂有万乘之主不能庇一人乎？"赵普回答："陛下不诛则乱天下法，法可惜，此一竖子何足惜哉！"太宗不得已，只好"命赐死"。在法律与皇权的天平上，在士大夫们看来，显然法律要重于皇权。法律是士大夫用来压倒皇权的主要武器之一。在法律的背后，则有道支持着。一纳入法律的规范，皇权便显得软弱无力了。因此，才会出现"万乘之主不能庇一人"的事态。

没有经历过正常的帝王教育，凭借武力和篡夺取得天下的开国皇帝，登基之后几乎都经历了从军人到政治家的角色转化。在这一过程中，像赵普这样的士大夫们通过各种形式为皇帝补课，最终将皇帝纳入君道的范围之中。

然而包括宋太祖和宋高宗在内，历来对赵普都强调他在太祖朝的政治作用，而对他在太宗朝的政治贡献则揭示得不多。唐末五代以来虽然是武人纵横的天下，但行政管理还需文人。因此，武人跋扈的表象之下，潜行的崇文之风一直未衰。北宋建立，王朝的政策取向又是重文轻武。宋太祖不仅说过"朕欲武臣尽令读书，以知为治之首"的话，更是具体说"宰相须用读书人"。他让胥吏出身的赵普独相十年，显然他把赵普是视为读书人的。这从宋太祖说的另一句话也可以证明。钱俶行贿赵普十罐瓜子金，刚好被来访的宋太祖看见，赵普很尴尬，宋太祖慨叹地说了句："受之无妨，彼谓国家事皆由汝书生尔。"书生和读书人是同一概念。

在崇文风潮大盛的背景之下，北征屡屡败北，武功不竞的宋太宗转向内政。在位期间，不仅组织编纂了宋初三大书《太平御览》《太平广记》《文苑英华》，还做了一件在客观上改变了中国历史的大事。这就是扩大科举取士的规模。隋朝发轫的科举，历唐迄至宋初，虽一直延续不断，但不过如涓涓细流，每科取士人数很少，荣誉意义大于实际效果。这种状况到宋初也未改变，太祖朝取士最多的一次也不过三十余人。太宗即位伊始，既是为了笼络士人，也是实际行政需要，第一次开科取士，就达到一百多人。此后规模不断扩大，在赵普去世的淳化三年那一年，取士人数多达一千三百多人。持续十多年的大规模开科取士，很快让科举出身的官僚取代了武人、贰臣等旧有势力，占据了从中央到地方的政治舞台。到了太宗后期，其中的出类拔萃之辈已经攀升到政治的制高点，李沆、寇准等人都进入到政治中枢，成为能够决策的执政。士大夫史无前例地成为政治的全面主宰。

"满朝朱紫贵，尽是读书人。"科举规模的扩大，不仅促进了社会流动，带动了全社会向学，更造就了影响此后中国历史的士大夫政治。"与士大夫治天下"的权力共享，极大地激发了士大夫们以天下为己任的责任感。他们通过对先秦思想资源发掘阐释，独立意识被前所未有地焕发出来，树立起"为天地立心，为生民立命，为往圣继绝学，为万事开太平"的雄心壮志，"正心，诚意，格物，致知，修身，齐家，治国，平天下"，拥有着超越政治的全方位担当意识。从此，士大夫政治贯穿两宋，无论是唐宋变革、宋元变革、元明清转型，还是江山鼎革、王朝易族，社会虽然不断在发展变化，但士大夫政治及其精神，已经像基因一样根植于读书人的意识之中，在各个时代都在发挥作用。

赵普晚年已经欣慰地看到了士大夫政治之花的早春绽放。其实不仅仅是见证者，赵普应当是造就者之一。他两朝三度为相所实施的政策导向，对士大夫政治的形成起到极大的催化作用。我们以后视的结果论，赵普纵贯两朝政治活动的深刻意义，很值得深入挖掘。

二

关于赵普，尽管无论前贤还是后学，都有相当数量的研究积累，不过在众多的研究成果之中，最全面、最有深度的论著，在我看来，舍张其凡先生的《赵普评传》而无他。我用了两个"最"字来评价此书，并无私情在内。我觉得此著实膺此评。

在研究五代禁军的基础上，进而研究宋初政治史，似乎是顺理成章的进路。然而切入点很多，为何选择了赵普？从前面所述可知，这是一个把宋初两朝都系于一身的重要人物。从赵普切入，许多重要问题皆可迎刃切解。由此我钦佩其凡教授的敏锐切要。

反复品读，首先令我惊叹的是其凡教授史料搜罗之广和研读之深。从书后所附《引用书目》可知，援引典籍近二百种，正史稗乘、笔记方志、类书文集，时代亘贯宋元明清，相关史料网罗殆尽。要知道这是在三十多年前，那时没有数据库，全靠手工操作，一本本地翻检，抄录卡片，才能达到今天鼠标一点，结果即现的程度。除了典籍援引之外，此著的撰写，据书后所列，《主要参考书目》也达一百余种，就是说，把迄至写作之时的研究论著也几乎全部搜集在案了。不像时下有些论著所附参考书目只是炫博作样子，著者在行文之中，对既有研究结论的引述、分析、首肯、批驳，在在可见。在研究写作之际，无论是典籍史料，还是研究论著，都经过了其凡教授的反复咀嚼，呈现在书中的，是充分消化的结果。这样的准备作业，决定了本书是在很高起点的起跳。

由于对相关典籍史料以及研究论著有比较全面的触及，还使本书有了另一个用途。就像是一个根据多种版本和他校资料精心整理的古籍一样，读者握有此编，便等于掌握了关于赵普暨宋初历史研究的全部资料线索。这种综合了典籍史料以及研究论著的工具书作用，目前的各种数据库还难以取代。

说此书全面还不仅是指对史料和论著的引用，主要是就内容而言。此书题为《赵普评传》，实际上是以赵普为主线的宋初两朝简史。并且不仅仅停留于政治史的论述，经济、军事、文化均有涉及。由于是全面论述，有时只是论述那个时代的政策实施、制度建设以及事件经纬、人事变化，主人公赵普会暂时消失踪影。不过，著者往往会笔锋一转，让主线浮出，把所述与赵普联系起来。若即若离的写法，显见张力，很见匠心。

说有深度，不仅在于对既有研究成果的分析利用，站在前人的肩膀上起跳，更是对不少问题有着作者本人的独到研究。把自己的研究成果与心得熔铸于书中，就不是一种停留在表层的肤浅叙述了。关于赵普，著者本身就有着深厚的研究积累，早在 80 年代初，就发表过《赵普家世考》《赵普著述考》《"半部论语治天下"探索》等论文。对于书中详尽论述的太宗征辽，其实也是在论文《从高粱河之战到雍熙北征》基础上的深化。而对宋初的内政建设，著者的《宋初中书事权初探》和《三司台谏中书事权——宋初中书事权再探》则构成了本书的研究基础。支撑太宗朝全面论述的，则是著者的《宋太宗论》。因此说，这部著作是其凡教授长期研究积累的产物。

在我看来，《赵普评传》完全可以称为20世纪研究赵普以及宋初历史的最高水准之作。我将评价仅限于20世纪，是想说此著问世三十年来，相关问题的研究以及对宋代历史的理解，又伴随着时代发展，有了新的认识和延伸。三十年前的这部精彩的著作，今天读来，尽管依然趣味盎然，价值不减，但从用语到行文，会有一种隔世之感。对有些问题的认识，也有进一步探讨的余地。

比如对于饶有争议的"半部论语治天下"之说，其凡教授是持否定态度的。前人或以"半部论语治天下"来形容赵普文化水准之低，那么史籍还记载后来被称为"圣相"的进士出身佼佼者李沆，也把《论语》奉为行政之圭臬，又如何解释？《论语》在宋初流行，或许反映了五代乱世以来正统经学跟士人的疏离，还折射了文化下移的趋向。与艰深的其他经书相比较，通俗的《论语》更容易被人们所接受。《论语》的流行现象，还反映了这部语录体经书地位的上升。如果再从政治的视点观察，从乱世到治世，《论语》中强调"使民以时"的民本思想和注重礼制的秩序诉求，都会被当时的政治家奉为信条。所以说，如果我们从真伪纠缠的怪圈中跳出，从历史逻辑中寻求其思想史的价值，还是会产生另一种认知的。这种认知无疑也在一定意义上接近了历史真实。

过去的吏跟官不同，也往往是世代相袭。州县胥吏出身的赵普，无疑没有过习举业的经历，因此也不会接受过系统的儒学训练。他对《论语》的领悟，跟当时的普通人不会有太大的差距。他决策施政，往往是根据亲身实践、体验与对《论语》等常见经典的朴素理解。正因为如此，他或许更少一些观念的束缚。比如在太宗后期，有人以诸葛亮相蜀数十年不赦之事为例，劝太宗不要大赦，赵普则提出了反对意见说："圣朝开创以来，具存彝训。三年郊祀，即覃恩宥，所谓其仁如天，尧舜之道。刘备，何足师法？"赵普的意见，以本朝自他以来创行的祖宗法和儒学思想为依据，认为偏据一方的刘备不足师法。这就让太宗不得不听从了赵普的意见。这一轶事，可以看作是赵普"半部论语治天下"的具体案例。

三

从 80 年代初与其凡教授相识相知，我们对宋代政治史有着相当接近的认知。我的相权论与皇权论也得到了其凡教授的首肯。就在 1987 年，不约而同，他在《历史研究》发表了《宋太宗论》，我则在《社会科学战线》发表了《略论宋太宗》。至今网上尚在流传的其凡教授关于宋代君臣共治的文章，还有以"友人王瑞来"的称呼来对我的观点的介绍。

不过，对宋初的历史以及对宋代、乃至此后中国政治史的整体认识，我在寓居东瀛之后，包括接受日本学者的研究成果，有了一定的变化，"士大夫政治"成为我观察宋代以及宋代以后政治史的一个重要视角。关于这一点，从本文前面围绕着赵普的论述可以概见。尽管我的认识有了一定的变化或深化，但不能否认的是，包括其凡教授的《赵普评传》在内的很多既有研究成果，都构成了我的研究基础和起跳的基石。我以北宋第三位皇帝真宗朝为主撰写的《宰相故事——士大夫政治下的权力场》，其实是以新的认知，对其凡教授《赵普评传》的接着说。

不仅学术观点相近，对历史研究的理念我们也比较一致，都认为人是社会历史的主角，历史研究应当直指人心。正因为如此，不仅《赵普评传》和《宰相故事》在以历史人物为中心这一点上写法一致，又是不约而同，他有《宋代人物论稿》，我有《知人论世——宋代人物考述》。

在治学方式上，我与其凡教授也比较接近，我们都下笨功夫，亲染雌黄，整理古籍，从中挖掘第一手史料，来构筑自己的研究基础。而不是走捷径，炒第二手资料。当然，聪明的学者，利用第二手资料，可以做到"新翻杨柳枝"。这样高屋建瓴的宏观博论，颇能博得关注。当然，这种研究路径亦无可轩轾，但除了拥有思辨意义之外，在史料发掘上并无开拓贡献。没有辛勤的史料发掘作业，研究的原野不会开阔，"新翻杨柳枝"也花样无多，无源之水终会干涸。对此，其凡教授与我皆所不取。万丈高楼，终究还要从地起。

在已出版的纪念其凡教授的文集中，我着重讲述的是个人交谊。在此则专述学缘。感谢张夫人和编辑朱绛先生给了我这个一浇胸中块垒的机会。

本文算不上严格意义的导读，更难称序言。前半部是我对其凡教授赵普论的接着说，后半部是我对其凡教授这部著作的认识。作为研究宋初历史和重要历史人物的《赵普评传》，长期以来湮没在书籍的汪洋之中，不大为人所瞩目。在此，我郑重地推介，这是一部堪称经典之作。借此，可以清楚造极华夏民族文化的赵宋是如何创立并发展的，而初学者则借此可以入门。

"昔人已乘黄鹤去，此地空余黄鹤楼。"《赵普评传》业已定格，其凡教授无法加笔修订的这部杰出著作，延续着他的学术生命。缅怀故友，忝为代序。

吾儒有藏自兹始

——记川版《儒藏》

佛有藏，道有藏，唯独儒无藏。于是《儒藏》之作，便成为中国士人千百年期盼的一个梦。

"周虽旧邦，其命维新"

佛藏、道藏，皆为在宗教精神的驱动下，由历代信徒锲而不舍积蓄所成。儒之有家，繁衍成学，尽管有儒教之称，其实并不是严格意义上的宗教。虽说文化无高下，但自从汉武帝实行"罢黜百家，独尊儒术"以来，发源于春秋时期的儒家学问，伴随着国教化的进程，成为显学。五经、七经、十三经，经纬、注疏、学案，经学、玄学、理学，汉学、宋学，百虑一致，殊途同归，沿着一线道统，如滚雪球一般，愈加繁富而宏大。

在传统社会，儒学俨然成为中国文化的主流，影响着自古以来中国人的思想，规范着中国人的行为。不仅如此，儒学超越了族群，经典被翻译成各种文字。儒学更是超越了国界，光被往昔汉字文化圈，成为那些国家和地域的人们的基本教养书，迄至于近代。并且即使进入了21世纪，儒学依然历久弥新，活在人们的生活日常。比如，日本使用的年号，皇室成员的命名多从儒学经典中取词。从小学开始，国语教科书中，《论语》等经典屡屡作为学习的内容被收录，因而也频频出现在高考的试题中。在东京"日本学校教育发祥地"的汤岛圣堂葱郁的庭园中，矗立着现今世界上最高的孔子像，大成殿旁挂满了学子祈求高考录取的绘马小木牌。在日本最古老的足立学校，每年十一月都搬出稀睹的孔子坐像，举行祭典。这个城市的路标居然都铭刻着《论语》的一段段语录。

"周虽旧邦，其命维新。"自从孔子创斯学，二千年来到于今。凝聚了中国文化精华的儒学，愈发显现出蓬勃的生命力。生命力来自价值。常听见有人说，21世纪是中国的世纪。当今的世界，从社会到环境，弊病丛生。拿什么来拯救这个星球？充满无力感的一些西方人把视线投向了东方，试图从儒学经典中寻找药方。的确，政治理念的"崇德贵民"、礼乐文化的"文质彬彬"、生态观念的"天人合德"、人本取向的"远神近人"、人际交往的"和而不同"、家庭伦理的"孝悌和亲"等等，生活在21世纪的人们可以从中汲取有益的启示，价值并未随时代推移而消失。

蜀学浸润，功底深厚

从唐代的《五经正义》、五代至宋的石刻《十三经》到明朝的《四书大全》、清代的《皇清经解》及校勘《十三经注疏》等，历代王朝都有过各种形式的儒学经典汇编，然而却无全面汇集的《儒藏》。汗牛充栋的儒学著作，如大珠小珠散落于玉盘。居于传统四部分类之首经部的儒学，跟皇皇巨制的《大藏经》《道藏》相比，显得有几分寒酸。

儒、释、道，三教合一的趋势自宋元以降，愈加显著，明代的儒者林兆恩还有创立三一教的实践。在这样的风潮之中，明朝万历年间，孙羽侯、曹学佺曾先后提出编纂《儒藏》的设想，清代乾隆时周永年、刘因等学者再倡"儒藏说"和"广儒藏说"，将《儒藏》编纂推为"艺林第一要事""学界最大功德"。然而，几百年过去，设想依然是梦想。清修大型丛书《四库全书》，也仅仅在经部汇集了儒学的主要著作，难称《儒藏》。

"二氏（佛道）有藏，吾儒独何无？"明人曹学佺曾经如是喟然长叹。不过，在 21 世纪的今天，这一声叹息，可以休矣。世纪之交动议，伴随着时代的步履，《儒藏》之编纂，在新世纪的中国发轫。北大、川大、华北、西南，先鞭同着，皆有成果。而新近出齐问世的，则是四川大学古籍整理研究所编纂的皇皇 274 巨册的《儒藏》史部。

犹如《道藏》的"三洞四辅十二类"，川版《儒藏》之纂，进行了严谨缜密的整体设计。大类三分，细目二十有四。其一曰《经藏》，收录儒学经典及为经典所作的各种注解、训释著作，包括原典、周易、尚书、诗经、三礼、春秋、孝经、四书、尔雅、群经、谶纬等十一目；其二曰《论藏》，收录儒学理论性著作，包括儒家、性理、礼教、政治、杂论等五目；其三曰《史藏》，收录儒学史料著作，包括孔孟、学案、碑传、史传、年谱、别史、礼乐、杂史等八目。突出专题，颇便使用。分类既显功力，又见匠心。

四川自古重文事。西汉的"文翁石室"，第一所地方官办学校在这里发足，北宋开宝《大藏经》在这里开雕。蜀学之风，浸染至今。四川大学古籍整理研究所董理文献，硕果累累，殊难枚举。其荦荦大者，有汇集全宋三百年文章之《全宋文》《宋人别集珍本丛书》以及宋朝政典《宋会要》等。

《儒藏》史部，2005年出版《孔孟史志》（13册）、《历代学案》（23册）、《儒林碑传》（14册）三编，凡50册；2007年出版第四编《儒林年谱》50册；2009年出版第五编《儒林史传》80册；2010年出版第六编《学校史志》68册；2014年出版第七编《礼乐类》14册和第八编《杂史类》12册。迄至今年，终成正果，《儒藏》史部全部出版。

既承"家法"，又求创新

"板凳甘坐十年冷"是常用来形容学者潜心治学的诗句。川大古籍所的学者们冷板凳何止是坐了十年，《儒藏》史部从始编至竣事，耗时长达18年。试问人生好时光有几个18年！个中甘苦，惟有自知。仅此一点，就值得我们对川大古籍所的学者报以深深的敬意。他们不计名利，甘于寂寞，终日矻矻，为古典传承，为人类文化，作出了重大贡献。

长年从事古籍整理的研究人员，在实践中，继承了绝学，接受了现今少有的传统目录学、版本学、校勘学的训练。这一点，不仅有大量的古籍整理成果可以反映，从《儒藏》体例之立，亦可略窥一斑。如开篇有总序，三藏立分序，各类设小序，书前有提要。此即严格遵循了从西汉刘向、刘歆父子的《别录》《七略》到清代

《四库全书》的目录学传统。这是古典的"家法"。

《儒藏》史部的整理方式既继承了传统，又有创新。现今整理古籍，多采用点校排印的方式。这种方式无疑很好，但缺陷则是难以窥见古籍原貌，整理本成为了古籍的新版本。川大《儒藏》史部的整理方式则是在精选底本之上，进行校勘和标点，然后加以影印，这种"影印加校点"的方式，既使原貌存真，又便于使用。

典籍垒筑，资料渊薮

以内容观之，《儒藏》史部八大类目，设定"人物"和"专题"两个向度，完整地梳理和总结了两千五百年间的儒学演进史，从而为中国儒学史的全面研究提供了相对系统的史料。在《儒藏》史部中，首录各类人物传记：其中包括孔子、孔门弟子、孔氏后人，以及孟子、荀子等先秦儒家资料的"孔孟史志"，有反映中国儒学流派、传承的"历代学案"，有历代名儒第一手传记资料，包括行状、墓志铭以及其他碑传文献的"儒林碑传"，有自宋人开始编纂的有关孔子及其以下各朝名儒编年史资料的"儒林年谱"，还有历朝正史中的儒林传和其他儒者专传，亦即"儒林史传"，以上皆为以儒家人物为中心的各类史料。此外，在《儒藏》史部中，还收录有儒学史的专题资料，如"学校史志"，是古代中国传播儒学主要机构的志书，包括中央太学、国子监和地方学校及民间书院。"礼乐文献"则是儒学关于治理社会的礼仪、制度和典章，包括中央政教大典和民间日用礼书。"儒林杂史"则收录儒学在教育制度、科举考试、文献目录，以及其他典制考证等方面的典籍。纵观《儒藏》史部，堪称一部完整的儒学史。只不过这部儒学史的建构，不是一章一节地写就，而是一部部典籍垒筑。中国儒学史，文献集成，资料渊薮，尽在此矣。

史部已成，经部、论部指日可待。舒大刚教授所领导的川大古籍所团队必会更上层楼，再造辉煌。大厦的构筑，要有更多的人来参与，添砖加瓦，共襄其成。国家的支持，民间的援助，都至为重要。

吾儒有藏自兹始，不藏名山留人间。《儒藏》之成，不仅为深入研究儒学典籍，诠释现代意义提供了便利条件，还让儒学典籍化身千百。这对传播中国文化，其功至伟。千秋事业，无量功德。如是称许，洵非过言，当之无愧。

中国梦，并非虚幻而空洞，而是丰富且具体，《儒藏》在其中。感谢四川大学古籍整理研究所，正在为中国人圆一个千年《儒藏》之梦。古人今人，正在梦想成真。

（原载《中国社会科学报》2014 年 9 月 5 日）

"跳出三界外"
——《市场·网络·媒体与中国传统戏剧研究》读后

对中国传统戏剧的研究，无论是对艺术本身的研究，还是对发生发展的历史的研究，迄今为止都有了相当的积累。新的研究如何有突破，如何更有深度和广度，对于研究者来说，是一个很大的难题，也一直成为挥之难去的困扰。然而，令人欣喜的是，从摆在案头的这部《市场·网络·媒体与中国传统戏剧研究》，我们看到了突破。突破在哪里？翻阅本书，给人以强烈的感觉，就是俗话所说的"跳出三界外，不在五行中"。超越习惯的研究模式，摆脱既定的研究窠臼，本书便获得了"听唱新翻杨柳枝"的效果。

不再纠结于中国传统戏剧艺术本身的产生和流变，而是作为一种文化现象，本书将中国传统戏剧置放在特定的历史背景之下，将传统戏剧之毛紧紧附着在社会这张皮上，于是研究便有了深度和广度，形成了一览众山小的飞跃。

演剧需要场地，这是毋庸赘言的事实。不过，把研究视角从物理学意义上固化的"场"，延伸到无形而并非虚拟的市场之"场"，就体现了著者之别具只眼。生发于各个具体地域的小剧种，又如何演变为跨地域的大剧种，沿着这样的思路，著者又导入了网络的概念。戏剧本身是文化的一种具现形式，在现代社会发达的资讯出现之前，作为一种媒体，透过艺术的形式，将精英乃至凡庶的理念传达给民众，在传统社会产生着广泛的影响。于是，市场、网络、媒体三者之间的逻辑关联，便成为基点，架构起了著者的中国传统戏剧研究。

从本书的目录便可以窥见，这部论著是以广角镜的方式全方位地展现了中国传统戏剧与社会的密切关联。在第一部分《市场与剧场：清代的社会与京剧的形成》中，讲到了交通与物流网络的交汇，笔触甚至还涉及盐商与扬州的文化消费与戏剧演出，为我们展示了地方戏剧进入城市的过程。并且由上及下，不仅讲到宫廷观剧的戏剧活动和乾隆下江南与地方戏剧整合的契机，还讲到北京的各地会馆与地域文化，具体到"徽班"进京与地方戏曲的融合。

本书尽管以京剧与社会作为主线，也并没有忽视对其他地域戏剧的考察。著者拈出的是广东地方戏剧演出这个个案。这是本书第二部分的展开。在这一部分，著者具体考察了戏剧演出广告以及中介机构与戏剧演出市场，还论述了清代政府的戏曲管理政策、戏剧的社会功能，并指出了娱乐机构被操控的现象。把戏剧与社会结合得如此紧密，是迄今为止的研究所鲜见的。作为广义的社会文化史的个案研究，不仅在内容上充实可读，在方法论上也颇具启示意义，展示了一条新的研究路径。在史料运用上，除了常见的史料之外，著者还采择了不少收藏于海外的稀见史料，比如东京大学东洋文化研究所收藏的广东戏班文书等。

著者何以会想到从这样的视角来进行中国传统戏剧研究？我想

与著者芦玲的学术经历有着极大的关系。毕业于武汉音乐学院的著者，长期留学日本，先后获得东京学艺大学音乐教育学硕士和东北大学信息科学博士，还曾到美国波士顿学院访学。跨学科的学术训练，培养了著者的越界意识和广阔的视野。而长期的留学和访学经历又让著者饱熏海外风。以他山之石，攻传统之玉，便成为著者的研究特色与擅长。

日本的田仲一成较早运用文化人类学和社会史的理论方法从事中国传统戏剧的研究，重视祭祀与戏剧的关联。这样的研究视点与研究方法启发了著者。在此基础上，著者将中国传统戏剧置放于特定的历史时空之中。在广阔的地理空间和剧烈变动的社会背景之下，考察以京剧为主的中国传统戏剧从形式到内容的生成与演变。这样的研究对于清晰考察中国传统戏剧的产生和发展过程，挖掘艺术形式创造中的信息发生和传播变动机制，理解文化艺术生成与社会变迁的关联，从更为广阔的视野理解人类艺术活动及其相关条件，都具有重要的意义。

笔者近年来一直倡导有别于唐宋变革论的宋元变革论。在研究过程中导入了美国学者施坚雅的宏区划分理论范式。阅读本书，发现著者也同样接受了施坚雅的理论启发。在施坚雅以"原基市场"理论制作的显示最小市镇与周边乡村关系图的基础上，著者又有了更进一步的思考。以最小市镇为小交叉点，以普通城市为大交叉点，将庞大的政治与经济都市作为各大交叉点的交会点，以此来显示传统中国社会经济的网络结构形态。在这样的理论范式下，处理中国传统戏剧与社会的复杂关系。在这样的研究方式主导下的考察操作，注定会超越既有的不少线性研究。这是站在巨人肩膀上的起跳。

笔者研究宋元变革论，也从文化下移的视点关注到传统戏剧的演生和变迁。从南宋江南南戏的产生，到入元后北戏的南下，直接影响到了明代的戏剧。而城市的繁荣、商品经济的发达、印刷业的普及，又成为市民文化兴盛的促因。文化发展有着自身的规律，王朝鼎革也不会带来本质改变的冲击，社会转型稳定而缓慢地潜行。著者所展示的中国传统戏剧的产生和发展过程，无疑也显现了社会转型之一端。这也是笔者关注本书的理由所在。

以传统戏剧为研究载体，说到底，著者从事的还是一种历史研究。对于历史研究，无论领域和内容如何，我觉得都应当纳入思想的射程。历史，不仅如克罗齐所云"一切历史都是当代史"，还如柯林伍德所云，"一切历史都是思想史"。传统戏剧本身是物化了的精神形态，属于文化的范畴，而一切文化折射的都是一定的思想意识。长期上演的传统戏剧剧目，不仅给人带来艺术的愉悦享受，还在无形中把剧目浸透的思想意识传达给观众。这种思想意识的内涵，既有正统的部分，也有非正统的部分，在特定的历史背景下产生，又有着超越时代的生命力。我以为，对这种文化现象的考察，也是戏剧社会史研究不可忽视的内容。

（原载《书城》2020 年第 1 期）

《文献通考》点校本跋尾 ①

　　《文献通考》，是宋元之际著名学者马端临的重要著作，全书共三百四十八卷，分为二十四门，分别为：田赋、钱币、户口、职役、征榷、市籴、土贡、国用、选举、学校、职官、郊社、宗庙、王礼、乐、兵、刑、经籍、帝系、封建、象纬、物异、舆地、四裔。起自上古，终于南宋宁宗嘉定年间。与唐人杜佑的《通典》、南宋郑樵的《通志》并称"三通"。

　　以贯通古今为主旨的"三通"，在中国古代典籍中占有非常重要的地位，而《文献通考》是继《通典》《通志》之后，规模最大的一部记述历代典章制度的著作。其体制为明清时代所承续，"三通"最终汇成"十通"，成为蔚为大观的"二十四史"之外专述历代典章制度的政书系统。

　　"十通"之中，具有承先启后、起例发凡的《文献通考》尤为重要。清代阮元舍其他"九通"而不顾，专将《文献通考》拈出，与宋代的司马光《资治通鉴》同等视之，认为读《资治通鉴》，以通晓历代政事；读《文献通考》，以通晓历代政典。在阮元看来，

---

① 　此文节录自参评中国政府出版奖专家评语。

中国传统文化，已尽囊括于此"二通"之中。然而，近代以来，这样一部重要的典籍，却仅以影印本的形式行世，一直没有整理本出版，严重地影响了学者的研究利用。

中华书局具有远见卓识，在"二十四史"的整理告捷之后，旋即于70年代末，将"三通"的整理提上日程，邀请参与整理过《宋史》的上海师范大学和华东师范大学的专家整理点校《文献通考》，由著名宋史学者裴汝诚教授挂帅。裴教授的团队历经三十寒暑，三易其稿，终将多达一千万字的这部巨著整理出来。古籍整理之艰辛曲折，无出其右，可谓字字皆辛苦。俟及问世，年过八十的裴先生便溘然长逝，实属殚尽劳瘁。

综观14巨册整理本《文献通考》，可以从整理校勘与编辑出版的两个层面归纳其特色。

从整理校勘的层面看，第一，底本选择正确。整理者不惮辛劳，遍查京沪等地收藏之版本，不拘成例，选择了晚出而精刊的乾隆十二年武英殿刊本作为校勘底本。底本选择的精当，使整理本减少了大量无谓的校勘记。第二，标点准确。鲁迅说过，标点古书，往往会让专家出丑。专述历代典章制度的《文献通考》，时间跨度大，涉及领域广，可以说没人门门皆通，整理此书之难度，非专述史事之籍可比。然而，裴教授的团队群策群力，跨越了重重难关，标点之准确，令专家称许。第三，校勘精审。《文献通考》的校勘，不仅详校诸本异同，择优而从，并且对原书之讹误，以相关典籍为据，间有指正，记于校勘记中。这样的校勘形同专业研究，对读者极有裨益。

从编辑出版的层面看，第一，约请之整理者适当其选。以裴汝诚教授为主的团队，不仅早期参加过《宋史》整理，后续人员还整理过北宋编年史《续资治通鉴长编》以及《全宋笔记》，并且还整理出版过《文献通考》中的《经籍考》。这一团队整理以记述宋代为主的《文献通考》，拥有丰富的实践经验，可谓最佳人选。第二，版式设计合理。《文献通考》一书，内容复杂，形式多样。版式设计不同于一般书籍，难度颇大。然而责任编辑与编辑部匠心独运，深入于内容，因文定式，合理精当而不失大方，阅读起来方便而舒适。第三，编辑校对认真，与影印本略作对照抽查，尚未发现文字误植。第四，装帧设计大方美观，用纸亦佳，实无愧于《文献通考》这一巨著。

80年代，中华书局集王文锦、王永兴等一流学者整理出"三通"之首《通典》，颇得学界好评。此次历三十年寒暑，集裴汝诚、戴建国等老一辈学者和一线研究者之力，精心整理出分量超过《通典》之巨著《文献通考》。在校勘整理和编辑出版方面，都充分吸收了《通典》整理本的经验教训，遂使《文献通考》整理本后出转精，更上层楼，洵称定本。整理与出版，于传承典籍，学术贡献，均属功德无量之举。

"宋元变革论"笔谈主持人语

    20世纪初发源于日本的唐宋变革论，进入新世纪，又重新发酵，得到了极大的关注。唐宋变革论的视阈是不是可以完全涵盖唐代以后的中国历史？学界已经开始审视，不再将这一观察作为万能的理论范式，盲目地套用于所有历史研究领域。

    历史在时空中运行。这组笔谈文章，就时间而言，关注的是宋元，乃至延伸到明清，都是向下看历史；就空间而言，视点多是聚焦于江南地域。这一时空中演出的历史，用唐宋变革论的理论框架很难圆满地解释。于是，便有了《向下看历史——宋元变革论概述》《"唐宋变革"前后的江南角色与元明江南嬗变》《富民与宋元社会的新发展》《宋元海洋意识的新变与海洋贸易时代的确立》，多视角展开新尝试。虽说是新尝试，却也是旧积累。看似高屋建瓴，视野宽阔，其实是基于大量史实和微观研究的高度提炼。这组笔谈文章不言而喻的潜在意识，都是试图探索中国历史是如何经历宋元，步入明清，走到今天的。

    《向下看历史——宋元变革论概述》认为，科举社会与士大夫政治等北宋因素，在南宋江南特定的场域发酵。士人流向多元化，活跃于地域社会，引领了社会转型。千年繁荣的江南社会经济结构，并未因宋元易代而遭受重大破坏。持续扩展的变革，奠定了明清地域社会的基础。

中唐至北宋是唐宋变革的典型阶段或高潮，江南成为中国经济文化最先进和最具活力的区域，成为中国经济重心和文化主脉所在，成为"富民"农商经济成长发展的"风水宝地"，同时也是"唐宋变革"或南北博弈的主要原动力地带。在东亚大陆长城以北、黄河中下游和长江中下游三大地域板块长期分野及彼此博弈、互动中，江南充当了华夏先进的经济文化南渡转移的栖息地和回旋再发展的辽阔"后院"地带。而欧洲希腊、罗马的南方就是地中海，不存在类似江南的转移回旋地带。《"唐宋变革"前后的江南角色与元明江南嬗变》尽管还是从唐宋变革的视阈阐述，但以世界史视野强调江南的重要性，其实已经超越了唐宋变革论的范围。

中唐之后逐渐崛起的富民阶层，在宋元时期持续发展与壮大。蒙元政权入主中原，并未对既有的经济发展与经济关系造成太大的破坏，因而也没有从根本上阻碍唐宋以来富民阶层的发展态势，同时还造就了一个沉潜于乡村社会的普通士人群体。《富民与宋元社会的新发展》一文对唐宋变革论的发轫时期的认识，对蒙元时代的认识，对地域社会士人群体的认识，与宋元变革论的主张并无二致。

从南宋开始，朝廷的海洋贸易政策取向明显地由驭戎转向趋利，元朝则继承了宋朝追求经济利益的态度。而民众的海洋意识也有了根本改变。宋元激发出的沿海百姓贸易求利的海洋意识及中国在海洋贸易中的优势，使中国对外贸易真正进入海洋贸易时代。《宋元海洋意识的新变与海洋贸易时代的确立》所指出的前所未有的事实，也彰显出新的时代变化。

"同归而殊途，一致而百虑。"笔谈四文对宋元社会的认识与归纳，既有所见略同的契合，也有见仁见智之不同。横看成岭侧成峰。从各自视点出发，对宋元以来中国社会演变或转型的探讨，无疑会深化和丰富对历史走向的理解。认识的存疑与整合，应当成为今后的作业。探索中国历史走入近代的轨迹，根植于中国大地，呼吸浸润于历史传统之中的中国学者，应当具有超越唐宋变革论，建立重要议题的宏大气魄与具体操作。

（原载《思想战线》第 43 卷第 6 期，2017 年）

诗由情生

——《在你的海里不需要岸》序言

一

"问世间，情为何物，直教人生死相许。"

说到情，人们大多会想到"你侬我侬"的男女恋情。其实，这只是情的一种。"桃花潭水深千尺"的友谊之情，"感时花溅泪"的忧时之情，"漫卷诗书喜欲狂"的喜悦之情，"悲哀激愤叹，五藏难安恬"的悲愤之情，"自将磨洗认前朝"的思古幽情，"问渠那得清如许"的格物之情，诸如此类，都是情。

诗由情生，便是由这些情生。"诗言志，歌咏言"，广义地说，所言之志，亦为言情。诗最需要激情。古罗马尤维纳尔所说的"愤怒出诗人"，也正是此意。

激情是诗的生命，诗的灵魂。没有激情的诗，语言或工，对仗或整，技巧或佳，中规中矩，一眼看去，像是被称作"诗"的东西。然而却如失去生命的木乃伊，内里没有跃动的活力，表面也无鲜活的光泽。仅仅是分行的文字堆砌，至多不过是苍白的无病呻吟。

只有当心中之情犹如惊涛裂岸般的潮水拍打着胸口，促使你非得开启笔端的闸门来疏导不可之时，流出笔端的，才是诗。消胸中之块垒，此之谓也。

激情也有多种，不仅有澎湃湍流，也有潺潺小溪。那让你心有所动，并产生出想写下的创作冲动，便是情了。因此，同一支笔下流出的，"仰天长啸，壮怀激烈"是诗，"欲将心事付瑶琴，知音少，弦断有谁听"也是诗。

情乃诗之第一要义，旧诗词、新诗歌皆然。形式则如衣服，虽然重要，不过是生命的装饰。

一般来说，青春勃发的年轻人大多激情澎湃。那么讲诗由情生，是不是说诗就是年轻人的专利了呢？当然不是。这不光有古今中外的诗人诗作可以证明，手头的这本诗集更是绝好的证明。发小亚明业已年逾花甲，依然诗情迸射，如井喷泉涌。几乎满目皆诗意，日日有诗作。我想，亚明的精神血管里一定奔涌着激情。不过，年长者的激情，与年轻人表达的形态必然有所不同。年轻人是激情燃烧，熊熊如烧不尽的野火。年长者由于岁月的积淀，转向沉稳，如炉中的煤火，虽无烈焰，却也炽热。这是一种浓得化不开的深沉隽永之情。不论形态如何，情无疑就是诗人的生命。诗人的生命终结于情枯。

二

在过去，读诗叫作吟诗。就是说，诗是用来吟诵的。格律诗和词，之所以要有平仄之分，要合辙押韵，就是要在吟诵时，朗朗上口，让闻者在听觉上产生一种跌宕起伏、错落有致的音乐美。

汉语的音韵、声调，为许多语言所没有。这种语言本身的优美韵律，成就了一个诗的国度。

内容与形式，固然内容更为重要，所以诗首先要讲究立意，要表达什么。其次还要讲究构思，如何将想要表达的内容，即把某种情思、某种心境贴切完美地表达出来。然而，仅仅做到了立意深、构思巧还远远不够。诗为别裁。诗之所以为诗，是因为它是一种不同于其他文学样式的独特的文学体裁。

旧体诗包括词，有着千年以上的传统。新体诗的历史不过百年。百年间，经过几代诗人的探索，大体上，基本形式已为诗人与读者所认同。那就是，至少要分行，要押韵。

不过，新诗也还处于不断探索之中。从朦胧诗的时代开始，近二三十年以来，诗不押韵、不讲节奏变得很普遍。近年，尤有甚焉。

我并不守旧，并不认为不押韵、不讲节奏的就不是诗。旧体诗词过去在印刷和书写上还不分行呢，也没有人否认那不是诗词。在我读到的诗中，虽不押韵、不讲节奏，但诗意很浓、诗味十足的作品很多。必须承认这些作品不仅是诗，而且还是好诗。

然而，读这些不押韵、不讲节奏的诗，一直心有慊慊然。

固然，仅仅分行，未必是诗。只是押韵，拥有节奏，而毫无诗意，也只能归于打油之属。

我心有慊慊然，是为那些好诗遗憾。这些诗，大多只适合看，不适于吟诵。因为不讲节奏，没有声韵的呼应，读起来佶屈聱牙，听起来没有余音绕梁。不利用汉语声韵的得天独厚，实在可惜。

诗不仅应当可以看，更应当可以念。念，就是发出声来读。

南宋人周密在他的笔记《齐东野语》卷二十"读书声"条中讲述了苏东坡的一件逸事：

> 昔有以诗投东坡者，朗诵之，而请曰："此诗有分数否？"坡曰："十分。"其人大喜。坡徐曰："三分诗，七分读耳。"

周密在讲述这件逸事之后评论道："此虽一时戏语，然涪翁（黄庭坚）所谓'南窗读书吾伊声'，盖善读书者，其声正自可听耳。"

的确，逸事中的苏东坡不过是在婉转地表示那人的诗不大好，只是朗诵得不错。不过，也道出了朗诵之于诗的重要性。

我建议写诗的人不妨做两个试验。一是朗读一下你的诗，甚至是当众朗诵一下你的诗，自己感觉一下效果如何，再看看听众的反响如何。二是把诗行合并，写成文章的样子，看看还像不像诗。如果此时依然诗意盎然，那就是诗。当然，第二个试验是属于另一个层面的问题，这里只是顺笔触及。

"三分诗，七分读"，坡公戏言可当真。套用周密的话说，善为诗者，其声正自可听耳。

清人何绍基在《与汪菊士论诗》中就说："自家作诗，必须高声读之。理不足读不下去，气不盛读不下去，情不真读不下去，词不雅读不下去，起处无用意读不起来，篇终不混茫读不了结。真个可读，即可管弦乐府矣，可管弦乐府方是诗。"

何绍基的这段话，也是强调吟诗的重要性。不过，我从这段话中还读出了评价诗作高下的标准。

"理不足读不下去"。这是强调诗的立意的重要性。无论是感性还是理性，一首诗想要表达什么，作者首先应当明确，是为立意。立意之高下，决定了诗的基调。诗虽重抒情，亦需尚理致。情以理贯之，诗中显现的哲理，就像是只拨弄琴弦的手，拨动读者的心弦，让人读后为之心动，形成一种诗人与读者的互动，这是心灵的理性契合。"卑鄙是卑鄙者的通行证，高尚是高尚者的墓志铭"，"黑夜给了我黑色的眼睛，我却用它寻找光明"，这些诗句便是如此。好诗不见得通篇都是哲理，但一定会有理性的星光闪烁。"理不足"者，不惟缺乏主题，意象也散乱，不知所云。诗不是精神病患者的臆想，也不是梦游者的呓语，诗言志，其志即理，亦即以艺术形式体现出的逻辑关系。

"气不盛读不下去"。气者无形，不过，我以为气之于诗，无论豪放，抑或婉约，或高昂，或低沉，或华岳干云，或黄河九曲，皆一以贯之。因此，盛者，非一味高亢，延绵不断之谓也。延绵不断之盛，我以为还与诗之韵律相关。以汉语作新诗，也须借鉴古人上千年归纳出的平仄韵律。此中妙处，自是体现有音律之规律。还有对仗等修辞手法的运用，也能令节奏铿锵，琅琅上口。无视韵律之诗，或可观之，难以诵之。究其原因，则是气有不属，断断续续，难以一气呵成。

"情不真读不下去"。情是诗的生命。诗之真情，虽不至惊天地，泣鬼神，但足可点燃作者，感染读者。情不真，即无病呻吟。诵之观之，皆味同嚼蜡。仅仅说理，那不是诗，理融情中，晓之以理，动之以情，方是好诗。

"词不雅读不下去"。诗之于词语，较之小说、散文，要求更高。达意仅仅是最低要求，有限的篇幅，文字须得凝练。不惟凝练，还追求优美。此即词雅之谓。诗不是一碗白水，而是一杯醇浓的老酒。诗不是荒山秃岭，而是叠翠层峦。理者，气者，情者，穿着的衣服便是词。打油不是诗。可以白话入诗，俗语入诗，须得剪裁得当，水乳交融。画有写意、工笔，诗亦千姿百态。风格可以各异，语言则须讲究。遣词造句，推敲炼字，出神入化，鬼斧神工，语不惊人死不休。

"起处无用意读不起来"。起承转合，起尤重要。此犹音乐作曲，第一个琴键按下，旋律便已确定。凤鸣第一声，便当非同凡响。一句既出，便当虏获读者之心。平淡也好，瑰丽也好，须得出乎意外，入乎意中。共鸣，从这一刻便开始。要达到这种效果，不可"起处无用意"。这里的"用意"，非指诗之立意，而是讲构思。构思须巧须新须奇。

"篇终不混茫读不了结"。"混茫"即含蓄。不仅文似看山不喜平，诗尤讲究言有尽而意无穷。如果说情是诗的生命，那么含蓄便是诗的体征。含蓄尤其体现在结尾。结尾往往是一首诗的升华之处，可以一唱三叹，可以戛然而止。不过，须得如"孔雀东南飞，五里一徘徊"，余音绕梁，三日不散。正如有人讲什么是幽默，一下子就让人发笑的是滑稽，让人想一下才笑才是幽默。诗亦然。一个好的结尾，足可以使人回味无穷。一首诗结束了，读者用回味与想象接续了下去，参与到再创作之中。如此方入佳境。

三

亚明作新诗，有四行一段比较完整的诗作，也有行段均有参差的诗作。用韵既有隔行而韵者，亦有几行一韵者。无论形式如何，节奏与韵律，都令人读来朗朗上口。因此说，读亚明的诗，尽管风格或内容各异，但总比很多虽好而无韵的诗多出一份音乐美。我们来看《海边的晨思》中的一段："月夜扩张了浪漫，渔火也在闪烁呼唤。潮汐在短暂的两极，拍打出有刻度的时间。"且不讲内容本身，光是节奏和韵律，读起来就让人感到上口悦耳。诗不押韵，不讲究节奏，实在会影响好的立意与构思。这也是一定程度上的以辞害义，形式妨碍了内容。

尽管文学体裁无高下轩轾，可我一向觉得，诗属于阳春白雪，是高雅的艺术。最起码，诗体现的是最为凝练的语言艺术。既然称之为艺术，便不是可以率意为之的东西。称得上诗，就不能亵渎了这一体裁的那份高雅。

旧体诗与新诗之间，没有鸿沟。

写新诗的人，不应与旧诗老死不相往来，应当从经典的古代诗词中汲取养分。古典诗词，除了内容，在形式上，最讲韵律与节奏。所以，有平仄之规、叶韵之矩。遵从了这些古人多年归纳出的规矩，的确会吟不绕口，让内容也在涵泳绵长中得到完美的表达。

格律诗的悠扬韵律，词曲的跌宕有致的节奏，都应当成为新诗的宝贵借鉴。

　　诗可以说是最上乘的语言艺术。从古典诗词中，还可揣摩炼词炼句，使表达更为凝练。更可以"听唱新翻杨柳枝"，将古典诗词中的名句乃至意境点化到新诗之中。对于这一点，亚明的诗无疑也是留意的。我们来看《怀念妻子》中的一段："晴空里写满你的名字，遥望中找不到白云的容颜。苏轼的《水调歌头》吟诵了千遍，我已是那杯酒中不散的残片。"《风景》写道："风景，是传播中的演义；神秘的断代，省略了开始。"古典的素养，让人领略到历史的沧桑。《九月，去江南》以"那幅淡淡的水墨，让小雨，落得很慢很慢"展开江南的画卷，接下来，"被古色濡湿的意境，泊着张继的客船，枫桥的碧波，是留给后人的诗篇"，点化和烘托出的完全是《枫桥夜泊》的意境。《苏州、苏州》写道："很想打开心扉的一角，让过去对话现在。这是一个严肃的命题，小桥流水淡化了探讨的感慨。"江南的小桥流水人家让诗人神驰遐思于古今。《鱼的启示》写道："以人的角度，诗化物种分析。仿生的理论，沿用古训，探讨如何成为快乐的鱼。"这是诗人用诗的语言来复述古人的"子非鱼，焉知鱼之乐"。

　　读亚明的诗，不光感受到一种韵律的美，还有诗人在遣词炼句方面的匠心。作为一首好诗，除了表现在立意、构思和意境之外，辞义可视的语言美也是一个相当重要的评价标准。北宋诗人宋祁有一句"红杏枝头春意闹"，王国维说，"着一闹字，境界全出"。王安石的"春风又绿江南岸"的一个形容词动化的"绿"经过十多次改动才定稿。这里的"闹"和"绿"，都是所谓的"诗眼"。这样精彩的诗眼如果在诗中点在，无疑也会让诗分外增色，熠熠生辉。亚明的诗让"境界全出"的诗眼俯拾皆是。《海边的晨思》"我喜欢听蓝色的水声"，这是声音的颜色；《朋友》"用东北小烧的度数，灌醉这个夜晚"，夜晚也可以灌醉；《世界，在你的伞下乘凉》"现代牧童在都市放牧阳光"，在诗人笔下，阳光也可以放牧。

诗的表达，有时不能用惯常思维去衡量。比如，有人批评海子的诗"面朝大海，春暖花开"，说面朝大海，看得见的只是海，哪里能看得见背后的花开呢。对这样的批评，我想到了苏轼的两句诗："论画以形似，见与儿童邻。"如果没有一点言外的想象，那么鉴赏力未免就太低了些。看似矛盾的诗眼，也考验着读者的鉴赏水平。

除了有诗眼，诗还要有趣，有趣才能咀嚼出味道。亚明的诗就是这样。《我们的节日》写同学会："即便是酒后的步履，也充溢着艺术的摇晃。"这样的醉酒好幸福。我们看《回忆》："一把摇篮，把我摇出很远。月亮飘到十五，成为碗中的汤圆。"巧妙想象，直叫人拍案击节！

唐诗讲情，宋诗说理。无论古今，诗皆在情理之中。冷静的情，平静的情，流淌出的就是理致。还是《回忆》中的诗句："人长大了，也不想失去了心中的底片。/看不见的盐，调剂着生活的咸淡。"想想，还真是这么回事。《存在的游戏》第一段："用宗教的色彩，涂抹哲理。选择和放弃，都是难解的命题。"诗的本身，就是一种哲学的思考。《静》的最后一句："越是简单，越是没有答案。"

这也是让人回味的哲理。《一个人的海滩》写道："心静，海潮也平了。物我合一，道家美化了孤单。"试问，学者有这样阐释道家的吗?《俯视一棵树》写道："仰望不一定是尊重，人们太在意象形的礼数。这个世界太多讲究，纷杂的学说都有出处。"从俯视一棵树，延伸思考的是人与社会。一扇门，让诗人作了多角色的联想："囚徒：幸福莫过于，开启。/学者：打开和关闭，是哲学问题。/诗人：门外的月亮，圆着门里的期冀。/贼：分秒之间，是财富和监狱。/恋人：一门之隔，我与你。/邻居：他家之门，关我何事。"

日常与历史，都成为诗人笔下的诉说。我们来看一首诗，《荒原上的纪念碑》写道："有故事的地方，总让人，丈量时间的短长。百年千年，石碑也不能，冷却雨雪风霜。/曾经是一段，迷茫和猜想。宫殿木屋草房，简化了，繁华与消亡。/简牍和陶片，被后人擦亮。在柔软的丝绸之上，淡化战争的疯狂。现代的眼光，试图重新解释收藏。/草荒凉了，土地依然悲壮。历史，是部鸿篇巨帙。一旦打开，谁也无法合上。"这首拥有沉重而深厚历史感的诗，居然让浸润在故纸堆中的我一句也不忍割爱，全文引述给了读者。

诗的妙处还在于道人所难道之意会之处。尽管人皆有此同感，却未曾明确归纳。这样的心曲思绪被你道出，便可以产生读者的共鸣。我们看《归来》的最后一段："下雨了，此时的雨，让人烦。而远方的雨，有点甜。"人人共有的正常心理，透过凡常景象道出，似乎还没人如此描绘。我们再来看《人生，应该有一杯酒敬自己》："也许，没有人喜欢，翻阅自己的履历。那些记忆的碎片，却是人生的真实。那些跋涉中的执着，那些波折中的失意，那些成功后的充实，那些孤寂时的空虚，那些伤感时的眼泪，那些邂逅相遇的惊喜。"六个连续排比的"那些"，是不是道出了每个人的共感？在这首诗中还有一组"为"的排比："是该有一杯酒，为自己而高高举起。为曾经的痛楚，为如今仍砥砺前行的勇气，为没有在物欲横流中堕落，为珍惜和拥有的情感和友谊，为不曾玷污家族的荣誉，为挺直腰板做真实的自己，为对得起父亲、母亲的崇高称谓，为至今还在为儿孙的付出与坚持。"读之，朗朗上口的诗句，会在心中共鸣。

《印象阳朔》写道："阳朔，走不出山水的名字。让世界的惬意，都来这里，拥挤成四季的，花花绿绿。"四季花开，赏心悦目，阳朔山水就这样自然而贴切地流出了诗人的笔端，简直直接可以用作桂林旅游的宣传稿。还是这首诗："在阳朔，谁是谁的记忆，谁又能走进，谁的故事。今晚，刘三姐的歌，又在漓江上约你。"家喻户晓的传说，被结合得如此巧妙。诉说一份细腻的情感，捕捉一丝瞬间的感觉，其实，诗有时也不需要宏大叙事，一草一木皆关情。

四

在上世纪 70 年代，与亚明同时学诗、写诗，近十年间，也发表过几十首带有那个时代痕迹的诗。当时是认认真真地学诗，除了背古诗，新诗的几个名家如贺敬之、郭小川、梁上泉、李瑛等都成为我们模仿和学习的对象。遗憾的是进入大学之后，我一头钻进故纸堆，人生大幅度转弯，成为一个诗人的梦想落空，出版诗集的梦也未能圆。不过，欣喜的是，锲而不舍的亚明，代替我们那一辈诗友圆了这个梦。

借亚明的酒，浇自己胸中之块垒。一个对诗情有独钟却已远离的人，写下了上述对诗的思考。我不是高明的厨子，炒不出像样的佳肴，但至少可以做个不甚合格的美食家。以愚者之千虑，冀读者之一得。门外一孔之陋，方家幸勿见笑。

不过，必须打住了。冗长的文字已在考验读者的耐心。更重要的是，我不能喧宾夺主。

己亥初夏记于日本千叶寓所

（王亚明《在你的海里不需要岸》，凤凰文艺出版社，2019年）

自序篇

《宰相故事：士大夫政治下的权力场》引言
——写在书前的后记

    大凡称作"后记"，毫无例外，都是放在书后。我将后记置于书前，似乎有悖常规。将这样的文字置于书前，自有我的理由。首先，这不是一篇正规的导言或者是绪论，叙述的大多是我的学术经历和思路历程。我觉得这样可以很快地贴近读者，使读者成为愿意听我絮叨学术心曲的朋友。此外，从叙述本书的写作经纬、写作方式和大致内容开始，也可以使读者尽快地进入"角色"。

    我希望读者做一个什么样的角色呢？读历史论著，我希望读者通过历史的"时光隧道"，进入到彼时彼地的具体情境之中，回到历史现场，做个"在场者"，具体地感受历史，触摸历史，唤起一些被长久遗忘的记忆。至少是做一个历史演习场外的观察员。这样，读者既可以与所阅读的历史人物、事件息息相关，又可以登临绝顶，一览众山。不仅是文学作品，历史学论著也同样有读者填充想象的空间。叙述的完成有待于读者的阅读、想象与品评。因此，以我的阅读经验，便想站在读者的角度，先告诉读者这本书写的是什么，为什么要这样写。

　　我把考察的时空范围凝缩在了短短的北宋真宗朝二十六年间，分六章考察了贯穿于其间的五个宰相的活动和一群作为宰相预备队的翰林学士。这六章依次为，第一章《定位皇权，肇始宰辅专政："圣相"李沆》；第二章《寻常作为，塑造皇权："平世之良相"王旦》；第三章《左右天子为大忠："使气之寇准"》；第四章《佞臣如何左右皇权："瘿相"王钦若》；第五章《宋代权相第一人："罔上弄权"的丁谓》；第六章《代王言者：真宗朝的翰林学士》。此外，又加上第七章《从具体到集约》，做一个并不太长的归纳。

　　采用这样的方式来阐述我的皇权论，可以将考察的视点聚焦，窥一斑以见全豹，使我可以有足够的能力竭泽而渔，深入挖掘并驱使这二十六年的全部史料。不过，这种看似易于操作的方式，却无异于自课难题。因为无论对自己有利还是不利的事实，我都必须面对，做出合理的解释。从这个角度说，采用这种方式难度更大。因为一般仅仅采用对自己的观点有利的事实进行佐证的泛泛而论，是不会遇到这样的难题的。然而，如果能够跨越这道难关，则会使我的论述更具说服力。因为我的结论，读者无论赞同与否，都无法回避和否认我所列举的事实。

　　当然，内容决定形式。让我决定采用这种方式的，还是我所要考察的时代。这就是下面我要回答的另一个相关的问题。

　　论述皇权问题，即使是立足于宋代，两宋有近十八位皇帝、三百多年的历史，为什么要选择在北宋真宗朝呢？因为真宗朝在宋代历史上是一个具有典型意义的时代。秦皇汉武，唐宗宋祖，历数中国历史上具有雄才大略、丰功伟业的皇帝，似乎怎么也轮不到宋真宗。因为在今人看来，宋真宗实在过于平庸。那么，这一时代的典型意义又在哪里呢？

这是因为继宋朝开国皇帝太祖和亚开国皇帝太宗之后，真宗是宋代历史上第一个以正常方式即位的君主。宋朝的各种制度整备完成在这一时期，皇权的定位也在这一时期。进入到真宗朝，具有宋代特色的新型士大夫政治开始真正展开。这就是这个时代的基本特色。我以为平庸才是皇帝的常态，平常也是历史的常态。不过，尽管在今人眼里看真宗平庸，但在宋代，说到比较狭义的所谓"祖宗法"，也还是把真宗朝的行事加入在内的。其实，这正反映了宋代士大夫的认识，反映了宋代士大夫对士大夫政治开始于真宗朝的肯定。真宗，是这个时代的代名词。

在太祖、太宗朝，从中央到地方，政务几乎都由后周以及江南诸国入宋的旧臣所把持。太宗朝开始扩大科举取士规模，每科都有数百人甚至上千人的登第进士、诸科以及特奏名走上仕途。加上以其他途径采用的官僚，十几年下来，宋王朝自己培养的士大夫逐渐取代了前朝旧臣，成为政治舞台的主角。比如本书所考察的对象宰相李沆、王旦、寇准都是太宗太平兴国五年（980）进士，而王钦若、丁谓则同是太宗淳化三年（992）进士。士大夫阶层的空前崛起，拉开了中国历史上新的官僚政治——士大夫政治的序幕。根据我对宋代历史的观察，这是一个相当重要的时期，正是在这一时期形成的士大夫政治，影响了此后宋代、乃至中国数百年的历史。关于这一时期具体的时代特征，还是请读者透过正文的叙述来体察。

真宗在位不过二十余年，以上五位宰相几乎主宰了真宗朝的主要政治运作。这五位宰相的政治活动，从君臣关系的视点看，几乎囊括了传统中国社会宰相的基本类型，提示了左右皇权的基本方式。这便使我的叙述更具典型意义。将皇权这样一个重大的课题，放到较为具体的历史场面来加以讨论，在视觉上会显得更加清晰。这种认识也是我执意要用五位宰相将北宋真宗朝政治史贯穿起来的一个因素。这种贯穿不是人为的硬性操作，而是一种符合时序的现成存在。不过，本书并不是一部全方位的真宗朝政治史，舞台的聚光灯只是打在以皇帝和宰相为主的一群人身上，来透视君臣关系与皇权消长。所以，在聚光灯之外，我要省略许多场景。

　　本书并不是讲故事（novel），也不是五位宰相的传记合集。我试图将历史叙述凝缩在一个具有典型意义的时段内，通过典型人物的活动个案，以管中窥豹、滴水映日的方式，使历史上君臣之间的合作与角力可以有一个清晰而细密的聚像，而个案考察的集合，便构成了一幅完整的画面。对考察中国历史上皇权的走向，可以给出一个具体的剖面，从而为我所主张的皇权论建立一个坚实的根基。就是说，从个性化的诠释出发，以期到达普遍总体解释的目的地。

　　因此，我的考察不是通常那种望远镜式的，不是气势宏大的高屋建瓴，而是显微镜式的，将往往会被研究者忽略的细部尽可能地放大，纤微毕现。用地图来比喻，我画的不是比例尺百万分之一的地形图，而是万分之一的街区图。就是说，我的研究不是登高望远，指点江山，而像是田野考古，不过是爬梳于文献史实之间。

历史研究领域十分广阔，研究方式也是多种多样，都无轩轾高下之分。不过，我最为倾心的还是以人物为中心的研究。这是因为，除了自然史之外，社会历史都是由人的活动构成的。离开了人，历史便被抽空了。人是历史舞台的主角，聚光灯主要应当打在人的身上。我理解的历史，也是一种三维空间，是由时、地、人构成的，缺一不可。

那么，人的历史又应当如何写呢？这一直是我多年来思考和探索的问题。在三十年前的1985年，我在自己的读书笔记中写下过类似随笔式的思考。重新翻检，发现这则随笔光标题居然就反复修改过三次。最初是《还历史人物以"人"的形象》，然后改为《发掘历史人物活的灵魂》，最后改作《死历史与活灵魂》。这三个标题，基本意思都差不多。就是说，多数史书中记载的历史人物形象是苍白呆滞的，了无生气，就像是一具具风干了的木乃伊。而在当年，他们都是活跃在各个领域的活生生的人，就像我们在生活中看到的接触到的人一样。我们需要让一具具木乃伊复活。

我们常常讲还原历史。还原历史，最重要的是还原给历史人物一个鲜活跃动的灵魂。这不仅需要调动研究者的史料挖掘本领和考证功夫，还需要在文献不足征的情况下，根据人物性格与彼时彼地的具体情境，运用心理学等知识手段，进行合乎逻辑的想象推理，来填补史料的不足，重构历史现场，给只剩下骨骼的历史人物丰满血肉，使之具有音声动感、喜怒哀乐，复活在我们的笔下，让被抽象得过于苍白的历史再现生命的绿。历史研究不仅要追求表面事实的真实，更应追求内在逻辑的真实。

以往，为历史人物注入活的灵魂，这项工作都是由文学家来承担的。然而，他们那种"不必尽出于虚，而亦不必尽由于实"的"七实三虚"的写法，与历史人物的本来面目往往拉开很大距离。历史研究者应当在充分把握史实的基础上，还原出历史上形形色色、千姿百态的人。逝去的历史其实是无法完全复原的，但经过我们的努力，可以取得一个近似值。这个近似值则可以提供给文学家参考，不至于在他们的笔下写出太离谱的"戏说"。文学艺术家通过提炼生活来解释人生，解剖人生，启迪人生，而历史学家则通过回顾历史来完成这项工作，异曲而同工。历史可以重释，但事实则不容虚构。

还原历史的另一面，其实就是历史的重塑。诚如克罗齐所言，"一切历史都是当代史"。对于维纳斯的那只断臂，不同时代的人，会根据不同的理解、不同的想象、不同的目的去补塑。对于历史人物的评价，即使是力图追求客观，甚至可以超越传统认识，但实际上也很难突破今天的认识框架。从这个意义上说，历史之树常青。

历史是座丰富的矿藏，不断被不同的人出于不同的目的进行提炼。历史就是这样不断被提炼，不断被增值。历史就像记忆一样，既可以被过滤，又可以被放大。而历史的叙述又造成了新的记忆，甚至还包括有幻觉记忆。顾颉刚先生"古史是层累地造成的"的命题，其实是克罗齐"一切历史都是当代史"的另一个角度的阐释。加诸历史身上的各种添加物，重重油彩，都是各个时代的历史叙述者基于当代认识的产物。包括今天的历史学家在内，谁都无法摘掉身处时代价值观所戴上的有色眼镜,难以做到绝对客观。只能站在今天的认识高度,尽可能地做到客观公允,在现代语境下诠释历史。不过,不能悲观地将这个事实看作是历史学家的无奈,每个时代的历史重释同样都会给人以新的启示。这种历史再释又构成新的思想史。这也是历史学的意义之一。我以为柯林伍德“一切历史都是思想史”命题的用意正在于此。或许正是出于这样的认识,我在研究政治史时,常常喜欢并习惯进行思想史式的思考。

许倬云先生在他的《中国古代文化的特质》演讲集中谈到,历史研究的主观性使历史学无法成为精密的科学。我以为,称谓科学的标尺不应当只是自然科学。以自然科学论,当然要摒除一切主观性。但人文科学有其特殊性,有人的思想意识存在,自然会有主观性附着,这丝毫不妨碍将包括历史学在内的人文科学视为科学。我恰恰以为,其实是人的活动的不确定性,使得历史学无法像自然科学那样成为精密的科学。文理殊途,性质不同,难以类比。作为人学的一种,历史学是感性的科学。所以,就历史学来说,客观性是其骨骼,主观性是其灵魂。没有思想的历史学,不过是史料堆积的历史陈迹的原生态。

说到历史的重塑,我想到古典文学中的演义传统。在过去,历史小说多冠以“演义”的名称。这说明小说作者的宗旨并不仅仅停留于讲故事,而是要推演和宣传一种“义”。这个“义”就是小说作者的历史观所折射的历史人物评价。《三国演义》中的人物忠奸,妇孺皆知,这就是罗贯中的成功。他成功地把自己的历史认识传达给了亿万人。有几个人关于三国的历史知识不是来自《三国演义》

呢？当然罗贯中也有继承，但他更多的是集成。欣赏演义，并不是希望所有的历史研究者都去写历史小说，而是借鉴和接受启示，如前面所言，在史实的基础上，给历史人物注入活的灵魂，用严密的历史科学方法来演我们的义。当逝去的时光成为历史，便转化为一种精神资源，不断影响和介入到后世的生活之中。从这个意义上说，历史所呈现出的状态，并不是一种沉寂的死。历史一直活着，无形地活着，犹如空气一般，浸透于我们生活的每个角落。

* * *

从演义传统中值得借鉴和接受的启示，还有论著的可读性。无论是古代的修史，还是近代以来的历史研究，向来都是少数人的事业。有人说，中国没有宗教，历史便是中国人的宗教。且不论此话有没有道理，中国是一个史学大国，却不能不承认。经史子集，排在儒学经典之后的便是史籍。不说浩如烟海，也是蔚为大观。然而，我要问一句，如许之多的史籍又有几个人去读呢？包括现在为数甚夥的历史研究论著在内，向来都是象牙塔中物。

我无意于褒贬前人史籍与今人历史研究论著的内容，仅仅是从可读性着眼。我以为无论是极为专业的课题，还是面向普及的作品，在技术层面的要求，可读性当是第一要义。佶屈聱牙，自然拒人于千里之外。历史研究论著可以是象牙塔中物，但也要玲珑剔透，让人有兴趣去窥视去观赏。我还是希望多数的历史研究论著能够走出象牙塔，不要成为孤芳自赏，或只是少数人阅读品评的对象。那样便会大大降低历史学的意义。无论是在塔内塔外，可读，便会让人接近。

其实古代的史籍在可读性方面也能给我们经验教训以及启示。同样是记载春秋时期鲁国史事，孔子整理过的《春秋》犹如流水账，且味同嚼蜡，传说被王安石斥为"断烂朝报"。而《左传》则有血有肉，生动鲜活，精彩纷呈。再举个例子，司马光的《资治通鉴》本来文笔优美，不乏精彩的篇章，但由于是编年记事，又篇幅过长，让人难以捕捉事件的原委头绪，古代人读起来，要不了十来页也会昏昏欲睡。然而，被袁枢改编为以事件为中心的《通鉴纪事本末》之后，就顿然变得眉清目朗了。无怪梁启超称赞"善钞书者可以成创作"。相比较起来，一心只顾着讲说"微言大义"的朱熹就缺少袁枢的聪明，他改编的《通鉴纲目》，虽然简化了《通鉴》，但并不好读。这两个例子给我们的启示是，历史研究论著也要注意可读性，也要讲究构思。形式是载体，不好的形式构架无疑会影响内容的表达与读者的阅读。

我生来是左撇子，在上学前被家长硬扳为右手写字，因此这也常常成为我写不好字的理由，对写字好坏也略不措意。但小时候，父亲让我练字时说的一句话，至今还清楚记得，那就是，"字是写给别人看的"。其实不仅是字，除了日记，文章也是写给别人看的。怀有这样的意识，尽量把文章写得可读性强一些，不仅使自己的文章增色，内容易于他人理解，也是给予阅读者的一份尊重。对读者，应当永远怀着一颗虔敬的心。

上述议论，尽管是有感于多数历史研究论著在表达上过于枯燥乏味的现状，更多的是一种自勉，自我期许。让读者易于阅读，尽可能把文章写得平易一些，一直是我的企望。前面从精专与普及的角度说，学术著作不能孤芳自赏。然而，从文字表达的角度说，文章则首先要孤芳自赏，顾影自怜。试问，自己写的文章，自己都不忍卒读，哪里还能指望别人去欣赏呢？文章首先要在自己那里通得过。这就像穿衣服一样，连自己都自惭形秽，也别指望别人欣赏。

严复提出的翻译标准"信、达、雅"，实在也应当成为历史研究论著写作的技术标准。历史论著的"信"应当是忠于史实，有几分证据说几分话，不是向壁虚造。而"达"则是把自己的所思欲言充分透彻地表达出来。"雅"便是一种更高标准的要求了。就是说即使是依据史料，把自己的所思欲言表达出来，也不能信马由缰，怎么想就怎么说，结构上需有构思，遣词上亦应修辞。文学体裁的散文尽管也有故事性的叙述，但大多都呈现出文笔的优美。如果历史论著在信实的前提下，有几分散文一样的优美，则会大为减少门可罗雀般的冷落。

三十多年前，我从北大中文系古典文献专业毕业，到中华书局做编辑，接受的第一部书稿就是黄仁宇先生的《万历十五年》。当一部分一部分由社科院文学所沈玉成先生润色过的书稿陆续交到我的手中时，与以往的写作风格和构架迥异的书稿带给我的那种新鲜与欣喜，至今令我记忆犹新。至于对《万历十五年》的学术价值如何评价另当别论，但这部书走出象牙塔，赢得了无数读者，影响了一代人，则是毋庸置疑的。我后来写历史人物，写历史论文，尽管与《万历十五年》没有直接的关联，但无形的影响则是不能否认的。尽管在大学时代跟历史系的同学一起听了两年多的中国通史课，后来也出于喜爱而走上研究历史的道路，但内心潜在的自卑则是自己不是历史系科班出身，因而早期论文也充满了对习见的历史论文模式以及话语的刻意模仿。接触了《万历十五年》，而后又经历90年代最初几年间脱离中文环境的沉淀，我的写作风格产生了一定的改变。

从大学二年级发表第一篇论文算起，我从事学术活动已经三十多年。三十年过去，依然在探索、学步。在80年代，曾与朋友在《光明日报》上讨论历史研究的通与专的问题，我主张治史尤应专（见《光明日报》1987年6月17日）。当时话虽这么说，但我走的路，实在是一条博而杂的路。为此，我也时常自我揶揄，名为"杂家"。我的读书兴趣广泛，各种不同领域的著述都能在不同程度上激发出我的阅读兴奋。我觉得我的知识结构正是得益于"杂"。我一向以为，知识都是融会贯通的，各个看似并不相关的领域的知识，就像是一条条地上或地下的河流，总有交汇之处。因此，我很喜欢一种有序的"杂"。我自己有一个网页，主页的背景颜色，我没有用传统表示史部的红色，而是用了表示子部的蓝色，是一面广漠的青空。这也寓意着我的杂家理念。在此书的整理完成后，我为了方便读者参考，编了一个本书的引用文献书目放在了卷末。从这篇不大的书目中，大约读者也可以看出我的几分"杂"。做学问，有时也须"跳出三界外，不在五行中"。如此方可开阔眼界，不至于僵化。

其实，这里讲到通与专的问题，也是由于有着现实感触。我在日本教书，接触不少年轻学子，都很优秀，他们写出的许多博士论文，都可以成为该问题的定谳或者说是阶段性的成果。不过，跟他们聊起来，当话题从他们研究的领域稍稍离开一点的时候，则发现他们居然所知甚少。这使我强烈地感到了多数年轻学子在知识结构上的缺陷。他们的论文所反映的知识结构，就如同在日本常见的那种独立家屋，一幢幢看起来很别致精巧，但绝称不上是高耸入云的大厦。因此说，通与专实在不可偏废。丝丝相连的历史，没有通的视野，对具体问题研究，也难以达到一定的认识深度。由博返约，绝对是一条走向成功的重要途径。对此，我也一直心仪，且试图力行。

＊　＊　＊

以上所述，算是个楔子。通过以上这些叙述，读者可以了解我在写法上的追求和我对历史研究论著的期待。不过，在这里我还是有意回避了对本书主要内容的介绍，请读者自行阅读正文。因为无论我在这里如何说，也至多是篇不甚切题的影评，影片还是要由观众自己去品鉴。不过，在后面的第七章《从具体到集约》，我代读者作了一个简单概括，介绍我之所以选择这样一个时代、这样几个人物的理由，让读者经历了具体之后再走向抽象。最后，我在书后加上了我称之为"延伸阅读"的部分，这是我的皇权论综述。

请原谅我的本末倒置，本该是前言的部分，我放在了书后。书后的皇权论综述，在具体内容上与前面的宰相故事拉开了一定距离，没有直接联系，但有逻辑关联。有兴趣的读者，可以在同我一起经历了显微镜式的微观考察之后，再拿起望远镜，登高远眺，进行宏观瞭望，超越真宗朝二十六年，广角与景深涵盖整个宋代，指向整个中国历史。我要读者亲自印证，宰相故事所述说的正是一些具有共性的面相，结论与宏观考察完全一致，一斑与全豹丝毫不爽。

还要请读者原谅的是，书后的皇权论综述篇幅很长，并且没有前面的宰相故事那么好读。不过，这也是考虑到不同的读者层面、不同的阅读需求的做法。这篇皇权论综述，是我继二三十年前在《历史研究》相继发表《论宋代相权》和《论宋代皇权》以来，首次较为完整地就这个问题进行的正面阐述。这部分中文稿的很多文字其实早在赴日之初的1990年便已写出，当时正是为了回应反响而作，但一直置于箧底，没有拿出发表。后来不断修修补补，并将其中的大部分内容移译到我的日文著作之中。不过，这部分内容并不甚为国内学界所知。

国内学界谈及皇权和相权，还是以我80年代的文章来介绍我的观点。最近在网上看到一篇对著名宋史学者张邦炜先生的访问记，其中，张先生说道："80年代前期，在杭州国际宋史研讨会上，听血气方刚的王瑞来兄讲他的宋代相权加强、皇权削弱说，真可谓振聋发聩。"接下来，张先生在表述了与我不同的观点之后说道："瑞来兄90年代即远走日本，后来没有机会就这个问题同他进一步交换意见，相信他仍有不同看法。"(《两宋历史的多角度探讨——访张邦炜教授》，访问者：何玉红、刁培俊)那两篇文章产生了一定的影响，我有所了解，但不曾想到，二十多年后，还会给人留有如此深刻的记忆。在读过访问记之后，刚好有机会在学会上见到张邦炜先生。我一是向他表示了我的惊讶，二是说明我的观点已经有了很大的补充与修正。因此，将我较为全面阐述的皇权论公之于众，也是受责任感的驱使。

*　*　*

书中所叙述的宰相人物论，实际上都是在十多年前写成的单篇文章。日文版已见于我在 2001 年出版于东京汲古书院的《宋代的皇权与士大夫政治》，中文版多数也在大陆以及港台的书刊中发表过。由于是在一个主题下写出的系列文章，所以可以将这几篇抽出，单独作为宰相故事，奉献给读者。只选这几篇文章，是因为这几篇讲的都是可触摸、可感受的具体的人与事，并且还稍具可读性。不过也要请读者原谅，本书各篇所述，大多是在短时期这些人物所共同经历的事件，所以在史料使用上不免有重复之处。由于是独自成章，读者既可以依序阅读，亦可跳跃浏览。透过轻松的阅读，自可体会著者论述之大旨。

将旧作数篇汇集成书并非难事，但如何定名则让我颇费踌躇。前前后后想了不少，最后成为现在的书名：《宰相故事：士大夫政治下的权力场》。历史在一代君臣之间展开，这一代君臣的作为，奠定了新时代的全新的君臣关系。副题的"士大夫政治"一语，是有特定的旨归。这是从宋代真宗时期发轫的政治形态，寓含有时代印记。我很喜欢物理学中"场"（field）的概念，既无形又可感知。不仅仅限于自然科学，在社会领域内，又何尝不存在一个个的"场"？我的书主要论述皇权，但却叫做"权力场"，不直言皇权。这也有我的考量。固然，在历史上，皇权是一种主要的政治权力，但并不是唯一的一种。在权力场中，纽结有各种各样的权力，皇权不过是其中比较重要的一种。以"权力场"为题，把皇权纳入整个权力场的大视野下进行考察，要比就皇权论皇权具有一定的广度与深度。并且，在叙述皇权的同时，可以呈现各种权力的纠合与角力，透视各种关系的和谐与紧张，全方位地展示一个时代的政治态势。

"通鉴"不仅仅在于"资治"。读历史书，读历史学研究论著，既可以用于研究，亦可以从中获取智慧，感悟人生。在历史学家那里，时间变得可逆，电影被得知结果后倒放。不过，并不索然无味，事后诸葛亮后验的历史认识，一定会带给走向未来的人们以先验的启迪。对读者，我只有最低限的企望，那便是对本书还能够读下去。

当我们久久地仰望苍穹，俯观沧海，那广阔，那雄大，会让人产生一种无力感。这种无力感，在长久地面对浩瀚如烟海的历史时，我也常常生出。尽管无力，我依然还乐于沧海弄扁舟。从中，也时时能体味到海明威在《老人与海》中所描述的那种搏击的乐趣。曾经看到过一个比喻，说历史就像一块块碎布，历史家就是裁缝。接着这个比喻，我想说，没有人会做得天衣无缝。因此，我对读者的另一个期待，那就是：批评。

戊子中秋记于东京，己丑初春再订

（《宰相故事：士大夫政治下的权力场》，后易名《君臣：士大夫政治下的权力场》。初版，中华书局，2012年；2版，北京联合出版公司，2015年；3版，四川人民出版社，2019年）

《宋史宰辅表考证》前言

　　《宋史》的《宰辅表》是记载宋朝政界最高层升降沉浮的基本史料。宋代历史上多次党争、政争的结果，都从这里可以得到折射。尽管是一部枯燥的表格，远不如具体的史料生动有趣，然而研究宋代历史，特别是研究宋代政治史，《宋史·宰辅表》却是不可或缺的。可以说，一部《宋史·宰辅表》，就是一代中央政治史的缩影。

　　何出此言？因为到了宋代，历代历朝都有的政府最高首脑的作用，已经发生了根本性的变化。在正史中，记录政府最高首脑的部分，《新唐书》叫做《宰相表》，并且还特别设有《宰相世系表》，而《宋史》则叫做《宰辅表》。这并不仅仅是名目的变化，而是显示了随着时代的变迁所发生的质变。叫《宰相世系表》，反映的是魏晋南北朝的门阀士族政治在唐代中央政治中尚有遗存。《宋史》改称《宰辅表》，不光是看不到了旧有的门阀士族政治的踪影，而且"宰辅"这一名词的使用，更反映出时代的变化。

　　"宰辅"是"宰相和辅弼大臣"的简称，指的已经不仅是宰相个人，而是以宰相为首的整个决策集团。因此，《宋史·宰辅表》记录的是宰相（各个时期的称呼有所不同）、参知政事（相当于副宰相，各个时期的称呼也有所不同）、枢密使（或称知枢密院事等）、枢密副使（或称同知枢密院事等）、签书枢密院事这些最高层军政要员的任免。这种正史记载方式的变化，表明宋代政治主要是通过以宰相为首的执政集团进行运作的。对此，我概括为"宰辅专政"。形成宰辅专政局面的基础，是科举官僚占主导地位的士大夫政治。关于这个问题，由于已超出了本书考证文字的范围，难以展开论述。请参见拙著《宋代的皇帝权力与士大夫政治》（日文版，汲古书院，2001年）。

还是回到将要考证的《宋史·宰辅表》上来。其实，在原宋朝国史中，本无《宰辅表》这部分。关于宋代宰辅任免方面史籍的沿革，《宋史·宰辅表序》缕述如下：

> 宋自太祖至钦宗，旧史虽以三朝、两朝、四朝各自为编，而年表未有成书。神宗时常命陈绎检阅二府除罢官职事，因为《拜罢录》。元丰间，司马光尝叙宋兴以来百官公卿沿革除拜，作年表上之史馆。自时而后，曾巩、谭世勣、蔡幼学、李焘诸人，皆尝续为之。然表文简严，世罕知好，故多沦落无传。

二十多年前，我作《宋宰辅编年录校补》，经常翻检《宋史·宰辅表》。在使用过程中，我发现，《宋史·宰辅表》与《宋史》的本传、列传，以及与《宋会要》《续资治通鉴长编》《宋史全文》《皇朝编年纲目备要》《皇宋十朝纲要》《建炎以来系年要录》《两朝纲目备要》等国史系统的史籍在事实记载上差异颇大，并不是像元人在《宋史·宰辅表序》中所云"一以实录为据，旁搜博采纪、传以为是表"。然而，《宋史·宰辅表》与《宋宰辅编年录》《中兴小历》《宋朝事实》等宋代私家修纂的宰辅拜罢之书则大致相近。将《宋史·宰辅表》与《宋宰辅编年录》相比较，《宋史·宰辅表》所存之谬误脱阙，《宋宰辅编年录》大多仍之，如出一辙。由此可知，在《宋史》之中，《宰辅表》属于别一系统。关于这一点，本书中有大量的事实可以证明。

《宋史》一书，本身的构成比较复杂。一般认识是元人修纂时原封不动地采用了宋朝国史，其实也不尽然。如前所述，《宰辅表》便非出国史。比勘纪、传、志、表的记述，多有歧异。其原因就是史料来源各有不同。从这个角度看，《宋史》纪、传、志、表之间的互勘，几乎不能视为校勘学所说的本校，而是接近于不同文献的他校。我的考证作业，基本上运用的就是校勘学方法。一是运用本校法，从《宰辅表》本身的前后记载上发现问题，寻找线索；二是扩大范围的本校，从《宋史》其他的纪、传、志、表部分比勘相关事实；三是采用现存的宋代典籍进行的他校。通过比勘，发现问题，解决问题。

关于《宋史·宰辅表》的史料来源，《四库全书》文津阁本与文渊阁本的《宋宰辅编年录》书前提要，均云"《宋史》宰辅年表，其纪述皆以此书为准"。四库馆臣说《宋史·宰辅表》源自《宋宰辅编年录》，缺乏事实根据。比较《宋宰辅编年录》与《宋史·宰辅表》，二者记事有同有异。对于二者之异，四库馆臣检寻出几例，写在提要之中："如建隆元年赵普拜枢副，此录在八月甲申，而年表在戊子；太平兴国四年石熙载拜签枢，此录在正月庚寅，而年表在癸巳；太平兴国八年宋琪拜参政，此录在三月庚申，而年表在癸亥；雍熙三年辛仲甫拜参政，此录在六月戊戌，而年表在甲辰。此类极多，足为读史者考异之助。"这种记载歧异的存在，很难定谳"《宋史》宰辅年表，其纪述皆以此书为准"。因此，单行的《钦定四库全书总目》的《宋宰辅编年录》提要，删去了这些话。《宋史·宰辅表》的史料来源复杂，当是元人编修《宋史》时，杂采他书编纂而成。

由于这个原因，同现存的一些宋代史籍相比勘，《宋史·宰辅表》存在着大量的问题。如重出、失载、记载错误、体例失当，等等。对其中的问题，点校本《宋史》仅指出了一小部分，而大量的问题还一仍其旧。而我的《宋宰辅编年录校补》，因限于校勘体例，亦仅指出《宰辅表》的一部分问题。史料的准确是正确研究的前提。有感于此，我在完成《宋宰辅编年录校补》（中华书局，1986年；2012年修订重印）一书之后，又进行了一次相当枯燥的作业，对《宋史·宰辅表》作了稍为全面的整理。分为《辨误篇》《补正篇》《补遗篇》。

这些考证，虽然二十年前已与《宋宰辅编年录校补》同时完成，然一直束之高阁。东渡之后，稍有余暇，董理旧作。然成文后一放又是十多年。数年之前，承中华书局《文史》编辑部美意，将《辨误篇》《补遗篇》旧稿录出，合为一编，题为《〈宋史·宰辅表〉辨误》，于2004年第1辑（总第66辑）刊出。由于冗文已达十万多字，一次刊发，据云已创《文史》创刊以来之纪录，故不得已将

《补正篇》割舍。

《补正篇》者，不同于《辨误篇》对《宋史·宰辅表》原著史实记载错误之辨正，亦不同于《补遗篇》对《宋史·宰辅表》原著失载宰辅拜罢事项之全项补写，乃系考诸史乘，于《宰辅表》内宰辅拜罢日期及职官等当载而阙略之部分，加以补遗，兼比勘他书，略识异同。此文于考史助益无多，于校勘或存备忘。实如古人所云鸡肋，食之乏味，弃之可惜。而后承《宋史研究论丛》（河北大学宋史研究中心）编辑诸公不弃，于第8辑刊出《宋史宰辅表考证（补正篇）》（2007年）。

如前所述，《宋史·宰辅表》记宰辅拜罢，因多援宋世私家史乘，而非本于国史实录，故多有舛误。舛误之外，且失载间在。《宋史》自元人撰成流布以后，诸如《宋大臣年表》《续资治通鉴》等书，亦多沿袭《宰辅表》所记，舛误失载俱仍之。流谬数百年，不可不辨。因此，完成《宋史宰辅表考证》之《辨误篇》与《补正篇》。继而检绎有宋三百年间遗存之国史野乘，援《宋史·宰辅表》记叙之体，将其失载之宰辅拜罢事项，附以考证补足之，成《补遗篇》。此乃《宋史》补作之属，非此书无由得见，自信其价值所在。篇中所补，限于体例当有而失载者。至于拜罢日期及职官等脱阙者，不在此篇考补之列，其详见于此前之《补正篇》。《宋史·宰辅表》考证作业采用的工作底本为1985年出版之中华书局标点本新1版。然于标点未尽遵从，间有改动。

同为《宋史·宰辅表》之考证，分载于两处杂志丛刊，于读者查阅诚为不便。此次，承中华书局慨允出版，《宋史宰辅表考证》

终成全瓦。是书之《辨误篇》订正《宰辅表》之原误凡二百三十六条；《补正篇》校异凡九十一条；《补遗篇》则增补失载项目凡一百十四条。篇幅并不长的《宰辅表》，在事实层面之讹误脱漏，比比而在，不禁让人对《宋史》的信史程度大打折扣。"尽信书而不如无书"，史料使用，可不慎乎！

至此，余于《宋史·宰辅表》已略无遗憾，而后便是祈望于研究者小有裨益。当年，我在进行《宋宰辅编年录校补》和《宋史宰辅表考证》作业的同时，也稽核了其他一些有关宋代宰辅任免的史籍，对其中讹误也有所发现与订正。整理成文刊出的，有《宋会要辑稿证误——〈职官〉七八〈宰辅罢免〉之部》（《史学月刊》1984年第5期）与《续资治通鉴证误》（《安徽史学》1990年第3期）。因为内容相关，所以作为附录，亦一并收于书后，以供研究者参考。

考证涉及宰辅已达400多人次，故编制一人名索引附于书后，以便检索。

最后尚有一点说明。今人梁天锡教授，亦为研究宋代中央行政制度之专家，曾出版有《宋宰相表新编》之大著（台北编译馆，1996年）。披阅其著，知与拙著内容虽然接近，实有径庭。对此，聊举数端。其一，《宋宰相表新编》已脱离《宋史·宰辅表》，乃系新编制之宰相年表。其二，除宰相外，仅收录参知政事等副相，并未收录同为执政之枢密院长贰。因此，尽管梁氏另著《宋枢密院制度》附有《枢密表》，然仅就此著而言，难称汇集宋代中央行政首脑任免事项之全璧。其三，1986年出版之拙撰《宋宰辅编年录校补》，于《宋史·宰辅表》多有摘发证误。梁著对余之摘发证误多有援引，亦间有商榷与辩驳。而在《宋宰辅编年录》校补作业过程中整理而成的这部拙著，则是专就《宋史·宰辅表》本身之讹误脱遗进行的考证之作，当为使用《宋史·宰辅表》时的参考文献，与梁著性质不同。并且依从《宋史·宰辅表》之体例，包括枢密院长贰在内，对宋代中央行政首脑任免进行之全面检核补正，于存在问题之事项同载一书。此外，同为证误，着眼点亦有差异。梁著重在核实署衔之官制歧异，小书虽亦关注官制等项，然以长历订正年月等事实之讹误居多。且小书多运用校勘学方法，以本校证误。梁著可称皇皇大著，本书实乃补苴小册。然而，千虑一得，或有可取。并行于世，聊可互补。因不揣鄙陋，刊布于世。

　　本书以《宋史·宰辅表》的证误补遗为主，考证所及，于《宋史》本纪列传、《宋会要辑稿》、《建炎以来系年要录》、《宋宰辅编年录》等记载宋代史事的典籍多有证误，可为治史者之参考。此外，于《宋史》点校本相关内容的误校亦间有指出。

　　琐细考索，诚为小道，然亦当有可观。蚁穴溃长堤，细节有时足以崩溃结论，不可忽之。倘小书能为研治宋史有所裨益，则不胜欣慰。亦诚望学界博雅，有益教正。

壬辰初春识于日本千叶

（《宋史宰辅表考证》，中华书局，2012年）

《近世中国：从唐宋变革到宋元变革》自序

一

"近世"这一舶来的词汇，正在为人们所熟悉，作为历史分期，也逐渐为学界所接受。长期以来，在中国学界，使用五种社会形态的术语来表示历史分期。在舍弃了这类单色的意识形态术语之后，一时失语的学者显得困惑而无措，只好大多用古代、近代这样粗略的分期来表示历史时代。然而，当视线超越国界，发现外面的历史分期的方式细密而合理，于是就有了"近世"的舶来。近世是镶嵌在中古和近代之间的一个历史分期标志。

对于中国近世的界域，尽管在学界还有一些认识上分歧，但大致是指从宋代，经历元明清而到近代之前的时段。又有更为细密的划分，把宋元视为近世前期，明清则视为近世后期。总之，就中国历史而言，有了近世的分期，在通常认为鸦片战争之前的时代便不再是漫长的古代，而后的时代也就不是短促的近代了。

关于中古以降的时代特征表述，有20世纪初日本内藤湖南首倡、21世纪又在中国重新发酵的唐宋变革论，而我近十年以来则一直在明确主张宋元变革论的议题。无论是唐宋变革论，还是宋元变革论，都是对历史走向的一种长时段观察。其实，历史的演进本身就是变化，每一天升起的都是一轮新的太阳。跟历史分期一样，都是人为打上的标记。时代变革论，则是与前后时代的特征相比较作出的归纳。唐宋变革论讲的并不是唐宋之际发生的变革，而是指自中唐以后的时代变化，这是向上看，跟中唐以前相比较得出的认识。而宋元变革论讲的也并不是宋元之际发生的变革，而是指自南宋开始的时代变化，这是向下看，跟明清的联系上得出的认识。从这样的变革界定来看，尽管叫唐宋，讲宋元，实际上都已经跨越了王朝史畛域的观察视野。

唐宋变革论与宋元变革论并不矛盾对立，只是观察指向不同而已。两论交集于北宋。唐代的因素到北宋发展到了极致，而北宋又积淀并酝酿了下一轮的变革。从这个意义上讲，唐宋变革与宋元变革，在中国历史长河的流段中，具有不可切割的连续性。在这样的时代变革之中，大河奔腾，从中古经历近世，走向近代，走到今天。

本书题名为"近世中国"，具有明确的时代涵义，这就是宋元时代。而副题"从唐宋变革到宋元变革"，则既是对本书内容的说明，也是对我三十年来治史历程的描述。回首三十年，作为杂家的我，旁及很多领域，做了很多课题，但历史领域的重大问题，我只关注过两个。而这两个大问题，正显示了从唐宋变革走向宋元变革的轨迹。

二

第一个是皇权问题。从 1983 年起，我开始整理史籍《宋宰辅编年录》。这是宋人徐自明编纂的一部史籍，记载从北宋建立至南宋嘉定年间为止的宋朝宰相和执政大臣任免情况，明人吕邦耀又接着编纂了续录，两宋中央高层的政治沉浮遂得全貌。在整理过程中，接触到大量记载宋代中央政治实态的史料，从而对皇权至高无上的通常认识产生了怀疑，由此生成问题意识。在进行既往研究史调查时，读到钱穆先生在20世纪40年代发表的《论宋代相权》，论述宋代是皇权高涨和相权全面降低的时代。这一结论，与从史料中我看到的宋代政治实态反差很大，于是，对照钱文，写出《论宋代相权》的同题论文。从文章的题目可知，这是以宰执政务活动为主展开的论述。由于我最终目的是想探讨皇权问题，宰执的政务活动只是涉及皇权参与政务的一面，还并非全部，于是，又写出《论宋代皇权》一文，正面阐述皇权问题，初步提出了宋代皇权显示出象征化倾向的观点。由于两篇论文是在80年代的《历史研究》杂志先后刊出，因此我一反前说的见解，产生了一定的反响。

不过，我从相权和皇权各自的视点展开的论述，给人以过于强调二元对立，而忽视相互依赖的印象。在反思批评意见之后，我调整了研究角度，决定深入到宋代政治生活的细部，进行个案考察。我聚焦于北宋基本完成制度建设走上正轨的真宗朝，具体考察了贯穿真宗在位期间的五位宰相以及宰执预备队的翰林学士的政治活动。"宫中府中，俱为一体"，从皇帝和宰执同为一架统治机器构成的视点，考察了他们互相依赖而又紧张对立的状况。

在我看来，直接对北宋政治生态产生决定性影响的，是太宗朝科举规模的扩大。太宗以及当时的决策者对于这一举措或许没有更深的意识，只是想解决官员不足和扭转五代以来武人独霸的局面。然而，把合格者从以前的每科十几人到几十人扩大为几百人甚至上千人，并且一直持续，十几年、几十年过去，科举规模扩大的客观效果愈加显现。

科举规模的扩大，给了承平时期士人一个灿烂的梦想，为社会流动创造了机会，又带动了全社会的向学，给文化带来繁荣。而朝廷全速开动科举这架官僚再生产机器给政治场域的直接影响则是，从上到下形成以科举出身为主的文人官僚的实际支配，终于形成了士大夫政治的一统天下。

根据我的观察，北宋的太祖、太宗朝还处于开国阶段，统一事业有待完成。到了正常继统的第三代真宗朝，才基本完成了系统的制度建设，而此时，太宗朝科举规模扩大的效果已经显现，成为政治主宰的士大夫按照自己的理想与利益设计政治构造，从事国家管理。不再具有开国皇帝强势与武力支撑的后世皇帝，更多需要由地位的象征性来显示其权威。在实际政治生活中，则必须以协作的姿态与执政的士大夫共事，而士大夫同样也需要依托皇权来强化自身的权威。从北宋到南宋，专权的宰相屡屡登场，尽管其中有权相的个人因素在内，但从大环境来看，权相的出现也是士大夫政治发展的极端与变形。

俯瞰历史，士大夫政治发端的真宗朝二十六年间，政治运作的实况，似乎已经把两宋中央政治预演了一遍，此后出现的各种类型的宰相，都在真宗朝先后登场。因此，时间不及两宋十分之一的真宗朝，便成为我解剖宋代政治的绝好而现成的活体。对此，我有日文版《宋代的皇帝权力与士大夫政治》以及有所增删的中文版《宰相故事：宋代士大夫政治的权力场》专书论述，而本书收录的长文《"狸猫换太子"的虚与实——后真宗时代：士大夫政治下的权力博弈》，则是把考察继续延伸，对真宗后期和仁宗前期刘后政治进行的研究。由于真宗朝及其后期刘后政治已把士大夫政治表现得淋漓尽致，此后的个案或有不同，但政治运行总的方向难以扭转，我的认识与结论也无需改变。

顺着唐宋变革论的思路观察，中唐藩镇兴起，贵族制崩溃，五代重塑中央集权。至宋，在军事上的种种施策，保证了强大的皇权。然而从太宗朝的大规模开科取士开始，逐渐上升的士大夫势力，又开始掌控皇权。从而，由军事实力支撑的皇权便成为强有力的士大夫政治的基础。北宋形成的士大夫政治，是唐宋变革绽开的最后一朵绚丽的花。

考察立足于宋代，指向却是自皇权出现到终了的全视野。并且考察还将中央集权制下皇权出现以前的君主观也纳入射程。春秋战国时代的君主观，尊王抑侯、君臣以义和的思想，成为后世士大夫将错就错、抑制皇权暴走的理论资源，而宋代理学的逐渐壮大，不仅成为士大夫政治的精神支撑，还成为除了上天之外的君主头上的制约物。理学的逐渐壮大，就显示了宋代士大夫以道制王的努力，而在士大夫政治的氛围下，宋代皇帝也接受了道的制约，南宋皇帝因崇尚理学而庙号被命名为理宗就是典型的一例。时代氛围感染着一切人，影响着当世，扩散到后世。

宋代士大夫政治下的皇权走向，直接对后世散发着影响。明太祖尽管反感"君为轻"的说法，删节了《孟子》，也改变不了道学的主宰地位。因此，抛开个别因素，概观言之，中国历史上的皇权经历了两个"至高无上"。由实质性的行政权的至高无上，逐渐转化为象征性的权威的至高无上。而这一切，都是伴随着行政机制的日臻完备而积淀形成的。在完备的行政机制中，政务主要由以宰相为首的政府机构操作，高高在上的皇帝成为"多余的人"，其作用除了在政治纷争中制衡和被加以利用之外，主要是作为礼仪性的国家元首而出现。其象征意义远远大于实际意义。

我的研究还回答了中国何以没有成为君主立宪制政体国家的问题。其秘密主要在于"改朝换代"四个字之内。这里面有"家天下"的传统，强者为王的非神化，易代之初君主的行政参与，频繁改朝导致的象征化进程"返祖"。此外还有"排满"的民族意识以及历史的偶然性等因素。

在皇权走向象征化的进程中，宋代形成的士大夫政治起到了强化和促进作用。而推原士大夫政治的形成，又少不了科举这一催化剂。在宋代寻觅唐代因素，不仅制度、法律如影随形，科举也是遗传基础上的发展。从这个意义上讲，可以用唐宋变革论的理论框架加以解释。

那么，自中唐开始的唐宋变革论止于何时呢？在我看来，并非贯穿于两宋，而是止于靖康之变。北宋把唐代的因素发展到了极致，从南宋开始，中国历史展开了新的变局。这个变局一直引导中国走出近世，走向近代。解释这一变局，就是我近十年来明确倡导的宋元变革论。

三

　　宋元变革论是我三十年治史中倾注精力的第二个大问题。

　　宋元变革论，非我开辟草莱。受到日本学者"近世说"启示的欧美学者，从 20 世纪 70、80 年代起，便有两宋变革论、宋元明变革论等学说的提倡。受到欧美学者这些学说的启示，通过自身的实证研究，我逐步明晰了宋元变革论的理论框架与内涵。

　　历史走到了南宋，特殊的国际形势，让南宋与江南重合，政治重心与经济重心、文化重心再度合一。中国尽管幅员辽阔，但重心存在。江南这一自魏晋南北朝以来的千年繁华地，南宋为其打上重重的印记，从此，最具中国元素的江南，代表着中国。对此，钱穆先生曾扼要地指出："唐以前中国文化主要代表在北方，唐以后中国文化的主要代表则转移到南方了。"

　　尽管有欧美学者先行学说的启发，我的研究也并非理论先行，而是论从史出。2005 年，为受邀参加科举废止百年学术讨论会撰写论文，此时碰撞出的思想火花，成为我思考宋元变革论的契机。而此前的积淀与酝酿，则是我受命执笔日本的东亚共通历史教科书元代部分开始的。为此，我开始关注元代，特别是与南宋密不可分的江南地区。在《科举停废的历史——立足于元代的考察》中，我考察了元代几十年间的科举停废所带来的社会变化，以及士人的心态变化与职业取向。作为时代背景，我向上追溯到了南宋。由此，我找到了论证宋元变革论的一个切入点：士人的命运。

　　这个切入点跟我一直进行的士大夫政治研究互相衔接，不过向度不同。我的士大夫政治以研究与皇权相关联的中央政治为主，是眼光向上的研究。而宋元变革论由士人的命运切入，则是眼光向下的研究，关注士人以及士大夫所在的地域社会。

尽管科举在北宋的规模扩大给无数士人带来了无限憧憬，由科举而改变命运的贫困之士也为数不少，但由科举入仕，一直是一条异常艰难之路。以概算言之，宋代科举解试百人取一，省试十人取一，就是说录取倍率在千分之一，这几乎是现代社会任何一种资格考试所没有的竞争高倍率。南宋进士登第者约有5万人，在这5万人的背后，名落孙山的，可以说有着五千万人次。艰难的科举之途，让大量士人望而生畏。像范进那样锲而不舍的士人固然有，但落第后转向和压根就不事举业的士人则更多。他们流向社会，以各种职业谋生。

5万命运宠儿，经过激烈角逐，鲤鱼跳龙门。一般人的想象，金榜题名后，便是肥马轻裘，钟鸣鼎食，高官厚禄，各种文献记录的也多是呈现这样光明的一面。这样白纸黑字言之凿凿的记录，既诱惑了当世人，也蒙蔽了后世人。科举这架官僚再生产的机器，源源不断地向官场输送官员，而任何王朝都面临的实际问题是，容纳不下过多的管理人员。已有官冗之叹的北宋，便设置了选人这样的制度限制。科举登第以及以其他途径入官的，首先成为选人，担任州县等处属官一类的低级官僚。按制度规定，要在选人七阶之内一年一年循资升迁，而从选人七阶突围，成为中级官僚的京官，则极为困难。除了自己的政绩之外，还要有五个官员的推荐信。五个推荐人当中，又必须有两人是直属上司。不像"一切以程文为去留"

的科举，选人升迁至京官，命运自己已经无法掌控。每年出官名额有限，奇货可居，推荐充满利益交换、金钱贿赂。大量无背景无势力的选人，无法挣脱被称为"选海"的七阶之限，只能终生担任俸禄低微、地位低下的低级官僚。南宋"员多阙少"的现状，选人改官更较北宋为难。头悬梁锥刺股，甚至倾全家族财力而换来了金榜题名，前途却一片黯淡。由失望而至绝望，转向他途，或者不再让子孙圆梦科举的士人也在在皆有。本书中收录的几篇宋元变革论实证研究，讲述的个案历历可见。

不走仕途走他途，他途同样充满魅力。南宋地处江南，经济繁荣，文化发达，士人可以从事的职业很多。有些人读书学习接受教育，原本就没指望去走可望难及的科举独木桥，而就是想获得从事吏职的本事。这种倾向自北宋而然，至南宋而愈盛。苏辙说吴、蜀等地"家习书算，故小民愿充州县手分，不待招募，人争为之"。①李新也指出，有的人送子弟去州县学校读书，目的就是为了将来"与门户充县官役"。本书《士人流向与社会转型——宋元变革论实证研究举隅之四》一文，便从史料中爬梳出士人经营田产例、士人剃发出家例、士人教书例、士人经商例、士人为吏例等，显示士人流向的多元。

拥有知识的士人无论贫富，地域社会认同他们的身份，享有受人尊重的社会地位。除了下层士人，中层以上的士大夫官僚由于一阙数人，任满之后也往往要经历长达数年的待阙，而致仕后的士大

---

① （宋）苏辙：《栾城集》卷四《论衙前及诸役人不便札子》，曾枣庄、马德富点校，上海古籍出版社，1987年。

夫到去世为止也一直滞留乡里。这些滞留乡里的士大夫，凭借地位声望，积极参与到地域社会之中，他们的周围也聚集着一大批士人。

科举入官取代了贵族世袭。宋代一定级别的官员子弟享受恩荫，多数也只能停留在低层。为了家声不坠，宋代士大夫注重家族经营，并且士大夫间盛行通婚，还吸纳有为士人为婿，从北宋开始，逐渐形成了以知识和财产为基础的新士族。明清以来的族谱向上追溯，比较明确可信的就是到宋代，特别是南宋。由此可以概见宋代士大夫家族建设的努力和成果。

家族、宗族是以血缘为纽带的社会细胞。在地域社会的活动中，宗族往往又是主要参与单位。除此之外，地域社会结社盛行，文人有诗词书画的结社，行业有行会，乡里也有各种互助组织。修桥、铺路、赈灾、救荒，士大夫和士人是主要的倡导者和领导者。亦官亦民的士大夫、士人，成为联结国家与地域的纽带。南宋的地域社会与国家既有协调合作，也有利益上的紧张对立，在商品经济的支撑下，显现强势。大量士人的参入，显然提升了地域社会的知识层次。地域社会在知识精英的引领下转型，明清时代的乡绅社会也正是发端于南宋。

宋元易代，异族统治并非如想象中的黑暗。蒙古征服南宋，除了在一些激烈抵抗的地方实行残暴屠城之外，大多是不流血征服。这使江南的经济发展没有中断，社会结构也未发生巨变。江南依然繁荣，不仅继续着原来的进程，还由于开放的势态让经营多样化，商品经济更加发达，直接为明清的江南社会奠定了基础。

元朝长时期停废科举，以后虽然勉强开科取士，但有元一代的登第人数甚至不及宋代一榜之多，对政治并未产生多少影响，象征意义大于实际意义。元朝以吏为官，吸引了大量士人。而元朝设置的儒户，不管与南宋末年的士籍有无关系，对士人身份的确定，意义也非同小可。从南宋对士人身份的习惯认同，到元朝的正式确立规定，从自贵到他贵，不以拥有财富为标志，不以职业为区别，而以文化为身份，无恒产的士跻身于以职业划分的众多户种之中，成为编户齐民的一类。不凭借血缘门第，文化贵族的世袭，终于在元代得到了法律上的认可。儒户拥有不纳税、不服役的特权，比较社会的其他阶层，的确可以称得上客观存在的一个精神贵族群体。据估计，江南的这个群体，达 10 万户之多。明清强势的乡绅社会实在是渊源有自。

　　原本为士大夫政治理论基础的理学，经历南宋庆元党禁的压力逆反而昌大为道学。道学不仅为失去中原的王朝提供了申说正统的依据，成为弱势国家的精神支撑，还让士大夫成为了道统承载者的社会精神领袖。经过了士人根据自身价值理念标准的筛选，加以发掘和树立的乡贤或先贤的祭祀，则显示了士人精英强化地方认同的努力，成为士人掌控精神指导权，并由此间接显示领导地位的方式之一。

　　道学弘扬的道统，不仅超越了王朝，还在汉字文化的覆盖下超越了族群。而道学通过教育、教化向民众的普及，又成为建设地方的士人层连接与领导民众的方式之一。南宋以降兴盛的书院所彰显的私学理想与实践，以及社仓、乡约、乡贤祠等机构与公约的设置，在国家与家庭之间形成一个互为作用的社会权威场，充分显示了士人在道学理想牵引下对地方的关怀与主导。经由元代光大，南宋的道学，在明清一统天下。

立足于政治史，把目光投向社会，以士人命运为切入点，观察士人流向，考察知识精英参与地域社会的活动，关注社会转型，寻觅中国历史由宋入元，经历明清，从近世走向近代的历程，正是宋元变革论的研究目标。

除了综合性的宏观论述，著者更倾向于微观考察，通过个案，滴水映日，折射时代的变化。个案考察，既有讲述选人改官难的《金榜题名后："破白"与"合尖"》，也有前面提及的讲述士人流向多元化的《士人流向与社会转型》，还有反映杨万里为亲朋改官斡旋的《"内举不避亲"》、罗大经仕途辛劳奔波的《小官僚，大投射》，以及透视元代文人命运的《写意黄公望》。此外，还收录两篇虽说与宋元变革关系不大，但依然属于宋元时代的话题。一是《玉碎还是瓦全》，以宋元易代之际的两难抉择而展开的考察与思考，二是《管道昇的世界》，讲述与画家黄公望也有交往的赵孟頫夫妇的文化活动，借此考察元代女性之一斑。

四

本书所收诸文，范围皆为近世中国，反映的是著者从唐宋变革到宋元变革的研究历程。"如切如磋，如琢如磨"，"嘤其鸣矣，求其友声"。共鸣、批评，都是我的期待。

钱穆先生说过，史学是生命之学。投入生命来探索前人的足迹，来给走向未来提供启示，承续学术的薪火，跑一段文化的接力。长河中的一滴，但愿也有阳光的闪耀。吾言矣，不求不朽。

是为序。

（《近世中国：从唐宋变革到宋元变革》，"王瑞来学术文丛"之一，山西教育出版社，2015 年）

《知人论世：宋代人物考述》自序

　　除了自然史之外，人是历史的主角。离开了人文，历史不成其为历史。有了人的活动，逝去的历史才可感可触，鲜活灵动，才与当下的生活息息相关，才能唤起今人的心声共鸣。本书收录著者既往长短不一的宋代人物考述26篇，从皇帝到将相，从官僚到布衣，从闻人到凡俗，纵贯两宋三百年，通过著者的笔触，湮没在历史尘埃中的死魂灵再度复活，呈现在读者面前。

　　文章按时代顺序，分为6组，分别考述的人物有，开基建国的太祖、太宗，澶渊之盟缔结背后的战俘王继忠，"红杏尚书"宋祁与宰相兄长宋庠，卷入党争的科技宰相苏颂，庐陵旺族曾安强，抗金名将岳飞及其孙辈文人岳珂，与朱熹同榜的进士第三人陈孺，南宋文坛四大家之一范成大的众多交友，写下笔记名篇《鹤林玉露》的罗大经，编撰有官场小辞书《朝野类要》的布衣赵升，坚辞不就宰相任的岭南崔与之，撰写南宋高孝光宁四朝史《续宋中兴编年资治通鉴》的学生领袖刘时举，谜一般的《钱塘遗事》作者刘一清。对这些人物，既有钩玄索隐的纯粹考证，也有抉微致曲的行为观察，还有人物作品的考述分析。人与事相连，围绕人物的事件无疑也成为著者关注的重点。北宋形成的士大夫政治，南宋强势的地域社会，为这些人物提供广阔的活跃空间。

人物事迹考述，目的并非在于替古人树碑立传，而如书名所示，为论其世而察其人，让读者穿过时间隧道，去体验宋朝，与古人踱步，做一次事后诸葛亮。

＊　＊　＊

人多事后诸葛亮，先知先觉有几人？俯瞰历史，亦犹如回首人生，往往替前人充满遗憾。正如人们通常所云，倘若重活一次，必不如此。历史犹人生，没有假设。历史的假设，折射的多是后人的某种愿望和认识，甚至说是对期待结果落空的遗憾。

现实的时间流逝不返，历史则是可逆性的时间。人无法确知明天如何，却知道昨天的结果。借助历史，今人可以实现穿越，回到想要抵达的历史现场。"看《二国》掉眼泪，替古人担忧"，可歌可泣，可感可叹，却始终是个现场的旁观者。

然而，研究历史人物，最易置身其中，跟着历史人物一同喜怒哀乐，仿佛是自己的爱恨情仇。这样全身心的倾注，尽管也是依托于事实，甚至可以说是无一字无来处，但在解释事实上，就未免爱憎判然可见。这样的历史人物论，可能会感情充沛，但过于沉浸入戏的结果，或许会有失客观，结论偏颇。

评价历史人物，一定会涉及道德判断。这是比较困难的作业。自古以来，对于历史人物评判，多是非黑即白，非君子即小人。其实人性复杂，在黑白之间，往往存留着一条宽阔的灰色地带。好人坏人的简单判断，无须学者的智力，"论画以形似，见与儿童邻"。其实，在我看来，判断对错并不是历史学所承载的主要使命。爱之不增其美，憎之不益其恶，这是研究历史人物时所当秉持的尺度。

　　研究历史人物，需要进得去出得来，拿得起放得下。研读史料，诠释事实，是进去拿起；判断是非，评价人物，则要出来放下，淡出历史，摒除好恶。这跟观察历史一样，把人物置于特定的时代大背景，要有景深，要用广角。特定的人物也不过是历史之林中的一棵树，不能只见树木不见森林。

　　研究历史事件和历史走向，往往强调归纳，抽出因果主线。研究历史人物则不尽相同。串联大量零散的断烂朝报，首先复原出人物的骨骼经络，然后需要运用演绎的方法，进行合乎逻辑的推理。近代以前没有录音录像设备，但前人跟今人一样说话做事，根据已知条件，蛛丝马迹，充分运用，从只言片语推想，从断片细节分析，彼时彼刻，历史人物必然会如何说、如何做的话语和场景，应当是可以虚拟复原的。有坚实史料依据的虚拟复原，一定不会偏离真实过远。

　　事实和真实，有时形成悖论。拘泥于载笔之际便已部分失真的史实，还原出来的历史人物反而并不真实。相反，如果把握住了历史人物的精神实质，便会还原出逻辑的真实。把握人物的精神实质，有时并不需要大量的史料堆积，蛇握七寸，画龙点睛，得鱼可忘筌。

　　有人说过，历史的人名是真的，内容是假的，小说的人名是假的，内容却是真的。这句话既是说历史记录的虚饰和变形，又揭示出小说所折射的时代、社会以及人的风尚、心理都具有逻辑的真实。从这个意义上讲，小说是历史的另一个版本。如何将历史记录去伪存真，就在于寻找逻辑的真实。建立在基本事实基础上的逻辑真实，比貌似事实的真实更接近历史人物的本来面目。这是形似与神似的关系。

寻求逻辑的真实，是一种演绎的方法，类似统计学上的抽样调查，通过概率的方式，对一个人的一生，或者是一个群体作出定量描述。研究历史人物需要多学科方法的导入，除了统计学之外，甚至还要运用心理学和精神现象学来分析。

历来，在历史研究领域，必然性强调得过多。诚然，从人物到事件，以及各种相关联系，总能抽绎出一些因果关系来。不过，人不是按程序编排的计算机软件。生命对于每个人来说都是一种偶然开始，人的行为、活动充满了不确定性、主观随意性，这便是偶然性。性格可以导致一定的言行必然出现，但外界的触因，则会出现很多偶然。偶然性让历史丰富具体，差异而多元。

一个历史人物的言行和历史事件的构成，都拥有着复杂的偶然性与必然性的纠集。比如，本书中收录的《烛影斧声事件新解》，就是根据我发掘出来的新史料，对这一事件尝试进行的场面复原。考证所得出的认识是，太宗篡权野心具有必然性，但烛影斧声事件于当晚发生，则具有极大的突发偶然因素。历史上的一些重大变革，未必都是理性支配下的行为，而往往是非理性的行动所致。历史并不循规蹈矩。

历史为何充满吊诡，充满各种必然与偶然的不可解？就是因为历史由人的活动构成。人的活动的随意性，使历史的形状呈不规则状态。过于强调必然性，会流于机械，将复杂的历史线性化、简单化。然而过于强调偶然性，又会导致虚无不可知。需要具体情况具体分析，权衡其中，方不失偏颇。

偶然与必然，密不可分，并非对立，可以说，历史的偶然性就是其必然性。不同于可以精确量化的自然科学，历史是感性的科学。甚至可以说，惟其非量化，方能实现历史意蕴的多元阐释。

与偶然性和必然性相关，还有共性与个性。共性即普遍性，个性为特殊性。研究历史首先应当注意的是特殊性，而非普遍性。人生淹没于细节之中，人们因细节而生喜怒哀乐，很少瞭望远方。但治史则需要高屋建瓴，从历史全体着眼。日复一日流水一般的寻常生活写不进历史，包括研究历史人物，都是寻觅有意义的事件和细节，此与文学创作中强调塑造典型环境中的典型人物同理。从异觅变，由变见性。

不过，关注特殊性，并不等同仅仅把视线投射到叱咤风云的精英人物身上，滴水映日，凡常小人物也有可能潜藏着时代的密码。因此，既要关注惊涛骇浪，关注王侯将相，还要关注细波微澜，平常世界。从日常的平凡中寻觅出不凡的蕴味，检测历史的DNA。观察各种看似孤立的事相，从中归纳出普遍意义，以特殊表现一般。

因此，既要用望远镜，眺望历史的走势，还要显微镜，看放大后的纹路。走进历史的细部，嗅贴近后的气味，听层层包裹下的微声。文学作品将日常生活带进历史，历史学将日常生活抽出历史。抽出历史，需要归纳整合之功。史料是一堆散乱的碎片，将一条条证据链找出，把七巧板拼成图形，才是研究的目的。历史的意义是潜行之水，其表象是水上之波。

重构历史现场，需要研究者匠心独运，找出就是那一个的历史感觉，将故纸堆中的木乃伊还原成有血有肉有灵魂的鲜活的人。有时候，并不是复原一种事实，而是捕捉一种情绪。人有时就是自然人，反应也是本能反应，一切修养的外衣遮不住，需要抓住这种流露内心的本能反应。飘忽不定，似有若无，难以名状，这些历史人物本身甚至都没有明确意识到的情绪，千百年后的研究者敏锐地捕捉到了，就是成功。这种在把握精神实质的基础上对前人情绪的捕捉，也是抓住自己的感觉，然后写下自己独一份的感受。这样的操作像是做加法。

同时，研究历史人物还要做减法。不仅层累地造成古史，时代也给一些历史闻人涂抹上一层又一层的油彩。无论是肯定的，还是否定的，人物都被增值放大，幻色鲜明生动，几至面目皆非。还原历史人物的本来面目，一个必要的操作就是，剥离后来附着的油彩。

历史上，事实的存在与载体的事实叙述也有距离。真实，犹如数学的无穷大，只能求得近似值。谁也不能说自己的研究达到了绝对真实。历史人物的本来面目也只能相对客观地还原。还原后的历史人物，其实也添加了研究者一层新的油彩。历史事实不讲话，是历史学家在讲话。

"尽信书不如无书"，耳听未必为虚，眼见未必为实，白纸黑字的载籍记录，往往是载笔者想让你看到的那部分。像代数那样，以论代史，发现合乎己论便会如获至宝，不遑辨别真伪，或许是注水猪肉亦未可知。应当抱以审视怀疑的态度，辨析鉴定，入木三分，去伪存真，方可使用。而论从史出，从史料读出问题意识，辨析之后，立论阐发，方是踏在坚实的大地。

* * *

说过"一切历史都是当代史"的克罗齐，还说道，"惟有当前活生生的兴趣，才能推动我们去寻求对过去事实的知识"。每个时代的人都带着自己的有色眼镜观察历史，臧否人物。这副有色眼镜就是时代认识框架，难以超越。人不能揪着自己的脑袋离开地球，时代情境制约着时代学术。对于历史学家来说，这是宿命。不过，从正面意蕴来看，历史之所以具有历史性，正是体现于当下的价值意识之中。唯其如此，历史研究才有意义，人类不做与己无关的事情。

历史的演进如水漫平川，自然而非理性，而历史研究则需冷峻而理性。包括人物，历史研究皆为现代语境下的重新诠释。历史的复原不是回归，事实上也无法回归。根据今天的问题意识对历史重构，出发点是今天的问题意识。这种问题意识必然与前人不同，如果研究历史人物，囿于有偏颇的文献记载，评价不脱传统窠臼，对于今天的历史学家来说是很可悲的。诚然，并非一定要作翻案文章，只求相对客观准确地评说。将来的历史学家的问题意识，必然也与今人不同，时代兴趣、知识构造、研究方法、关注视野等因素使然。

《扬子法言》有云："通天地人为儒，通天地而不通人曰伎。"天地间的主宰者是人，历史研究应当直指人心，而人物研究最为接近这一指向。透过学者之笔，与古人对话，看前人的音容笑貌，看历史的世相百态。历史是留下的现实。看司马迁转述的俗谚"天下熙熙，皆为利来，天下攘攘，皆为利往"，又与今天何其相似乃尔。

人是历史的灵魂，而历史研究的灵魂则是思想。这就是柯林伍德所言"一切历史都是思想史"之意。伴随着科技进步，各种资料库数据库的建立与推广，互联网的资料与信息的传播，研究环境发生革命性的变化，历史研究已逐渐摆脱农耕式的手工操作，像是进入到工业革命的时代。研究者不必皓首穷经，也无需博闻强记，各种工具代替了大脑，纯粹的考证除了可见史料排比之功以外，学术含金量已大为降低。然而，电脑永远代替不了人脑的是思想。辨析事实，评说人物，事实不能改变，思想可以超越。时代巨变，而历史研究一直没有改变的，就是思想的力量。在计算机时代，尤其要用思想的火炬点燃学术之火。没有思想灌注于学术之中，学者只能做扬雄所说的"伎"，难以成为"儒"。

艺术家提炼生活，解剖人生，诠释人生，启迪人生，历史学家则通过曾经发生的历史，运用既有的事实来完成这件事。因此，历史可以解释，但事实则不能虚构。把散乱的珍珠串成项链，这是考述人物事迹所做的复原作业。人物事迹的考述复原，本身就是研究成果，犹如制造出砖瓦。可以由自己用这些砖瓦来进一步建构大厦，也可成为提供给学界的原材料，由别人来进行建筑。学如积薪，并非仅为自己，还提供给他人。否则也不必把研究成果刊布，留作写给自己看的日记好了。学者在几十年有限的人生中所做，既是文化建设，又是文化接力，传承前人，交棒给后人。

时光把浩如烟海的历史留给人遗忘，而历史学家则将其唤醒，为人类的健忘症开出一剂良药。回首昨天，反省今天，展望明天，离不开历史。历史不可复制，所谓的历史重演，不过是取其相似性而言。古人、今人，个体的生命有涯，但历史却让人类长生不老。历史由文化承载，文化是人类借以呼吸的空气，学者的使命则是传承、更新、创造文化，吾辈任重道远。

上述关于历史人物研究的阐述，与其说是我的研究实践，倒不如说是我的研究期许，对自己，对学界。

书中收录三十年间陆续写出的文字，多数是手工操作时代的产物，有些形同鸡肋，食之无味，弃之可惜。于己权作足迹，于人权作参考，仅此而已。历史叙述犹如倒放电影，结果已经知道。不过，本书所考述的历史人物，或者说一些历史人物的事迹，相信许多读者还是不甚了了，所知尚少。因此，就有了汇为一书的愿望。感谢山西教育出版社以资深出版人孙轶先生为首的团队玉成其事，感谢杨文、樊爱香两位编辑付出辛劳，使此书得以面世，奉献学界与同好。

（《知人论世：宋代人物考述》，"王瑞来学术文丛"之二，

山西教育出版社，2015年。此次收录为增补版）

《天地间气：范仲淹研究》自序

旧时，多用"间气"来形容上应星象、禀天地特殊之气、间世而出的英雄伟人。朱熹称范仲淹为"天地间气，第一流人物"，可谓是极高的评价。如果按天文学描述天体的亮度来形容，在人才辈出的宋代，乃至中国历史上，范仲淹绝对数得上是一等星。"先天下之忧而忧，后天下之乐而乐"的高尚思想，跨越了国界，至少在汉字文化圈内，成为政治家的道德楷模。在日本冈山，有一片始建于15世纪初叶的园林，是日本的三大名园之一，叫作"后乐园"，园名就是出自上述范仲淹的名句。无独有偶，在东京市中心，有一处幽静葱郁的美丽庭园，也叫作"后乐园"。由此可见范仲淹精神影响之所在。

历来，多为研究者瞩目的，是范仲淹主持庆历新政、防御西夏这些政治、军事的建树与事功。然而，除此之外，范仲淹研究还有更多的领域有待扩展。太宗朝开科取士蔚成规模，真宗朝制度建设底定，澶渊之盟的缔结带来和平环境，在士大夫政治的大环境下，范仲淹引导了宋朝的精神建设。在我看来，这是范仲淹最具时代意义的一个方面。其中包括提携"宋初三先生"胡瑗、孙复、石介和张载、李觏，对于理学创生的促进，包括站在高位对北宋古文运动的亲身参与和推波助澜，还包括与欧阳修等人一起对五代以来士风的道德清理。对此，理学集大成者朱熹一语中的地指出："本朝忠义之风，却是自范文正作成起来也。"范仲淹代表着一个时代，在他身上隐含有解码时代的要素。

此外，从政治史的视点看，伴随着仁宗亲政对刘后时期政风的扭转，范仲淹与权相吕夷简的政争恩怨，也直接影响了当时的政治格局，甚至说开启了后来党争的端绪。这些又成为解读北宋政治史的关键。而范仲淹通过政治言行对先秦思想宝库的再发掘，则不仅限于宋代，更成为后世官僚士大夫处理君臣关系的基本理论资源。

因此，尽管我的研究范围跨越于北宋、南宋，但范仲淹则一直是我最为关注的人物。我曾因科研项目之需，三十年来三次全面校勘整理过范仲淹的诗文集，对范仲淹的著述相对熟悉。通过具体整理，从中发掘出一些不大为人注意的原始资料。本书汇集的，就是运用这些资料，历年来所撰已刊和未刊的十几篇文章。分为思想研究、政治研究、生平考证、作品研究、行事杂论五个部分，是对范仲淹进行的综合研究。上述在我看来范仲淹最具意义的诸方面，以及北宋前期党争等内容，本书均有论及。本书虽说不是一部架构完整的范仲淹传记，但从生平事迹到政治活动，从思想渊源到人格理念，从其文学成就到生活日常，此外还有其作品的辑佚、辨伪、校读以及言行散论等，由此构成了一个范仲淹的全息影像。

除了先秦的孔孟，后世近乎圣人者几希，宋代士大夫政治造就的杰出人物范仲淹，便是一位超越了宋代的中国传统知识人精神世界的圣人。透过本书的文章，相信读者不仅可以对于范仲淹本人有一个逻辑的把握，而且滴水映日，知人论世，还可以透过范仲淹体察到本书所言的宋代士大夫主流精神，可以领略一个文明昌盛的时代。

　　然而，对于范仲淹，我并未刻意地去锦上添花，顶礼膜拜。千百年来，称颂的文字已经连篇累牍，无须我来添加。如果我继续歌德，研究高度甚至还不及前人。朱熹就一方面称颂范仲淹为"天地间气，第一流人物"，一方面还具体指出其"亦粗，不精密，失照管处多"。因此，除了探索时代意义，爱之不增其美，尽可能秉持客观而理性的意识，穿过耀眼的光环，剥去层层附加的油彩，从最基本的问题入手，还原出一个接近真实的范仲淹，便成为我的研究的另一个指向。书中收录的文章，既有从大处着眼的宏观叙事，也有从小处落脚的微观考察。研究力图挖掘出史料蕴涵的有意义的细节，揭示出通常研究所忽略的一面，解决存疑而有争议的问题。通过这样的研究，期待复活一个活生生的范仲淹，一个有情有爱有血有肉却没有光环无需仰视的范仲淹。至于我的努力实现了多少，要由读者评说。

　　著述和出版，其实也跟范仲淹做的事业相近，是一种精神建设。玉成学者著述，让范仲淹走近读者的是孙轶先生和责编杨文、樊爱香等出版人，我对他们抱有深深的敬意。

　　　　　　　　　甲午仲春之识于日本千叶寓所

　　　　（《天地间气：范仲淹研究》，"王瑞来学术文丛"之三，

　　　　　　　　　　　　山西教育出版社，2015 年）

《文献可征：宋代史籍丛考》自序

《论语·八佾》记载孔子说："夏礼，吾能言之，杞不足征也。殷礼，吾能言之，宋不足征也。文献不足故也。足，则吾能征之矣。"尽管孔子讲的"文献"不尽指书籍，这里则权作后世通行的意义理解。

文史研究，文献至关重要。常言讲论从史出，这个史便是史料，便是文献。离开文献的立论，犹如无源之水，无本之木，天马行空而无根基。而文献不足，亦犹巧妇难为无米之炊。研究文史，往往需要竭泽而渔，一条史料漏过，证据链断裂，大厦坍塌的危险性都存在。文献丰富，则可以左右逢源，呼风唤雨，得心应手。然而，除了少量人皆援引的"大路货"，多数文献还处于未加整理考述的原生态。因此，有时即使文献充足，但从作者到内容又存在很多问题，也难以利用。因此，"辨章学术，考镜源流"便成为研究的基础作业。本书就属于这样的基础作业。

并非因为我出身古典文献专业，才耽于文献。从事文史研究，我一直下的是笨功夫，一句话一句话地读过，读解，考证，整理文献，论证史料文本的可靠性。自然，在此过程中，也会生发问题意识。因此，我的研究最先形成的，往往是基础性的文献考证文章，然后才是论述性的成果。

本书汇集的，就是我历年所撰关于宋代史籍的考述文章二十篇。有对来自宋朝国史的史籍考述，诸如《宋史》《隆平集》《宋会要辑稿》；有对国史衍生史籍的考述，诸如《续资治通鉴长编》《建炎以来系年要录》《宋宰辅编年录》《续宋中兴编年资治通鉴》《宋季三朝政要》；有对地志的考述，诸如《元丰九域志》《吴郡图经续记》；有对广义史籍笔记、类书的考述，诸如《钱塘遗事》《宋朝事实类苑》；有对稀见史籍的考述，诸如《御试官日记》、宋代玉牒。还有以宋代为例，对《四库全书》问题的发覆，并有一文专门阐述对石刻史料的认识。

与士大夫政治互为因果，宋代是一个前所未有的史学昌盛时代。有《资治通鉴》这样的史学巨著问世，有纪事本末这种史书体裁出现。官修私纂，星汉灿烂。本书所及，仅限于有关宋代历史的一小部分史籍。关于宋代史籍的考述研究，还有极大的扩展空间。

考述内容，因书而异。有史籍概述，有内容辨误。虽然我想尽可能地不写得过于枯燥，但由于既不是汪洋恣肆的宏论，也不是人物事件的生动描述，只是一些对史籍的基础性考述，读起来未必有趣。不过，要想了解并使用这些史籍，则一定有用。通过这些基础作业，不仅可以廓清以往存留的问题，也能使研究者更为清楚这些史籍之短长，更为放心自觉地使用。

我的文献研究目标并不高，仅仅是使文献足信，文史能征。研究者利用我的考述，就不必再过多地去下我的笨功夫，可以在此基础上，展开更高层次的广范围研究。

不求石破天惊，不求一飞冲天，为己为人，善小而为之，我自己也得益于这样的文献研究，许多重要的议题，都在此基础之上产生。聚沙成塔，有为的研究者可以在塔尖上起舞。

文章多散见于各种学术杂志，历年弥久，尽管现在已经有了许多检索手段，但有些还是颇难寻觅。现在能汇集于一册，再度面世，我和读者皆当感谢山西教育出版社资深出版人孙轶先生及责编杨文、樊爱香的襄助。小书本身犹如一块碑刻，铭记着他们对学界对文化的贡献。

甲午仲春之识于千叶寓所

（《文献可征：宋代史籍丛考》，"王瑞来学术文丛"之四，

山西教育出版社，2015 年）

《仇雠相对：版本校勘学述论》自序

题名"仇雠相对"，并无误导读者的意图，而是援据一个古老的典故。在中国最早的目录学著作《别录》中，西汉刘向如是描述校勘的情形说："一人持本，一人读书，若怨家相对。"因此，校勘又称校雠。雠即后来仇敌之仇。清人何焯在《义门读书记》中进一步解释道："一人刊误为校，二人对校为雠。后人嫌雠字，易其名为校对，对即雠也。"

时至今日，科技取得巨大进步，各种数据库、资料库充实，检索便利，然而曾被视为学术津逮的目录、版本、校勘，作为文献学的传统学科，在文史研究领域仍然不可或缺。传世文献何处寻找？众多版本何优何劣？为何同一人在同一著述见于此本不见于彼本？史料文字异同如何处理？如果缺乏这些知识，便会产生困惑，甚至失误，而拥有这方面知识，研究则如虎添翼。

本书即是著者有关版本校勘学的文章汇集，分为版本、校勘两编。

版本编所收十篇版本学文章，涉及文献囊括四部中除经部以外的史、子、集部，有二十四史汇刊本、《清实录》《鹤林玉露》《朝野类要》《黄帝内经素问》《宋景文集》《草庐集》，皆为有关版本源流、存佚状况的具体考证和问题辨析，并且还涉及对域外汉籍日本之"和刻本"价值的论述。这些文章尽管运用了版本学理论，但并非概述性的综论，皆为对具体文献的版本进行的个案研究。不过，依然可以从个别概见一般。

校勘编则收录五十篇短文。其中十八篇曾刊于20世纪80年代全国古籍整理出版规划领导小组办公室编印之《古籍整理出版情况简报》，三十二篇则为近年来校勘作业时陆续撰写之心得。这些短文，皆是从校勘学的视角对文献中的问题进行的考辨论述，涉及校勘学的众多领域。有的是具有一般意义的理论探讨，有的是对个别问题的阐幽发微，不过，均非泛泛而论，皆有具体文献依托。

检视版本之异同与流变，推敲于文字词语之间，版本学与校勘学，看似饾饤小技，然研究者拥有这方面的知识与意识，在研究中善加运用，或可另辟蹊径，解决大问题。著者便曾运用校勘学知识，作为一种技能，解决了困扰学者几百年的《隆平集》作者问题。

本书所收文章均为著者于具体操作实践中所归纳，仅见于此的知识与经验，对于文史学者或有启发与裨益。

版本学与校勘学一说起来，颇像是冷僻专深的学问，其实专门并不专。本书所录，视为专学可，视为文史小品，亦不乏趣味。特别是校勘篇的短文，幸为一读，或有所得。

我和读者都当感谢为此书面世催生的山西教育出版社资深出版人孙轶和责编杨文、樊爱香。从事文化建设，为学术奉献的，不只是作为生产者的学人，还有作为推销者的出版人。对后者，我尤抱有深深的敬意。

甲午仲春之识于日本千叶寓所

(《仇雠相对：版本校勘学述论》，"王瑞来学术文丛"之五，

山西教育出版社，2015 年)

《仇雠相对：版本校勘学述论》自序255

"王瑞来学术文丛"跋语

"时光容易把人抛，红了樱桃，绿了芭蕉"，不仅如此，更是花了眼睛，白了鬓角。回首半生学术路，不经意间，已经走过了三十多年。

这三十多年，由大学走进出版社，再到大学，为人作嫁，聆教授业，行有余力，则为学术。其间场域换了两个，跨过一衣带水，从神州到东瀛。倒也平平静静，无坎无坷。

予生不幸，青少年时代遭遇"文化大革命"，没有接受完整的基础教育，而上山下乡，又让进入大学比正常迟了数年。不过，塞翁失马，予生也幸。

其幸之一，是我生长的家庭。18岁以前，在闭塞的山区小城，能够坐拥数千册藏书；而蒙为吏地方的父亲的"特权"，又使我可以阅读已封存的图书馆的藏书，可以买到内部发行的书籍。那个城市唯一的一部《辞海》征求意见版的合订本，也在案头让我翻阅了数年。父亲的言传身教，加上耳濡目染，也让我早早与文字结缘，写诗著文，从少年走到青年。这样的经历，至少在文科方面弥补了我残缺的教育，并赋予我稍微扎实的文字功底。

其幸之二，则是早年的社会历练。山区劳其筋骨，接触底层众生，让我原本单纯的人生有了厚度，于事于人，增加了理解与温情。从学术角度回顾早年生涯，更为感到可贵的是，通过今生体味往世，亲身的经历，使我以后观察历史少了几分肤浅。而政治的家庭让我可以近距离观察到一个小地方政界的纷争，而后短暂的从政生涯，也让我对政治有了置身其中的体验。我的这些经历，实在可以称得上后来从事历史研究的预科学习。

其幸之三，1978 年，搭上命运的末班车。从边城到北京，未名湖不仅给了我知识的源头活水，还洗涤了心灵，让我感到真正的学术是那么的纯净。博雅塔则引导我仰望学术的苍穹，满天繁星让我感受到魅力无穷，真正的学者让我肃然起敬。从此，人生转弯，以学术安身立命。

二十多年的学术历程，是从 1979 年大二发表第一篇论文起算。缘于大学的学科训练，三十多年来，我一直跋涉在两条学术道路上。一是文献学研究，一是历史研究。并非脚踏两只船，二者并非毫不相关。非历史系科班出身，但文献学的训练则给我的历史研究打下了坚实的基础。而历史的视野也投射到我的文献学研究之中，使我多少摆脱了一些单纯的匠人做器，进而求其神。

大学毕业，直接进入专业出版社，从事历史与文献的编辑工作。我常常慨叹自己无师无承。不过认真想来，虽无师承，胜有师承。在大学期间，亲炙过许多学术名师。在出版社，得到许多资深学者的谆诲。到了东瀛，二十多年间，也一直在研究班中得到老一辈学者的指教。包括我可以教日本的研究生以古日语训读方式翻译古汉语史料，都是得益于长期参加的研究班。拥有博士学位，却无特定导师。虽无宗无派，却得千手千眼指导，这更是我的幸运。

无宗无派，既无家法，也无顾忌。为文时也犹野马脱缰，不守所谓的规范。十多年前，一个学生跟我聊天，说老师的论文像是历史散文。童言无忌，不以为忤。无论是褒是贬，还真点出几分我的文字特色。为文不讲章法，却讲可读性。大学毕业论文，一个老师的评语中有"跳脱可喜"，深契我心，成为我行文的追求。

治学不耐死读书，认同郑板桥的戏言："五经、二十一史、藏十二部，句句都读，便是呆子；汉魏六朝、三唐、两宋诗人，家家都学，便是蠢才。"主张带着问题学，在读书中生成问题意识，通过解决一个个问题，由点到面，逐渐形成自己的知识结构。于是，我的一位大学老师"有一棵白菜炒一棵白菜"的教导，便让我伴随着读书和解决问题，发表了不少文字。

三十多年，陆续写下并刊出了相当数量的文字。由于有些文字并不容易找到，一直有海内外朋友和年轻学子劝我将其结集出版。无论从方便学界参考，还是对自己的学术总结，这的确是件当为之事。于是，大约在几年前，盘点公开发表的学术论文，头脑中逐步形成了这套学术文丛的几个书名。《近世中国》，汇集我三十年间从事历史研究的两大主题下的文字，此如副标题所示，从唐宋变革到宋元变革；《知人论世》，则是汇集了宋代人物论述；《天地间气》，书名出自朱熹对范仲淹的评价"天地间气，第一流人物"，是专门对范仲淹从各个角度进行的研究；《文献可征》，于孔子"文献不足征"一语反其意而用之，是宋代文献的研究汇编；《仇雠相对》，则典出汉代刘向对校勘情形的描述，雠校者，"一人持本，一人读书，如怨家相对"，是我学的老行当，版本校勘学述论。

"且说近来心里事，仇雠相对似亲朋。"贾岛诗句道我心。自从有了上述几个学术文丛的书名设想之后，其实也没有谋求真正结集出版的奢望。原因则是，我身在海外，缺少国内学者的学术平台，不可能有科研经费补助出版。归纳出的几个书名，其实只是我的一个梦，一桩"近来心里事"。不过，我又很幸运。因缘际会，山西出版传媒集团、山西教育出版社慨允出版这套有可能赔钱的学术文丛，让我圆了一个不大不小的梦，了却了这桩心里事。在追逐利益至上的时下，山西出版传媒集团、山西教育出版社不计得失，为学术事业与文化建设的投入与担当，让我充满感动与感激。

人生不满百，我无千岁忧。每一个个体的生命，的确大多以百年为限。百年人生，不过是历史眨眼间的一瞬，但人类却已经有了近万年的文明。这不是个体的生命所能做到的。通过《史记》，我们穿越到三皇五帝，通过《资治通鉴》，我们从战国走进大宋。"自将磨洗认前朝"，历史让我们可以辨认先人的步履。今天的人们，享受利用着先人的创造，并且为子孙留下有形和无形的遗产。百年过后，尽管听不到子孙们的声音话语，也看不到创造过的斑斓世界，但人们依然在努力创造。这，就是一代一代的文明接力。"竹帛烟消帝业虚"，无需建功立业，生命可以通过一种方式不朽，这就是精神创造。个体的生命短暂，而人类却万寿无疆。把精神创造融入集合的人类文化，个体的生命便获得了无疆万寿。为人类文化建设，为自己生命不朽，于此安身立命，此乐何及！精神创造，多种多样，著书立说是创造，出版发行也是创造。为此，我对有远见有担当的出版人一向抱有深深的敬意。

　　五本书，五桌便餐，其中有稍为满意的菜肴，也有食之乏味而弃之可惜的鸡肋。"敝帚虽微亦自珍"，权且收录。绝大多数皆已公开发表过，也有少量于此初次面世。"嘤其鸣矣，求其友声。"不独鸟类，人类犹如此，为学更如此。"独学而无友，则孤陋而寡闻也。"不过，学术思考与精神创造的特殊性，有时就是需要一个人甘于寂寞，磨杵成针。多年以来，我犹如海明威笔下的《老人与海》中的老渔夫，没有竞争，没有功利，凭着乐趣，凭着热爱，一个人瀚海弄扁舟。做学问是艰苦事业，须有牺牲精神，终生以身相许。学术成果或许不会显赫一时，但欣慰的是，或可传诸久远，这是构成沧海的一粟。怀此信念，即使万径人踪灭，千山我独行。

　　是为跋。

　　　　　　　　　　　　　　　　　乙未暮春记于东瀛

　　　　　　　　　　　（此为五册"王瑞来学术文丛"总跋语。

　　　　　　　　　　　　　　　此次收录，文字略有增订）

古籍校勘，温故知新
——《古籍校勘方法论》导言

　　此书题名为"古籍校勘方法论"，涵盖了三个关键词，"古籍"是讲对象，"校勘"是讲学科方向，"方法论"则为具体内容。其实，说到校勘，主要就是针对古籍而言，对古代以外读物的整理校订一般并不叫作校勘。因而"古籍校勘"是一个毋庸详释的连语。书名的重点是在后面。"方法论"云云，并非哲学意义上的理论建构，就是字面意思，直白的具体方法的讲述。

　　校勘，是一个十分古老的行当。自从有了书籍的流传，甚至在纸张没有发明之前的"有典有册"时代，应当说便有了这项工作。《国语·鲁语》记载春秋时期鲁大夫闵马父对景伯说："昔正考父校商之名颂十二篇于周太师，以《那》为首。"西汉刘向所描述的"一人读书，校其上下，得谬误，为校；一人持本，一人读书，若怨家相对，为雠"。讲的都是校勘作业。西汉时代纸张或已发明，但尚未普遍使用，刘向、刘歆父子所校的"中秘书"，无疑就是竹简木牍，至多加上帛书。两人校书作业有一人进行，有两人操作，所以统称"校雠"。后世又因"雠"不雅训，遂通称为校勘。

　　校勘成为一门学问，正是从具体校勘作业中产生的。刘向在从事校勘之际，后世校勘所遇到的各种讹误，他多数已经遭遇。如在校勘《战国策》时，"字多误脱为半字，以赵为肖，以齐为立"（《战国策书录》）；校勘《列子》时，"字误以尽为进，以贤为形"（《列子书录》）；校勘《晏子》时，"中书以夭为芳，又为备，先为牛，章为长"（《晏子叙录》）。此外，还常见"以见为典，以陶为阴"（《别录》）。这些出自刘向的"夫子自道"，把后世校勘常见之形近而误、音近而误都涉及了。《汉书·艺文志》也谈到了刘向校书时遭遇的脱误："刘向以中古文校欧阳、大小夏侯三家经文，《酒诰》脱简一，《召诰》脱简二。率简二十五字者，脱亦二十五字；简二十二字者，脱亦二十二字。文字异者七百有余，脱字数十。"至少从西汉时起，历代历朝均设置和配置有专门的校书机构与人员，长年累月从事校勘作业。如北宋的欧阳修就担任过馆阁校勘，他在自述校勘经历时说道："予在馆中校勘群书，见有八十馀篇，然多错乱重复。"

宋代科举规模空前扩大，造成知识人一统天下的士大夫政治。朝廷的重文导向，金榜题名的名利吸引，不仅促进了一定程度的社会流动，更带动了全社会的向学，刺激了印刷业在商品经济背景下的发达。写本、刻本的增多不仅促进了书籍流通，还让校勘走出宫廷，成为读书人的普遍意识。在这个时代，校勘的普及，也使校勘作为一门学问开始被加以具体而细致的归纳。南宋初年史馆修撰范冲和秘书少监吴表臣就拟定有《校雠式》如下：

　　诸字有误者，以雌黄涂讫，别书。或多字，以雌黄圈之。

少者，于字侧添入。或字侧不容注者，即用朱圈，仍于本行上下空纸上标写。倒置，于两字间书乙字。诸点语断处，以侧为正。其有人名、地名、物名等合细分者，即于中间细点。诸点发字本处注释有音者，即以朱抹出，仍点发。其无音而别经传子史音同有可参照者，亦行点发。或字有分明，如传记之传，为邮传之传，又为传习之传；断绝之断为断绝之断，又为决断之断；轻重之重为再重之重，又为重叠之重；春夏之夏为华夏之夏；远近之近为附近之近之类，虽本处无音，亦便行点发。点有差误，却行改正，即以雌黄盖朱点，应黄点处并不为点。点校讫，每册末各书臣某校正。所校书每校一部了毕，即旋申尚书省。

这一载于陈骙所编《南宋馆阁录》卷三《储藏》的《校雠式》是朝廷校勘的规范，对校勘操作有着细致的规定。这些规定无疑来自长期积累的校勘实践。《校雠式》中所提及的"点校"，与今天常说的"点校"一语完全是同样的意思。

除了朝廷有这样的《校雠式》，民间也有对校勘方法的归纳如南宋郑樵《通志》中的《校雠略》、张淳《仪礼识误》、方崧卿《韩集举正》、彭叔夏《文苑英华辨证》、岳珂《刊正九经三传沿革例》等。从南宋开始，科学意义上的早期校勘学专著已经相继问世。在乾嘉之学的熏陶之下，清代校勘之学大盛。张之洞《书目答问》附录胪列清代校勘学家者凡三十一人：何焯、惠栋、卢见曾、全祖望、沈炳震、沈廷芳、谢墉、姚范、卢文弨、钱大昕、钱东垣、彭元瑞、李文藻、周永年、戴震、王念孙、张敦仁、丁杰、赵怀玉、鲍廷博、黄丕烈、孙星衍、秦恩复、阮元、顾广圻、袁廷梼、吴骞、陈鳣、钱泰吉、曾钊、汪远孙。校勘之学，其盛于此可见一斑。而章学诚的《校雠通义》以及清末叶德辉《藏书十约》第七《校勘》都有对古典校勘学的源流以及理论进行的归纳。

近代以来。对校勘学理论加以科学梳理的，当首推陈垣先生出版于1931年的《校勘学释例》。继之则有张舜徽先生初版于1946年的《广校雠略》和1962年出版的《中国古代史籍校读法》。较近的则有1997年出版的程千帆先生和徐有富先生的《校雠广义》的目录编与版本编。当然近年还有数种，恕不赘述。

以上简略地缕述校勘学的源流，其实是想强调，作为文献学分支的校勘学是一种实践的学问，根植于文献的土壤之中。没有了具体文献的依托，校勘学就真的成了无源之水，无本之木。我们上述的列举，宋代的彭叔夏《文苑英华辨证》、岳珂《刊正九经三传沿革例》，是出自对具体典籍校勘归纳，而近代陈垣的《校勘学释例》又名《元典章校补释例》，张舜徽先生的《广校雠略》则附以《世说新语释例》《汉书艺文志释例》《毛诗故训传释例》，更是来自校勘的具体实践。

强调校勘学的实践功能，其实还是没有离开对本书的解题。本书使用了理论性很强的"方法论"为题，却很少纯粹阐述理论，这似乎不大像方法论之类的著述。想看纯粹的校勘学理论的读者，翻阅此书可能会有些失望。不过这正是校勘学的特殊性质所决定的。离开了实例的依托，校勘学便无法阐述。如上所列举，宋代的彭叔夏依托于《文苑英华》、岳珂依托于九经三传，近代以来陈垣依托于《元典章》，张舜徽依托于《世说新语》《汉书·艺文志》等。

理论须向实践求。这是千百年来校勘学走过的路径。本书自然也不例外。不过本书并非像上述所举诸例那样仅仅主要依托于一部书籍的阐述，而是依托于多种书籍。并且所依托的多种书籍，并不是翻检古今校勘实例所进行的归纳，而是来自我三十多年的校勘实践。就是说，书中从不同角度、从不同古籍所列举的实例，都是我自己在具体校勘作业时发现的具有典型意义的案例。

本书收录有 80 余篇校勘学短文。在三十多年校勘实践中，偶有所得，间有所悟，陆续写成。除了 80 年代在《古籍整理出版情况简报》刊出的 18 篇之外，近年所写曾在《文史知识》杂志开设过 年多的《校勘学摭谈》连载，而后多数又收录于五卷本"王瑞来学术文丛"的《仇雠相对：版本校勘学述论》一书中，作为校勘学的专门著述，本书则是在有所增益的基础上首次面世。

三十多年间陆续写成的文字，尽管涉及了校勘学领域的方方面面，但无疑显得有些"散"。有些问题的阐述还有些重复。不过由于是以不同的实例进行的阐述，所以重复也还是有一定的存在意义的，反复强调方能强化意识。这次结集成书，也并非是对既往短文的简单汇集，还是基于授课的需求。近些年，在国内的几所大学我开过类似日本的大学设置的集中讲义的课程，集中在一周左右的时间，都讲授过古籍整理方法论的课程，所依据的教材就是这些短文。根据授课之需，我就把短文作了大致分类，成为本书的雏形。即综论篇、方法篇、扩展篇和案例篇。综论篇以讲校勘学基础理论为主；方法篇则着眼于校勘方法，阐述对具体问题的处理方式；扩展篇从校勘学延伸到周边知识，如历史地理、历史年代、典章制度、天文知识以及辨伪、避讳、音韵等之于校勘学的关系；案例篇则讲述对校勘实践中遭遇的各种典型问题的解决。不仅限于案例篇，几乎所有篇章都不是无的放矢的空谈，而是围绕校勘实例作出的展开。

就传统的校勘学来讲，本书已经通过个案于各个方面均有涉及，可以说是一部依托于多种古籍的"校勘学释例"。古籍整理工作者以及有志于校勘的读者阅读此书，相信会有所得。诸如中医的药引，在阅读此书获得一定具体知识和启发的读者，继而从事校勘学实践，则会更有助益。而对于校勘学的教授者，本书展示的大量实例，也能帮其省却辛苦翻检之劳，开卷一阅，俯拾可得。直接用作教材，自无不可。专门从事校勘之业以外的其他文史研究者，也可以从并不乏味的叙述中获得一定的启发。

拥有校勘学意识，对于文史研究其实是必不可少的。校勘学知识会使研究如虎添翼，可以借此解决不少问题，甚或是解开许多历史之谜。这样的案例，本书已经展示。比如对《隆平集》作者之谜的破解，对王安石是否斥《春秋》为"断烂朝报"的辨明，以及楚襄王是否梦会神女的辨伪等。我一直认为，有出息的文史研究者，一生至少一定要做一次古籍整理，哪怕是一部很小的古籍。具体动手，就会从实践中得到多方面的知识训练，这可以说是在书本上、课堂上难以学到的东西。

本书基本上还是传统意义上的校勘学著作。那么，或许要追问的是，在大数据时代，这样的知识有没有过时，还是不是适用？对于这样的发问，我想回应两点。

第一，相当肯定地说，完全没有过时，并且十分适用和需要。比如说现在文史研究者常用的数据库有《四库全书》电子版以及《中国基本古籍库》等。这些数据库的开发和投入使用，为文史研究带来了革命性的巨变，甚至使纯粹的资料性考证不再成为学问，而让每个文史研究者不必皓首穷经便可博闻强记，其功甚伟。然而所有的数据库的制作都要涉及收录文献的底本问题。包括底本固化的《四库全书》，不少面向文史研究的数据库所采用的版本，都是未经整理过的原生态古籍。这就不可避免地带来了一个问题，即所收文献底本存在着或脱或缺或衍或误等状况，从而就会影响到检索的结果。而不加留意的使用，则必然会影响到研究的质量，甚或会得出错误的结论。数据库的这种缺陷如何改变？令人十分无奈的是，在科技高度发达的今天，文献底本的完善还必须依靠手工操作。就是说，需要古籍整理工作者和文史研究者精心校勘才能实现文献底本的完善。这就需要本书所提供的传统的校勘学知识。在大数据时代，更需要呼唤传统的版本学、目录学和校勘学的复活。而版本、目录、校勘之学又需要传统的文字、音韵、训诂这样"小学"的支撑，还需要广泛的文化史等知识的辅助。现在，中华书局开发的《经典古籍库》是目前通行的古籍文献数据库中最为可靠的。因为其中所收录的文献底本都是经过精心校勘后公开出版的新整理本。不过，由于局限于新整理本的收录，文献的涵盖范围还比较小。因此更需要有志者，更多的古籍整理工作者和文史研究者加入到文献整理的行列之中，运用校勘学知识整理古籍，充实数据库。

第二，在大数据时代，传统的校勘学也需要有与时俱进的更新之处。传统的校勘学有许多规范，是在从事校勘时必须恪守的原则。比如无版本依据不得改字，又如只校底本，无视他本之误等。这些规范无疑是合理的。像无版本依据改字就会改变古籍原貌，校证与他本之误就会使与底本无关的校勘记增多等。然而在大数据时代，数据库检索的便捷，往往使研究者怠于费事费时去查找纸本原典，常常惯于鼠标一点，瞬间即得。随之带来的一个问题是，除了上述中华书局开发的《经典古籍库》，多数数据库采用的是未经整理的文献底本。今天的古籍整理者在校勘之际，无疑也使用各种收录有该整理古籍的数据库。这便常常会发现底本以外的数据库所收其他版本的讹误。按照传统的校勘学原则，当然可以无视底本以外的版本讹误，但是从为多数使用数据库文献的研究者着想，我觉得应当对传统的校勘规范有所突破，正如本书中一文之题所示，"底本不误亦出校"。这样的校勘记便会对阅读校勘记的研究者对数据库相应的讹误有所警觉。至于版本无据改字的问题，其实在有十足的根据而又附以校勘记的前提下，是可以适当改字，进行有限度的越界的。

从上述意义上讲，本书既是对传统校勘学方法的阐述，也包含有对传统校勘学如何更新发展的思考。校勘学在新时代的更新发展是所有古籍整理工作者和文史研究者的使命，瑞来愿与同道共勉。

校勘学基本理论和基础知识，是我在北大古典文献专业四年所学。而古籍整理的实践，是我在中华书局从事十年编辑工作和日后长期从事文史研究时所为。古文献的基本功底和校勘学的实践经验是我知识结构中不可或缺的构成。回顾四十年的文史研究，深感得益于此。对于无缘进入古文献专业接受专门训练的古籍整理工作者和文史研究者来说，自信阅读本书会少走些弯路，径抵佳境。

校勘看似一门很专业的学问，其实入门并不难。本书权当入门教材，不仅阅读，重要的是亲下雌黄，具体实践。传承文化继绝学，其在吾侪！

戊戌初夏于日本千叶寓所

（《古籍校勘方法论》，中华书局，2019 年）

《立心立命：宋代士大夫政治文化随笔》自序

问苍茫大地，谁主沉浮？时代各异。

俯瞰历史，在魏晋时代，是"王与马共天下"，贵族与皇帝权力共享。然而，当我们把目光下移，投向宋代，情形则全然不同，用宰相文彦博跟宋神宗讲的一句话来描述，就是"与士大夫治天下"。与皇帝共享权力的对象，成了士大夫。

作为拥有知识的官僚，士大夫由来尚矣。《周礼·考工记序》即云"坐而论道，谓之王公；作而行之，谓之士大夫"。不过历代的士大夫的确多是停留于对行政事务"作而行之"的层面，真正作为一个阶层成为政治主宰者，活跃于时代舞台之上，则是历史走入宋代才实现的。

隋唐以来，"春风得意马蹄疾，一日看遍长安花"的荣耀，经过几百年的浸润，成为一种崇文的潜流。这种潜流即使在武人跋扈的唐末五代也未曾中断，并且还逐渐显现有涌出地表的汹涌。伴随着北宋统一事业的基本完成，中央和地方急需管理人才的客观现实，促使太宗及其谋士决定大规模开科取士。于是，从创立以来几百年间不绝若线的涓涓细流终于蔚成汪洋。每科取士多达几百人乃至上千人，几十年持续下来，从中央到地方，逐渐成为科举官僚的天下。其中的精英到第三代真宗朝，业已占据了政治的制高点。政策变更的偶然性呼应了历史的潜流，士大夫政治在北宋全面实现，成为历史的必然。

作为政治主宰的宋代士大夫从先秦汲取思想资源，将错就错，把原指诸侯国国君的"君"与后世的皇帝等同，重新祭起"君臣以义和"的大旗，实现了与君主的权力共享。在战国时期，孟子就有了"民为贵，君为轻"的言说，而远比孟子所处的乱世宽松自由的宋代，士大夫更有勇气。石介就公开宣称："吾勇过孟轲矣。"

"与士大夫治天下"的政治环境，极大地激发了宋代知识人的雄心壮志，他们的终极目的并不止于政治权力的共享。历史的使命感，让士大夫发出了"为天地立心，为生民立命，为往圣继绝学，为万世开太平"的时代强音。横渠四句张扬着天上地下唯我独尊般的绝大自信，实现了从过去到未来对思想、文化、社会乃至政治的全涵盖。在这几句话中，哪里能看得到君主的影子在！这几句话依托的，正是士大夫阶层空前崛起，士大夫政治主宰一切的强势背景。"六经注我，我注六经"，六经不过是我的学说的注脚，六经要由我来阐释。这是发自内在的理论自信。"格物，致知，正心，诚意，修身，齐家，治国，平天下"，宋代士大夫重新发掘并强调的"儒学八条目"，从个人到家庭，从社会到国家，目标直指天下，无所不及，无远弗届。士大夫政治让华夏文化造极于赵宋，放射出前所未有的璀璨光芒。

在这样的大氛围之下，无论是在朝还是在野，知识人都洋溢着无比的自信。你看，北宋的柳永会吟出"才子词人，自是白衣卿相"，南宋的朱敦儒更是高傲地扬言："我是清都山水郎，天教懒慢带疏狂。曾批给露支风敕，累奏留云借月章。诗万首，酒千觞，几曾着眼看侯王。玉楼金阙慵归去，且插梅花住洛阳。"宋代知识人的自信与风骨，无疑也作为一种精神基因遗传给了后世的士人。我们来看一首在元代成为大文人的宋太祖子孙赵孟頫《渔歌子》："渺渺烟波一叶舟，西风木落五湖秋。盟鸥鹭，傲王侯，管甚鲈鱼不上钩！"

有人以宋代皇帝取消了"坐而论道"为例，来证明宋代士大夫地位的低下，但我们从更多的事实可以观察到，南面为王的君主也要北面而问，与士大夫"迭为宾主"。君主成为士大夫政治的合作者。理学以及后来张大的道学，为士大夫政治提供了强有力的理论支撑。"道理最大"，君主的头上，除了天，又多了理。相比较常见于现代西方社会以法律和舆论制衡政治，士大夫政治文化强调以道统制衡政统，是来自中国传统社会的宋代士大夫留给今天的一份宝贵思想遗产。布罗代尔如是说："过去和现在总是互惠地照亮对方。"宋代发轫的士大夫政治文化的光芒也一直照亮着过去与现在。士大夫政治文化不仅显赫于一时，且传诸久远。

我们观察"士大夫"三个字的字形，每个字都出头，但名副其实地真正出头则是在宋代。那一代知识人在几百年间建构的理论，实践的政治，陶铸的自尊与自信，像基因一样根植于中国知识人的内心深处。尽管没有了"坐而论道"，但从那时起，中国的知识人在精神上便不再跪下。在西方，历来有"精神货币"这个概念。马克思就有过"逻辑学是精神的货币"的说法，而美国当代的修辞学家肯尼斯·伯克则将"精神货币"（spiritual currency）的概念充实了更为丰富的内涵。他所说的精神货币是指基于同理心、目的、信仰，经过自身储备，在基因传承力强大的文化人之间，或者在亲密的朋友间流通的媒介，并且体现为不同代际知识人之间在学脉上的传承。两宋三百多年知识人打造的士大夫政治文化正是这样一种精神货币。"尔曹身与名俱灭，不废江河万古流。"当年的人物与事件，无论是显赫还是震撼，都已竹帛烟消，然而士大夫政治文化，却如不废江河，一直作为中国文化的主流绵绵不绝，奔腾至今，涌向未来。

士大夫政治，是我从中国古代传统政治研究，特别是从皇权研究中，逐渐归纳出的一个关键词。士大夫政治并不仅仅体现在中央政治的层面，主动脉的强力脉动也让士大夫政治文化渗入到社会末端的毛细管中。科举不仅带来了一定的社会流动，更是带动了全社会的向学与文化兴盛。以科举官僚为主形成的新士族，成为社会的主导因素。互为因果的印刷业繁荣，从南宋在江南特殊场域发轫的宋元社会转型，明清延及近代的乡绅社会，都有士大夫政治的因素存在。诚然，士大夫和士大夫政治，皆有主流与支流。士大夫中也不乏无耻者，士大夫政治也有极致变质的权相独裁。

士大夫政治与宋元变革，是我多年从事历史研究的互为关联的两大主题。而有计划的文献整理校勘，则是我从事上述研究的技术支撑。挥之不去的基本问题意识，使我对接触到一些史料比较敏感，产生有独自的解读。大约在十年前，一个偶然的契机，让我在新浪网开辟了一个博客，一方属于自己的部落格。在自媒体时代，我改变了发表的认识，把一些读书札记和研究思考贴在这个小小的学术园地中，权当发表。当然，其中的部分文字也曾被一些纸质报刊或网络媒体采用过。

这次从中择取与士大夫政治主题相关的随笔短文五十余篇，汇集于此。关于士大夫政治，我在日文版《宋代的皇帝权力与士大夫政治》（日本汲古书院，2001年）和中文版《宰相故事：士大夫政治下的权力场》（中华书局，2010年）中，有比较完整的阐述。不过，相比较以前我集中在真宗朝的士大夫政治研究，本书篇幅虽小，并且收录文字时代限制在五代与宋，但却是一面广角镜，涉及的领域广泛，案例多样，构成士大夫政治较为完整的面相。

流逝的历史成为过去，凝固为一种遥远的对象，供后人审视、把玩或研究。二维的观察是平面的观察，可谓片面，三维方为立体，而多维多面，则更接近于圆形体。历史的真实就类似于这样的圆形体，往往可望而不可即，我们只能通过多维多面去接近。本书的多篇短文就是由不同文献、不同人与事、不同视角构成了士大夫政治文化的多维多面，试图接近那一时代的真实。透过较为轻松的笔触，从各种不同的案例中，相信读者会领略我的思考，并对宋代肇始的士大夫政治获得一个基本的了解。在此基础上，我期待这些断片式的随笔能够抛砖引玉，引发读者更为深入的思考。

考察历史，诉说历史认识，不是以通常正规的长篇大论，而是以短小活泼的随笔形式表达，从接受学的角度，也有我的考量。一是较之严肃且有些枯燥的学术论文，想以轻松可读的形式把自己的研究与思考传达给受众。二是想通过这种形式，让学术在一定程度上走出象牙塔，让更多的爱好者也能触摸到历史的时代脉动。平时的博客写作，此次的汇集成书，都有我的这一意图在。

"立心立命"，是从横渠四句内的"为天地立心，为生民立命"中抽出的。以此作为书名，既是力图体现那一代知识人的思想境界，也是我的一个精神追求。在历史中立心，在学术中立命，为一个时代可歌可泣的人与事写照传神，把一个有故事的森林呈现出来，留给当世和后人镜鉴启迪或把玩赏味。作为一个学者，在漫长的精神传承接力中跑上微不足道的一程，为人类浩瀚的文化沧海中增添一粟，也是使命感使然。

较之鸿篇巨制的学术大餐，本书不过是清粥小菜，希望读后可以开胃，而不至于太倒胃口。

零零星星与卜个少读书札记，感谢中华书局上海聚珍原主事余佐赞先生热诚约稿，感谢贾雪飞女士建议将随笔篇目选择集中在士大夫政治的主题之下，更感谢常利辉博士的认真审读。对于这盘小菜，我只是提供了素材，是她们的劳作将其呈现在读者面前。

时值令和改元，"五四"百年，瑞来识于日本千叶寓所
（《立心立命：宋代士大夫政治文化随笔》，中华书局，2019年。
此次收录，文字略有润色增订）

《不废江河》自序

　　"尔曹身与名俱灭，不废江河万古流。"老杜《戏为六绝句》中的这两句，相信很多人都耳熟能详。这两句诗的意指，绝句的前两句已经点出："杨王卢骆当时体，轻薄为文哂未休。"即是抨击一些肤浅文人对初唐四杰的批评。有评论说这其实是杜甫针对时人对自己作品批评的反驳。这首诗的具体本事且不具论，与许多经典的作品一样，在流传过程中，文本会形成超越本事的更为广泛的意义。

　　老杜所讲的身名是人文，这江河也是以自然界江河为喻的人文。由此，我们可以将视野扩展开来看这两句诗。古往今来，无数帝王将相、达官显贵、英雄豪杰、闻人名士都伴随着时光的流逝湮没了，身名俱灭，而滔滔江河却依旧亘古奔流。亘古奔流的不仅仅是自然界的江河，源远流长的文化江河也是从古至今不舍昼夜，奔腾不息。

　　自然界江河的载体是大地，文化江河的载体就是历史。奔腾不息，逝者如斯。大浪不仅淘沙也淘金，无情地淘去了一切。不过，水去留痕。文化江河留下的痕迹就是前人的书写。阅读这些前人的书写，感受业已消失的江河涛声，体味历史的脉动。其中，不仅有楼起楼塌的王朝兴亡、豪族盛衰，还有细民凡庶的悲欢离合，喜怒哀乐。除了这些政治史、社会史意义上的面相，文化江河中还有思想的流动、精神的演化。

解读历史的书写，还需辨章学术，考镜源流，追踪历史真实的无穷大，原始被误解或曲解的人事乃至语辞，依据逻辑真实来审视纷杂的史事，撇去表象的浮沫，从旧识中获得新知，并且思索是非成败，假设历史走向的可能。

历来，强调历史的借鉴意义。不过，如果通鉴仅仅为了资治，则把历史的价值限定得过于狭窄。即使说历史有借鉴意义，这种借鉴也是全方位的，不仅限于政治，应当是人类生活方方面面的全部。回顾过去是为了面向未来。从前人的步履中汲取经验教训，从而生成走向未来的智慧。

读史除了借鉴，其实还有更为深层的意义。除了衣食住这些生存的基本需求，人还是思想的芦苇。为了精神需求，人需要做"无用功"。看似并不创造价值的读史，跟艺术品鉴、音乐欣赏、下棋博弈乃至观光旅游一样，会让我们的精神世界灵动鲜活，成为生机盎然的绿洲。我觉得可以获得精神充实，正是读史的最大意义所在。

基于上述的认识，不拘泥于某个特定领域，也不仅仅仰视俯瞰高山大河，以广角的视野把小草浪花也收入眼底。这就是本书收录历年所写短文的宗旨。不废江河，万古流淌，这本小书就是从中撷取的一朵朵浪花。透过轻松阅读，相信读者可以从这一朵朵浪花中感受文化江河的壮丽。拥有这样的江河，崖山之后，中国依旧在，日出江花红胜火。

在《亭林诗文集》卷二《抄书自序》中，顾炎武写下过一段很有名的话："尝谓今人纂辑之书，正如今人之铸钱。古人采铜于山，今人则买旧钱，名之曰废铜，以充铸而已。所铸之钱既已粗恶，而又将古人传世之宝舂剉碎散，不存于后，岂不两失之乎？承问《日知录》又成几卷，盖期之以废铜。而某自别来一载，早夜诵读，反复寻究，仅得十余条，然庶几采山之铜也。"以亭林先生之语观本书所录，则可以自信而言，皆非废铜。本书收录的短文，并非研文治史之边角废料，皆为读史或整理文献时，根据当时产生的感想或问题意识所草就，并未进行深入开掘，只能说是发现了一些矿石，还没有进一步冶炼。有心的治史者，完全可以利用这些采山之铜，展开深入的研究。

"此中有真意，欲辨已忘言"，"奇文共欣赏，疑义相与析"。文无奇，意有真，相析疑义，瑞来与同道共勉。

（将由中华书局出版）

《日知余录：海客谈瀛洲》自序

"剪不断，理还乱"，欲说还休。这或许是很多人提起日本的复杂感觉。对于中国人来说，日本这个国度，既近又远。地理近，一衣带水；文字近，同为汉字文化圈。远者，中国人对这个东方近邻缺乏了解，又有着很多误解，在心理上的绝对距离很遥远。从感情上说，由于远远近近的历史纠葛，中国人对这个国度又是爱恨交织。委奴国土、亲魏倭土、倭之五王、遣隋使、遣唐使、宋元僧侣、明清商船，从儒学典籍到佛教经卷，从政治制度到民间习俗，大量"中国文化"被带到了这个岛国。这些因素的存在，让中国人觉得这个国度并不陌生。正所谓"山川异域，风月同天"。元明以来的倭寇，近现代的侵略，又埋下了深深的仇恨。其实，无论是爱还是恨，都会阻碍中国人对这个国家、这个民族的了解。

根据我的观察，日本文化中有着浓重的中国底色。这一因素会让中国人感到亲切并容易接近。不过，中国底色已水乳交融般融入了日本文化之中，成为日本文化的一部分。从根本上说，尽管同用汉字，但绝非同文同种。日本民族来源复杂，有来自大陆的移民，也有来自其他各方的。日语也属于跟汉语完全不同的语系。语言不同的背后，是思维方式的不同，从根底上说是文化的不同。学习了中国上千年的日本，在近代迅速走上了"脱亚入欧"的道路，日本人自认为亚洲的"优等生"。中日在原本文化差异之上，又加进了时代因素和国际因素。其中，农耕文明与近代都市文明之别则成为中日文化在近代以后显现于各个领域的明显差异。

总之，对于中国人来说，日本文化是看似熟悉的一种异文化。无论爱恨情仇，都不应成为拒绝了解的理由和障碍。从取长补短的"拿来主义"来讲，日本文化中的优秀成分也值得学习，近代化进程中的得失更值得借鉴。

十多年前，早稻田大学曾请我去作了一次演讲，我就讲，我既不是亲日派，也不是反日派，我是知日派。迄今为止，我在日本已经寓居了三十年，可以说是有资格称为知日派的。

本书收录短文五十余篇，涉及日本的自然风光、日常生活、文化习俗、中日交流的历史、中日关系、笔者的学术交往等，内容涵盖广泛，是笔者寓居日本三十年之所见所闻所思。书名《日知余录》，取自清代思想家顾炎武名著《日知录》。日者，每日也，然本书又寓有日本之意；余者，既有文言第一人称之意，以示纯为作者个人之感知，简体字的余又多了剩余、余下之意。古人有诗余之说，本书之文，亦非正式论文，属作者自由抒怀，令读者轻松阅读，可谓文之余，因以余名。

这些时间跨度长达三十年的文字，大多见于笔者的新浪博客，有一部分曾在报刊或网络媒体上刊载过。时移世变，三十年间的世界发生了很大变化。为了读者了解文章的写作背景，在各篇之末，记下了写作日期。透过这些时间记号，盖可推想彼时之情境。

顾炎武在与友人谈及《日知录》时有云："尝谓今人纂辑之书，正如今人之铸钱。古人采铜于山，今人则买旧钱，名之曰废铜，以充铸而已。所铸之钱既已粗恶，而又将古人传世之宝春剉碎散，不存于后，岂不两失之乎？承问《日知录》又成几卷，盖期之以废铜。而某自别来一载，早夜诵读，反复寻究，仅得十余条，然庶几采山之铜也。"乘桴东渡三十年，五十余篇不为多，亦庶几采山之铜，并且此铜尚为他山之铜。石可攻玉，铜可为鉴。期待我所开采的他山之铜，可以成为读者了解东瀛邻居的一面铜鉴。

移住日本三十年，除了梦里不知身是客，梦醒之后则常有挥之不去的客居之感，因可自称为这一岛国的海客。太白诗云："海客谈瀛洲，烟涛微茫信难求。"瑞来身为海客在东瀛，适可一谈。此为本书副题之意。身在东瀛，近距离的观察，或许比之远远眺望，不那么"烟涛微茫信难求"，不过，只缘身在此岛中，或囿于闻见，或因惯见而漠然，犹如盲人摸象，失之片面者当多有之。片石微鉴，疑义与析，则为笔者之本衷。

"欲将心事付瑶琴"，幸有知音，钰翰玉成，把这本小书呈现给读者。无论当年惘然否，总可一弦一柱思华年。

庚子夏日记于日本千叶寓所

（《日知余录：海客谈瀛洲》，上海人民出版社，2021 年）

"北大古文献派的……"

几年前，徜徉于网上，发现了凤凰出版社出版的学长杨牧之主编的《古籍整理与出版专家论古籍整理与出版》。由于其中收录有署我名字的一篇《略谈古籍校勘》，不禁诧异，便赶紧向出版社索来该书。原来，牧之学长是从我80年代刊发于《古籍整理出版情况简报》的十多篇短文中选出一部分，汇成一篇长文，收录到了该书之中。

《古籍整理出版情况简报》为全国古籍整理出版规划领导小组办公室编印的内部发行刊物，读者层只是古籍整理的圈内人士，流布范围有限。但《古籍整理与出版专家论古籍整理与出版》一书的公开出版，则大大扩大了读者范围。

网上一位不具名者开列了全书的篇目，并且在一些篇目之后，间有批语。在我的那篇之后，记有这样的批语："五星推荐，必读！此文当作校勘学补充阅读。"（http://www.douban.com/review/1506268/）在另一个网页上，也是一个不知名的朋友向别人推荐我这篇文章，并从网上摘录了我的论著目录，题为《乘桴小识》（http://www.douban.com/subject/discussion/1387524/）。这位朋友的文章开门见山就是一句："又是一个北大古文献派的……"

"北大古文献派!"看到这样的提法,感到很新鲜。称之为"派",可见声势已大,蔚然成军。而"又是一个"的说法,表明文章作者不只见过一个"北大古文献派",我则是作为"又一个",被其发现。他人的提法,不是出于自画自赞,自卖自夸,这让我为我出身的专业感到几分自豪。

大约六七年前,我应邀回古文献专业做过一次讲座。在那次讲座上,面对满堂表情透着稚气的学弟学妹们,我说,我们古文献专业是最好的专业。

这不是出于"儿不嫌母丑"的偏爱,而是发自内心的感慨。也不是厚此薄彼,与其他专业进行比较的褒贬,而是从自身将近三十年的学术经历得出的认识。

"古文献专业是最好的专业"云云,这是结论性的表达。而结论的成立需要实证,实证则需要事实。我以为最为有力的事实便是现身说法。那么,实证就从我的学术经历的回顾说起。

* * *

常常夸耀自己出身的专业是最好的专业,似乎我很热爱古文献这一专业。其实,入学之初,并非如此。由不了解的不爱到深深沉浸于其中的酷爱,我经历了一个颇有些痛苦的转变过程。为什么会有痛苦呢?

正如"子非鱼,焉知鱼之乐"一样,我当时的苦恼也只有自己清楚。

"文革"结束,恢复高考,积压了十年的人才一齐涌向考场。本来,在激烈的竞争中入围,进入北大,应当高兴才是。但拿到录取通知书和刚入学时的兴奋，很快就消失了。翻阅我那时的日记，入学三个月后，我写下了这样的打油诗，颇可看出当时的心境：

自度曲

去！
去！
真难甩，
苦恼常存在。

来！
来！
任求哀，
兴趣偏不来。

怪！
怪！
天不怪，地不怪，
怪我投错了胎。

一心慕高台，
不想不顾只管迈。
哈，可是迈上来，

却不爱！

"玉带林中挂，
金钗雪里埋"，
叹，叹，
"空有咏絮才"！

解说一下这首打油诗的背景，顺便透露我为何选择报考古文献专业的一个小秘密。77级高考，报考志愿是选择到专业的。在填写报考志愿时，一个"文革"前的老大学生给我出主意，说如果想考上北大，必须要报冷门专业。就这样，我才选择了古文献专业。果真也如愿以偿，进入了古文献专业。这就是诗中说的"天不怪，地不怪，怪我投错了胎"的由来。

那么，为何说"投错了胎"呢？因为我自幼喜欢舞文弄墨，从初中时便开始在报刊上发表诗作，到入学之前，已经发表有30余首。那时是把文学创作视为毕生的事业的。但进入古文献专业，人生等于是拐进了另一个胡同。这正如当时我在另一首诗中写的那样：

整个世界似乎都与我无关，
所有一切也无需我去瞩目；
生活中仿佛没有我的"户口"，
一道无形的鸿沟把我划归远古。

当时的认识是，文学创作需要贴近生活，而古文献专业所学的，离现实又很远，按我在同一首诗中所言，是"同古人一起踱步"。所以，我在入学后很长一段时间内很苦恼。我拿着自己发表诗歌的剪报本，去找当时的系总支书记吕良老师，要求调换到文学专业。吕良老师答复说，你们的毕业分配都是定向的，无法变更。调换无望，只好硬着头皮学，希望能对古文献产生兴趣，但兴趣却不是说产生就能产生的。这就是写上面那首打油诗时的背景与心境。

硬着头皮学，在苦恼中前行，心境逐渐开始转变。转变有一个标志。第一学年结束时，写学年论文，我写了一篇《试论〈豳风·七月〉作者的阶级地位——兼谈对〈七月〉研究的一些看法》。当时担任我们写作课的金开诚老师看了，认为还不错，便推荐到《教学与进修》杂志。论文很快在1979年第2期刊出了。能力往往需要客观外物来证明，自信也常常需要成果来树立。看着篇幅不短的这篇印成铅字的文章，热情与信心俱增。从此，便一头扑向故纸堆，我的学术生涯也从此开始。

* * *

作为全国第一个古典文献专业，北大古典文献专业成立于1959年，课程设置可以说是标准的国学。除了第一学年的写作、古汉语语法、古文选读等基础科目之外，从文字、音韵、训诂，到版本、目录、校勘，这些传统的国学学科都系统地学习过。

刚刚人到中年的裘锡圭先生为我们讲授文字学。除了学问，裘先生严谨认真的学风也如春风化雨，无形地影响了我们。音韵学是年迈的周祖谟先生讲授的。周先生决意用最通俗的表达来给我们讲述这门绝学。至今，"时有古今，地有南北"的优雅京腔，仿佛依然在耳畔回荡。训诂学是担任我们班主任的年轻的董洪利老师讲的，第一次登上讲坛的高路明老师则给我们讲授目录学——几乎整整一堂课都没有抬起头看看下面的高老师那紧张的样子，也犹在昨日。版本、校勘是陈宏天老师通过校勘宋人笔记《墨庄漫录》的练习来进行的。而我们和专业老师共同做的《古文观止译注》，也可以说是上述学科学习的综合训练。

除了上述基础科目的学习，几年间，我们还进行了专书课的学习。专书课包括有阴法鲁先生讲的《诗经》、孙钦善先生讲的《论语》、董洪利老师讲的《孟子》、安平秋先生讲的《史记》等。

在课程安排上，除了基础科目和专书课，为了拓宽学生的知识范围和学术视野，孙钦善先生还给我们讲授了古文献学史，向仍旦先生讲授了民族文化史，严绍璗先生讲授了历史文化论等。记得当时严先生为我们指定的必读书竟是托尔斯泰的《安娜·卡列尼娜》。严先生还根据自己的专攻，向我们介绍了日本汉学。陈宏天老师讲授的工具书使用法更是"授之以渔"，受益无穷。通过这门课，在没有电子版的时代，燕大引得等大量专门工具书，在相当长的时期内，成为我们做学问的法宝。

鉴于日本汉学的发达，我们的外语学习被指定为日语。为此，专业还专门配置了日语老师。清癯潇洒的王善先生，拥有日本血统，他为我们打下了坚实的日语基础。我实在是主要受益者之一。

我们"文革"后第一届古典文献专业班共有20人，而当时在编的全部专业老师也是20余人。专业的老师们对我们这些新"黄埔一期"格外关心，经常到宿舍来指导我们学习。"有一棵白菜，炒一棵白菜"，以点带面。相信班里所有同学都记得金开诚先生的这番话。向仍旦先生也常来宿舍，从学习到生活都热心予以指导。我上中国哲学史课的读书报告，就是向先生推荐给张岱年先生，后来发表在了《哲学研究》上。而我在《文史知识》创刊号的文章，也经过了金先生的亲自修改。

不仅是专业老师，大学图书馆的老师也对我们给予了特别的照顾。记得我们班可以利用图书馆的教师阅览室，在那里，当时很少见到的台湾版的《中文大辞典》，也成为了我们的常用书。在大出纳台，对古籍稔熟的李鼎霞老师，在借阅线装书时，给予了我们版本学实习一样的指导。而在表情严肃的张玉范老师的关照下，在善本阅览室，我们甚至可以直接触摸到宋元版古籍。虽不是专业老师，李鼎霞老师的丈夫白化文先生，也给予了我们极多的指导。包括我的毕业论文《鹤林玉露》点校稿，白先生都逐页审订过。

我相信，上述我讲述的这些，至今都会让专攻文史的同学羡慕，甚至会产生几分妒忌。且慢，我们古文献专业的好处还不止于此。我们专业那时的课程设置，还实现了少有的学科跨越。除了上述的各种专业课，作为必修课，在系里，我们跟汉语专业一起学习现代汉语语法，跟文学专业一起听中国文学史的课。而在系外，我们跟哲学系一起听中国哲学史的课，跟历史系一起听中国古代史的课。中国文学史和中国古代史的课，都是由各个断代的名家给我们讲授，文学史如赵齐平、周先慎等先生，古代史如张传玺、张广达等先生。课程持续时间都长达两年以上。

我说"古文献专业是最好的专业",一个最基本的事实是,在课程安排上,我们学的最多。如果潜心向学,无论将来从文还是就史,上述的课程设置,则完全可以培养出训练有素的学者。

* * *

回顾四年的学习,当时学得真的很苦。77级的同学大多都有赶上命运末班车的感觉,深知学习的机会来之不易,分秒必争地学习。举一个例子,我们班的20个同学,大学四年间,没有打过一次扑克。摘录几段当时写的诗句,可以窥见苦学之一斑。

每天三点一线,
走着一条单调的路;
每天埋头苦读,
捧着一部枯燥的书。

在这里没有月日的概念,
只有星期的默数;
在这里没有四季的变迁,
落叶飞雪,才似乎若有所悟。

盛夏,热汗在光着的脊背上奔流,
隆冬,钢笔在冻僵的手指中伸出;
最难将息呵,乍暖还寒,

体温像是与大自然一起停在零度。

人在此时，似乎一切奢望都化为乌有，

一点小小的如愿，也会感到最大的满足。

比如，寒风中喝上一碗热粥，

比如，四处奔波，觅到一隅读书处……

从古文献专业毕业后，我按照最标准的专业定向，去了中华书局，并且根据自己的爱好，担任历史书籍和古籍的编辑。将近十年的编辑生活，等于是我在古文献专业四年学习的综合实习。中华书局的编辑兼学者的传统，又让我在学术道路上将所学的专业知识得到了极大的发挥。

90年代初应邀赴日，人生大幅度转身，从此走上讲坛。日本的大学，对开设课程只有一个大体名目，具体讲什么，完全由教授者自行决定。我得益于古文献专业的训练，因此，我也将这些成功的经验，包括具体的课程带到了日本的大学课堂上。比如，在东洋史特讲科目里，我开设了目录学；在东洋文化史科目里，我开设了汉字文化论。这等于是文字、音韵、训诂的综合。并且还在日本的大学首次开设了中国通史的课程。这些课程的开设，固然有我后来的研究因素，但根柢实在就是古文献专业的课程。这些知识，不仅成为我在海外谋生的饭碗，更成为介绍中国文化、传道授业解惑的工具。

"古文献专业是最好的专业"，实在是我的切身体会。

＊　　＊　　＊

人生不满百，知交半零落。77级同学大龄者多，与当时的许多老师年纪差距不大，亦师亦友，感情深厚。三十年过去，上述亲炙于吾辈的先生们，已有数人远行。哲人虽逝，薪尽火传。那知识，那精神，便犹火种，传到我们手上。世代相承，文化接力，吾辈任重道远。

我常常在想，人的一生，居住十载八载的地方不知凡几。不过，有一方土地，只消住上四年，便落上永久的户籍。那里便成为精神的故园，便成为心灵的圣地。那里的空气尽管也与别处无异，但总是感觉别样的纯净，让人忍不住深呼吸。一池连名字都没有的涟漪，因为曾经的伫足，心灵便接受了洗礼。这个地方，便是北大。在北大，古文献，就是我的根基。不是爱屋及乌，本身古文献与北大就是一体，一样凝结着我永恒的爱意。

"好雨知时节，当春乃发生。随风潜入夜，润物细无声。"杜甫诗的前两句，可以形容我们幸逢其时；后两句，则可以形容我们不仅从古文献专业接受了良好的专业训练，还潜移默化地接受了严谨学风的熏陶。

从来，在介绍自己的专攻时，我总是比一般学者多出一项。即除了历史研究，还有文献学。生命不息，古文献专业将会伴随我一生。这样的根柢，使我的学术构架犹如立于坚实的基石之上，心里踏实，觉得有几分底气。从这个意义上说，我认同文章开头提到的那个说法，并且自豪地宣称：我是北大古文献派的！

【附记】

　　本文应约为纪念北大中文系创立 100 周年而作。收录于《我们的学友》(北京大学出版社，2010 年)

漫谈篇

治史尤应专

读了《史坛纵论》所载夏露同志《治史贵在通》一文，颇有同感。然而，我以为，治史仅仅强调"通"是不够的，特别是缺少前提的"通"。因此，我想提出问题的另一面——治史尤应专，向夏露同志讨教。

通与专的问题，实际上就是史学的宏观研究与微观研究的问题。历史犹如一条奔腾不息的长河，在这条大河中，有大浪，也有细波。而大浪与细波又是不可分的。无数细波掀起大浪，一个大浪荡起无数细波。无数大大小小的、有联系的事件就是这样的大浪合细波，由它们构成了历史。因此，仅仅研究大浪，不去理会那细波，就不足以说明大浪的形成与趋势；相反，只研究细波，不去瞩目大浪，也会"一片汪洋都不见"。我想史学的宏观研究与微观研究，正当如是观。

诚然，那种"一览众山小"，以高屋建瓴之势，纵横古今，气度恢宏的史学研究，令人赞叹。但是，这种研究是有前提的，即一定要建立在坚实的史学基础之上，并不能"天马行空"。如果没有细致缜密的史学考证，没有具体史料的发掘辨析，那么这样的宏观研究，则犹如建立在沙滩上的大厦，一个哪怕是微小的史料的发现，也可能动摇其立论，导致整座大厦的坍塌。

看来，通与专，不可偏废。而专则是通的前提。没有专，就不可能有真正的通。一知半解地了解几个朝代的大事，对几条已经用得滥之又滥的史料变换一种解释，就找到了历史发展的"规律"。这样的研究，只能把复杂的历史简单化，导致研究方法的线性化、片面化。几十年来，我们的一些历史研究者只围绕着"五朵金花"转，去探索"规律"，而置偌大的历史于不顾，鄙薄扎实的考证，造成了史学之林的大片荒芜。这个教训难道还不值得深思？

因此，专，对于填补史学研究领域的大面积空白，有必要；对于基础远不如老一辈史学家扎实的青年学子，尤有必要。只有带着冷静的头脑、科学的方法去弄清一个个具体问题，对于重大的历史问题，才有可能融会贯通，豁然开朗，迎刃而解。这里之所以强调冷静的头脑与科学的方法，就是说，并不要求专题研究要像汉代人解经那样泥于一经。

实际上，在今天搞专题研究的人，谁都懂得这样一个常识，即历史是一个过程。因此，在研究上总要溯本求源，上瞻下望。研究唐代均田制的人，必然要考察均田制发生和发展的历史，这就自然要考察一下北魏的均田制。研究明清思想史的人，鉴于清儒（包括顾炎武、王夫之、黄宗羲等由明入清的思想家）是以恢复"汉学"为特点，作为对宋明理学的反动，那么，自然认为"明清思想家的学术思想与先秦诸子有千丝万缕的渊源关系"。这都是属于专题研究范围之内的问题。如果把这些叫作"通"，也是专中之"通"。

通与专，一个是望远镜，一个是显微镜，难分轩轾。在它们的镜片之后，都同样是大千世界。然而，根据不同时期的实际情况，我们强调的着重点不同。鉴于历史研究领域的实际状况，以及当代自然科学与社会科学学科划分日渐细密的现实，我们更强调具有通的眼光的专。在专的基础上，走宏微相济的研究道路。宏观说明总体，微观证实局部，二者缺一不可。大而化之的宏观研究，"空对空导弹"，苍白无力；细微琐碎的微观考证，于事无补。这两方面的教训应当汲取。微观研究，要从宏观来把握；宏观研究，要以微观研究为基础。既要坐得住冷板凳，进行专题研究，还要走出书斋，呼吸新鲜空气，摄取各学科的营养——方法与启示，登高望远。这样，才能使我们的研究成果，具有较为长久的生命力，对一个民族观念的变革有所助益。

（原载《光明日报》1987年6月17日第3版《史坛纵论》）

哈哈镜的真实

——历史与文学漫谈

一面哈哈镜，人站在前面，折射出的映像，或成细长，或变矮粗，扭曲变形，总之不是本来面目。人与哈哈镜映像的关系，正可以用来形容历史与文学的关系。

何以用此为喻？在解释之前，应该对历史与文学的含义作个界定。因为许多争议与分歧的产生，实在是由于定义不明所致。

今天一般说到历史，都把历史与历史研究捆绑在一起，混为一谈。比如说，我的专业是历史之类。

然而，西方学者则划分得泾渭分明。《大英百科全书》对"历史"这一条目的解释就说，历史分为事实的历史与解释的历史两个层面。就是说，事实的历史指的是历史上曾经发生过的事情，是一种客观存在；解释的历史则是指对历史上曾经发生过的事情的叙述与研究，是一个学术领域。

大概汉语中这种定义的含混，是由"历史"这一词汇本身造成的。

在中国古代，有"历史"的说法，但不是一个固定词汇，指的是"历代的史"。这里的"史"也是史书的意思。今天我们使用的

"历史"一词，是明治维新时期，日本人借用了《三国志》中"历史"这两个连用的字，来表示西文中的"Historical science"，亦即"历史学"之意。

现代汉语中，从日语舶来的词汇相当多，如"封建""民主""自由""政治""革命""电话"等等。不过，"历史"一词舶来后，意思又被含混了。大学里院系的设置，严谨的，还叫做"历史学系"，不讲究的，就径直叫"历史系"。

如果当年舶来之时，就直接叫"历史学"，就不会出现意思含混的问题。这实在是丢了一个"学"字惹的祸。

以"学"字来表示学科归属，虽出西风浸染，然其来亦尚矣。在明代人茅元仪编的《白华楼书目》中，就出现了以"学"分类的方式，"文学"的美目也赫然跻身其中。

我们将视角转向文学。或许有人会说，幸而"文学"一词后缀有个"学"字，不会出现像"历史"一词那样的歧义。其实不然。"文学"一词在用法上也存在着含混。讲到"文学"，是指各种文学体裁的创作呢，还是指对创作作品的研究呢？严格说，文学创作不属于学术研究范畴，而称得上是"学"的，则是对古今中外各种文学作品的研究。

语言的使用约定俗成，不尽合理。多数是强势，最终不得不从俗。日语中就有句俗话，叫做"语词无理可讲"。

* * *

将历史与文学的定义分别作了欲理还乱的清理之后，我们来看看历史与文学的关系。

首先，要说明的是，我为何要说这样一个题目？意识决定于存在。当下在影视、戏曲、小说等之中存在的大量历史题材的作品，大有将文学与历史江山一统之势。这种存在，唤起了我思考这一题目的意识。

　　自古以来，中国就有演义的传统，将历史事件与人物文学化。典型的就是《三国演义》。这种演义，严谨一点的，也至多是"七实三虚"。不过古往今来，一般读者是没有意识去辨别真伪的，书上讲的，剧中演的，大多信以为真，以为就是历史上曾经有过的事实。

　　不过，严肃的历史学者却有辨章学术、考镜源流的嗜好。经他们的学术照妖镜一照，就发现大量历史题材的文学作品中的人与事都不靠谱。古代的自不待言，今人中号称严谨的小说家姚雪垠写的《李自成》，其中的巾帼英雄红娘子也是史无其人。自此而下，无数的历史"戏说"，就更经不住推敲，显得荒唐无稽了。

　　因此，对于多数历史题材的作品，一般人看得趣味津津，却被学者嗤之以鼻。

　　这里，就出现了一个如何看待历史题材文学作品的真实性的问题。还以《三国演义》为例。在《三国演义》中，即使是貌似史实的事件，从学术角度看，也存在争议。比如，有名的"三顾茅庐"隆中对，尽管有诸葛亮自述为证，但据《三国志》裴松之注所引《魏略》和《九州春秋》，完全没有那么回事，说诸葛亮并不是刘备三顾茅庐请出来的，而是他主动去见刘备的。不过，尽管记载有分歧，但诸葛亮自述的"三顾茅庐"，亦备一说。关于这类在学界尚存争议的史实，还不能简单地斥之为妄。

此外，何谓"演义"？叫"演义"，就不是单纯讲故事，而是要演一种义。这种义，就是作者的历史观，亦即作者的历史认识、历史评价。不止于此，作品还融进了演义者的理想与期待。在市场化的时代，还带有作者对读者的迎合。

从广义上说，这也属于一种学术见解。比如，《三国演义》奉蜀汉为正统，视曹魏为篡逆。因此，蜀汉一侧的刘备、诸葛亮、关羽、张飞便通通成为正面人物，而曹操则成为反面人物，在舞台上要扮成白脸的奸臣。三国故事的这种历史认识与人物评价，透过艺术形式成功地传达给了亿万民众，成为了他们的历史认识与人物评价。由此可以看到文学艺术作品的力量。

* * *

克罗齐有过一个有名的命题，叫作"一切历史都是当代史"。意思是说，所有历史叙述者和研究者都摆脱不了身处时代的观念的影响，论著或是作品都有着当世的影子。解释的历史因解释者的立场而有异，与事实的历史肯定有着一定的距离。其实，历史一经书写，大多成为解释的历史。真实只是相对的，追求绝对真实无异于缘木求鱼。严谨的学术研究尚且如此，而从古代作家的演义，到今人的戏说，更是有树有阴，影随身在。

古代有一种说法，叫作"六经皆史"。就是说，儒家经典和对经典的解释，都可以视为一种史。至少是反映了各个时代撰述者和解释者的认识。再有，我向来认为，研究一个民族的文化，有个捷径就是看那个民族的文学，特别是小说。这些东西是一个民族社会文化的综合折射，凝缩化了的反映。整体观之，就是一个民族的精神史。而历史文学作品，从"六经皆史"的意义上说，也是一种历史诉说。再从民族文化反射上看，也是透射出一个时代的历史观。这些都是具有思想史价值的意义所在。

我还一向以为，任何表面上看荒唐无稽的神话或者传说的背后，都有真实的影子。

我们且以远古的神话为例。比如，从黄帝驱使熊罴作战，可以得知黄帝一族的图腾为熊；从神话吞玄鸟蛋而孕育殷人祖先契，可知殷人的图腾为燕子，并且时处母系氏族社会；从姜嫄踏巨人足印而生周人始祖弃，而后又屡屡抛弃，可知其时周人处于母系向父系过渡的社会阶段。最近，我还从宋代"狸猫换太子"传说中考察到宋代士大夫政治的某种真实。

"横看成岭侧成峰"。历史的真实，也要看从哪个角度、从什么层面去观察。回到文章开头的比喻，哈哈镜折射出的影像尽管有各种各样的变形，毕竟，在镜子前面，有一个映照的本体在。这就是事实的历史。而哈哈镜折射出的变形影像，则是历史的解释与文学的描述。与事实的历史相比较，变形是必然的。历史这面哈哈镜，折射的是现在。从历史解释的角度看，历史研究论著与历史题材的文学作品，跟事实的历史的距离，仅仅具有远近之差。

* * *

我无意于抹煞历史研究与历史文学的区别，希望历史学家不要迁怒于我对"戏说"之类作品的宽容。从"六经皆史"的广义上看，关于历史的任何形式的话语，都有其价值在。

不过，尽管从历史学科的专业人士看，"戏说"之类的文学作品反映的不是真实的历史，但在没有受过专业训练的一般人来看，《三国演义》讲的就是三国的历史，对时下的大量历史题材的文学艺术作品，一般人亦作如是观。

因此，我希望从事历史文学创作的作家要有些历史研究的基本训练，懂些史料考证知识，跟事实的历史相对照，不要太过于离谱，不要时空倒转，尽是"关公战秦琼"。并且还应当有一种避免误导读者的责任感，对于"子虚乌有"的虚构部分，应加以说明。

文学作品所反映的，既有生活真实，也有艺术真实。同样，历史的真实，既有事实的真实，也有逻辑的真实。前人遗留下来的文献记载，不是录音机或摄像机的磁带或光盘，不可能没有遗漏。对于事实以及话语的空缺，历史学家与文学家都可以通过文献提供的已知条件，运用心理学等学科知识，进行合乎逻辑的推理想象，来加以填充。这并不是虚构。这样的写作，无疑与事实的历史更为贴近。以绘画作喻，这正是基于形似的神似。

以上杂言，期与有志诸君共勉。

（原载《文史知识》2014 年第 3 期）

"汉学"表述商兑

时下，以汉学来代表中国研究，似乎颇为经见，中国台湾地区自20世纪90年代起，便设置有机构，出版有《汉学研究》和《汉学研究通讯》。这一提法，大陆近年也开始流行起来。不少大学，海外汉学研究中心的设置也如雨后春笋。2007年，在人大举行的世界汉学大会上，校长纪宝成的主题发言就题为《汉学是什么》。汉学，俨然成为显学。一年前，北大又设置了国际汉学家研修基地，出版有《国际汉学研究通讯》。海峡两岸的这些杂志，我都有文字刊发过。不过，对以"汉学"一词代表中国学，尚窃有疑焉。

历史上，"汉学"一词有两个义项。

学术史上围绕对儒学经典的研究，与"宋学"相对，有"汉学"之称。《四库全书总目提要》云："国初诸家，其学征实不诬，及其弊也琐。要其归宿，则不过汉学、宋学两家，互为胜负。夫汉学具有根柢，讲学者以浅陋轻之，不足服汉儒也。宋学具有精微，读书者以空疏薄之，亦不足服宋儒也。"这段话讲的就是学术史上的汉学与宋学，起源较晚，是清初才流行起来的说法。这里的"汉学"一词，与我将要讨论的汉学无直接关系。

除此之外，检视史籍，还有一种"汉学"，起源要早于上述的汉学。

《宋史》卷四八五《夏国传》在记载李元昊建国之际设置的官署时说："其官分文武班，曰中书，曰枢密，曰三司，曰御史台，曰开封府，曰翊卫司，曰官计司，曰受纳司，曰农田司，曰群牧司，曰飞龙院，曰磨勘司，曰文思院，曰蕃学，汉学。自中书令、宰相、枢使、大夫、侍中、太尉已下，皆分命蕃汉人为之。"这里的"汉学"，虽然是指学校，但学习的内容就是指以汉字表述的学问。这是"汉学"一词比较早的记录。

后来满族入主中原，在清朝，也有这个意义上的汉学提法。《世宗宪皇帝上谕旗务议覆》卷三载："皇上所赐左翼、右翼两处官房，每翼各立一满学、一汉学，其教授宗室。人员于各部院现任司官中书内，择其人品老成、学问优长者四员，每翼分与二员，教习清书；令礼部拣选教习四员，每翼分与二员，教习汉书。"这里记载的是雍正时期的事情。

西夏为党项人政权，清朝是满族人政权，所立汉学，都是指汉字文化。这种意义上的汉学，其实与时下流行的汉学一词最为接近。

在日语的词汇中，有"汉语"一词，但这是指古代汉语，即日本的学生到高中为止必须学习的汉文。所以书店里卖的题为《汉语词典》的书，并非现代汉语词典。现代汉语，在日语中表记为"中国语"。这又是汉语中没有的词汇。

为何汉语不使用这一直截了当、通俗易晓的"中国语"一词呢？没见过有人加以说明。我忖度，这里面大概有着民族政策的考量。汉语的使用者以汉族为主，但在 56 个民族中，汉族以外的民族，拥有自己民族语言与文字的也不少。如果把汉族人使用的语言文字称作中国语，那么其他为政府所认可的少数民族使用的语言文字就不是中国语了吗？容易给人以民族歧视的感觉。这大概是中国不使用"中国语"一词的主要原因吧。

或许有人会反驳我说，汉语中不仅使用"汉语"一词，也使用"中文"一词啊。的确，说"中文"，犹言"中国语"。但须注意，"汉语"与"中文"的使用范围有所不同。说"汉语"，就是明确指汉族的语言文字；说"中文"，则是相对于"英文""法文""德文""日文"等外国的语言文字而言。这是对外的说法，因而不存在民族歧视的问题。

迂回了半天，我们回到汉学的讨论。

汉学是什么？网上就有简洁的定义："汉学是指中国以外的学者对有关中国的方方面面进行研究的一门学科。包括中国历史、政治、社会、文学、哲学、经济等等，甚至也包括对于海外华人的研究。"

前面提到的纪宝成《汉学是什么》的发言还简略介绍了汉学的历史："汉学究竟是什么呢？我想应该如同我们对"国学"的认识一样：它的内核是清晰的，它的边界则是相对模糊的。据我涉猎所知，日本在 14—15 世纪开始形成传统汉学，据此则区域性的汉学历史已有 700 年；利玛窦于 1582 年入华，他所象征的传教士汉学亦有 400 余年；从 1814 年法兰西学院设立第一个汉学教席开始，学院式、专业化的汉学已经走过了将近 200 年的历程；将汉学扩展为中国建设的美国汉学兴起于二战之后，至今也有 60 多年。在这一过程中，始终存在着'汉学是什么'的问题。而德国汉学家奥托·弗兰克最为宽泛的定义，或许也最容易得到比较广泛的认同，即：汉学就是关于中国人和中国文化的研究。"

以上引述的两段话，都把汉学定义为外国人关于中国人和中国文化的研究。

前面已经说到，"汉"主要指汉族。历史上的"汉学"一词，除了与宋学相对的学术史概念之外，也是指的汉族的汉字文化。既然汉学是以整体中国人和中国文化为研究对象，那么，仅称"汉学"就未免过于意义涵盖过狭。汉字以外的载体就不是中国文化了吗？像蒙、满、维、藏、壮、苗等民族的文化，不都是中国文化的一部分吗？

关于这一点，制造了大量汉语词汇，至今让中国人受惠的日本人比较严谨，很少用"汉学"一词来指代海外中国研究。比如，我在 20 世纪 90 年代曾翻译过挚友、早稻田大学教授近藤一成先生介绍英国中国研究的长文。该文的题目就叫《英国的中国学》，我也直译仍之。

"汉学"一词的英译，为 Sinology，直译过来应当是中国学，"汉学"语译的汉字表记并不准确，指海外的中国研究，不如就直接叫做"中国学"。

（原载《中国社会科学报》2011 年 10 月 18 日第 13 版）

岳阳楼非青楼，古人不可厚诬

自唐以来，文人墨客的题咏，让岳阳楼闻名遐迩。而让岳阳楼名声大振、历千年不衰的，则是范仲淹的名篇《岳阳楼记》。"庆历四年春，滕子京谪守巴陵郡。越明年，政通人和，百废具兴，乃重修岳阳楼，增其旧制，刻唐贤今人诗赋于其上。"由于《岳阳楼记》的记述，关于北宋重修岳阳楼的经过，人们耳熟能详。一句"先天下之忧而忧，后天下之乐而乐"，使岳阳楼不仅矗立在洞庭湖畔，也耸立于世世代代亿万人的心中。

青楼想当然

不过，最近关于岳阳楼以及《岳阳楼记》有一种说法，这就是近期网络上流传甚广的《先天下之忧而忧，何以让天下皆忧？》（http://finance.ifeng.com/a/20151124/14087077_0.shtml，以下简称"该文"）一文。其中云："仁宗年间的'岳阳楼'其实是一家名满江湖的青楼。"又云："《岳阳楼记》则是送给岳州知府兼这家青楼老板滕子京的马屁文章。"该文的说法令人颇感新奇。新奇之下，笔者觉得很有值得商榷之处。

岳阳楼名满江湖不假，说其跟烟花柳巷的妓馆是同义语的青楼，则是闻所未闻。笔者研究范仲淹已有二十多年，整理出版过两种范仲淹文集、一本专著，尚未见到这一史料。由于该文并没有出示记述这一事实的史料来源，只好遍查史籍，旁及稗乘，结果与这一事实贴一点边的记载也没有见到。笔者颇疑岳阳楼为青楼之说乃是"假语村言"，出于杜撰。倘若不想背此之名，除非出示证据，方可让人心服而噤口。

如果没有史料证据支撑，揣想青楼之说的由来，或许是出自一种想当然。往昔达官贵人或文人墨客，定会时常宴饮于岳阳楼上，宴饮之时往往会有歌妓舞女佐兴。这也是宋代士大夫的一种习尚，范仲淹也自不能免。不过，即使是有官妓佐兴的楼中宴饮，也不能改变作为景观的岳阳楼的性质。若因此而将其定性为青楼，那该文的想象也是发挥得像洞庭湖水一样，"横无际涯"般的离奇了。

廉洁滕子京

宋代同级的地方行政区划分为府、州、军、监，岳州非府建制，称"知府"已是不妥。"子京"为字，是范仲淹按当时习惯对同辈人滕宗谅的尊称，今人多不详其名，也多沿用范仲淹使用的尊称。

该文说滕宗谅为贪污犯，这与事实不符。的确，担任西北边防泾州知州的滕宗谅因安抚当地部落首领以及送往迎来，花费了一些公用钱，亦即公款，曾被告发。但经过调查和范仲淹、欧阳修等人的力辩，事实已经清楚，即告发者把驻军的日常支出也算在滕宗谅的头上。由于调查清楚滕宗谅并没有贪污，至多是有些钱款使用不当。因此滕宗谅并没有被落职，仍保留了天章阁待制的荣誉职名，只是从刑部员外郎略微降级成祠部员外郎，先是从凤翔府调到虢州，继而因御史提出异议，又调到偏远一些的岳州，远不是如充军般的"发配"。其实，即使是这样的处理，也只是宋仁宗和大臣们出于维护勇于上言风气的考量。

　　该文只接受滕宗谅为贪污犯的事实，无视这是已被辨明的诬枉，所以也否认滕宗谅在岳州的政绩，指责"范仲淹居然称岳州'政通人和，百废俱兴'"。笔者认为，范仲淹所说的在滕宗谅的治理下，岳州"政通人和，百废具兴"是有根据的。在滕宗谅不长的任期内，他不仅重修了岳阳楼，还兴修水利，保护了岳州城的安全。《湖广通志》卷二十一载："巴陵县偃虹堤，在县西，宋郡守滕宗谅筑。"清人所撰《行水金鉴》卷七十九记载得更为详尽："岳州府城西岳阳楼一带正临洞庭湖，春夏水涨，波涛撼城，势甚可忧。宋守滕宗谅筑偃虹一堤障之。"据书中记载，滕宗谅主持修筑的偃虹堤一直到明代初年还发挥着作用。不仅范仲淹颂扬滕宗谅在岳州的政绩，而且当地也有铭记。《湖广通志》卷二十五记载了巴陵县有座五贤庙，其中供奉祭祀的除了鲁肃、陶侃、李镜、陶宗孔四人之外，还有滕宗谅，排在陶侃之后。据《宋史·胡宿传》记载，滕宗谅在知湖州时大兴学校，"其后湖学为东南最"。从《宋史·滕宗谅传》看，滕宗谅其实是很清廉的，"及卒，无余财"。《宋史》本传也说滕宗谅"莅州喜建学"。对滕宗谅的人格，《宋史》本传也有涉及："尚气倜傥，自任好施。"尽管在《岳阳楼记》最后，范仲淹说"微斯人，吾谁与归"，是一种对高尚者的泛指，但即使是把滕宗谅包括进去，也并无不妥。

希文忧天下

对勤政爱民、心忧天下的滕宗谅，范仲淹是引为同志的。该文假借王夫之之口，说"范公'先天下之忧而忧'之时，便是荡涤天下钱财殆尽之日"。笔者认为，这是对范仲淹的一种曲解。在少年时代选定良相与良医作为将来的职业时，范仲淹便已立志救世于水火，解民于倒悬，形成了深重的忧国忧民意识。儒学积极入世与重民思想的长期陶铸，更使范仲淹以天下为己任的志向树立得相当牢固。既以天下为己任，必然会有忧天下之心。

范仲淹说他的忧患意识是推求"古仁人之心"的结果。范仲淹推崇唐代韩愈的文学成就，倡导北宋的古文运动。他的思想也受韩愈这样的一代大儒影响很深。范仲淹心忧天下，冒死上言，也援引韩愈为楷模。他在《上资政晏侍郎书》中说："韩愈自谓有忧天下之心，由是时政得失，或尝言之。""与士大夫治天下"的政治环境、危机日重的社会问题、古代仁人志士的风范所及，这诸多因素铸成了范仲淹"先天下之忧而忧，后天下之乐而乐"的品格。

由于背负着忧患之心，他的一生活得很沉重，很少有欢快轻松的时候。即使在同朋友一道饮酒时，范仲淹也会联想到黎民百姓，他在诗中写道，"但愿天下乐，一若樽前身"。在母亲去世服丧期间，他由一己之忧，而推及天下之忧，在强烈的忧患意识的驱使之下，写下了近万言的《上执政书》，针对当时各个领域中的弊端，提出了自己的改革建议。他在述说上书的理由时说："不敢以一心

之戚，而忘天下之忧。"先天下之忧，既有居庙堂之高之忧，也有
处江河之远之忧，似乎很难归结到"荡涤天下钱财殆尽"上去。

摹景不写楼

该文先是设问："洋洋洒洒一篇《岳阳楼记》为何没有一句话
提到岳阳楼，而是一直在描写洞庭湖？"然后自行解释说："《岳阳
楼记》则是送给岳州知府兼这家青楼老板滕子京的马屁文章。范仲
淹大概也觉得在自己的文章里称赞一家青楼不是太合适，于是就顾
左右而言他。"

大家都熟悉《岳阳楼记》，并非"没有一句话提到岳阳楼"。"乃
重修岳阳楼"和"登斯楼也"，都是对岳阳楼的提及。当然，身在
邓州的范仲淹当时并没有看到重新修建的岳阳楼，主要是根据滕宗
谅提供的《洞庭晚秋图》，凭借丰富的想象力以及自身的生活阅历
来进行的描写。因此，自然就将重点放在对洞庭湖景色浓墨重彩的
渲染上了。但这种渲染不言而喻，无疑是登楼所见，视角还是身在
楼上。其实，登楼写景，却不着墨所登之楼本身的形制，这也是历
来登岳阳楼诗文的一贯写法。李白的《岳阳楼》没有写楼本身，杜
甫的《登岳阳楼》和《陪裴使君登岳阳楼》也没有写，白居易的
《题岳阳楼》、刘长卿的《岳阳楼》、韩愈的《岳阳楼别窦司直》、孟
浩然的《岳阳楼》都没有写。笔者以为，这么多的诗人并不都是
"顾左右而言他"。范仲淹写岳阳楼，写景不及楼，当亦有接受历来
写作岳阳楼作品影响的因素，而并非是出于回避"子虚乌有"的所
谓"青楼"。

其实，不只是写岳阳楼如此，纵观文学史上的作品，登楼写景不及楼的作品相当多。因此，以更为宽泛的视野来看，范仲淹所接受的写作范式的影响，应当说不仅仅是既存的与岳阳楼有关的作品，在范仲淹以前历代的登楼赋、登楼诗、登楼文，都有可能对有着深厚文学素养的范仲淹产生潜移默化的写作引导。"回避"之说，实在无从谈起。

新政与忧乐

该文还涉及对庆历新政的评价，认为庆历新政的开端《答手诏条陈十事》"其实就说了两件事：抓权和搂钱"。这也是令研究者所不解的评价。我们来看《答手诏条陈十事》的纲目"明黜陟、抑侥幸、精贡举、择长官、均公田、厚农桑、修武备、减徭役、覃恩信、重命令"，便可以一目了然，庆历新政的主旨还是一种政治改革，这也是学术界的共识。该文对庆历新政的评价似乎是一种自我作古的曲解。

相信很多人都没有亲自登临过岳阳楼，但却能够吟诵《岳阳楼记》。这一名篇从范仲淹笔下诞生之后，已经逐渐从摹景状物的文学作品，脱离作为实物的岳阳楼，外化为一种精神。"先天下之忧而忧，后天下之乐而乐"，作为一种人品的期许，一种行为的道德要求，已经成为中国传统文化贡献给全人类的精神财富，一种具有普遍意义的价值观。在日本，三大名园之一，就有后乐园。我们需要虔敬地对待我们的祖先创造的宝贵精神财富。

余论：摒弃曲解与戏说

历史学走出象牙塔，被各个领域的人们所关注，成为走向未来的借鉴，于国于民绝对是件好事。对所有勇于史海弄扁舟的人，笔者一向都报以深深的尊敬。由于缺少专业训练，在解读史料方面，可能会出现一些偏颇。不过，相信这种偏颇在今后的实践中一定会得到纠正。

所有学科都是一种求实的科学，都在历史的滋养下走到了今天。从古迄今，摒弃曲解与戏说，以严肃认真的态度评说历史褒贬人物的史学著作，为我们树立了良好的楷模与可循的范式。在实事求是的前提下，见仁见智的自由争鸣也丰富了历史认识。面向大众的历史普及读物，应当是充分吸收既有学术成果，将之普及化的作业，也须尽量避免曲解与戏说。

（原载《中国社会科学报》2016 年 5 月 3 日）

买书、藏书与用书

　　一位朋友在搬家时，面对20多纸箱的书，感叹十五六年的收入大部分都砸到这堆书上了。

　　看到这样的感叹，先是莞尔，继而颔首。想起传说的吕洞宾诗句："白酒酿来缘好客，黄金散尽为收书。"

　　每个做学问的人，都恨不得家里就是座图书馆，随用随有，得心应手，所以"终朝只恨聚无多"，拼命地买。囊中羞涩也要买，书满为患也要买。淹没于书海，几无立锥之地还在买。"多乎哉，不多也"，韩信点兵，多多益善。书到用时方恨少。

　　以前听说过一句话，说是"家中无字画，必是俗人家。家中多字画，亦是俗人家"。壁垂字画，固然是主人之雅好，然亦不乏装点之用意。而坐拥书城，家珍难数，则有一种莫名的充实，尽管万卷之书远未读破。不图诗书传家，但望用时不无。余弹铗而歌：食有鱼兮行有车，居有家兮读有书，吾复何求！

　　80年代，在北京的家里，有限的空间便已聚集了直抵天井一面墙的书。聚集的书，一部分是买的，一部分是得的。在出版社工作，得书还是方便，跟专业有关的书大多可以得到。还有一部分，是接受的赠书。

有些得不到的书必须要买。记得当时买的最贵的一套书是《简明不列颠百科全书》，还是托在大百科的同学打折买的。有一年，上海古籍出版社出了《宋朝事实类苑》，有平装两册本和精装一册本两种。我没买到便宜的平装本，只好买了当时看来有点贵的精装本。想想支出和收入总要持平，于是，从出版说明到内容，反复把玩这部《宋朝事实类苑》，居然让我看出了问题，写了篇《宋朝事实类苑杂考》。文章刊出，赚到的稿费则远远超过了支出。那时，卖文买书，也是一乐。

乘桴浮于海之后，单位的房子交出，书籍存放在朋友单位的仓库。星移斗转，十余年后，渐渐全部散失。乘桴之时，只带出少量的工具书。想到那些书，那些也是十多年像蚂蚁搬家一般辛辛苦苦聚集的书，至今还痛心不已。不过，有了这样的经历，也让我对人生看得更开。读书人，连书都可以舍弃，还有什么舍弃不了的呢。

在网上，偶尔会看到拍卖某某名人赠送我的书。我知道，那正是我散失的藏书。还望赠书者恕我不恭，并非是我自主变卖啊。

在日本，从零开始，重新聚书。二十年间，从家到研究室，又是书满为患。

不过，我的观念已在逐步转变。这是因为科技的进步，有了电子版，有了互联网。

除了必需，现在我很少买书。我买了《全宋诗》《全元文》，《全宋文》最早出了50册也买了。但我实在没有勇气购买360册全套的《全宋文》，没有地方摆放。不光是我个人没有勇气买，就连我的研究所和历史系都没有买。因此，我热盼电子版的早日问世。

现在，有手头的《四库全书》《四部丛刊》等电子版的存在，已经可以解决大部分问题。

使用电子版，利用互联网，已经成了习惯。典籍以外，学术著作的图像版也有热心人大量制作，容易淘得。因此，有时候即使知道家里有那本书，但由于查找费时，我也是利用网络。多数时候，总是如愿可得。

网上所无，家里没有，我则求之图书馆。日本各个大学图书馆联网，东方不亮西方亮，找不到的书几乎没有。

日本学者跟中国学者一样，喜欢聚书。可以毫不夸张地说，每个日本学者家里的藏书，都可以称得上是一座专业图书馆。据讲，欧美学者一般不藏书，多是利用图书馆。

我的新习惯，恐怕让出版社不爽，都去利用图书馆，利用电子版，利用互联网，书籍销量便会大减。不过，学者也无奈，"君子固穷"。

说余白

——漫谈网络时代如何做书

伴随着网络时代的来临，互联网的普及，人们获取信息，查检资料，越来越多地依赖于网络。不仅报纸杂志有着大量的电子版，书籍也有相当多的电子版。古典文献以《四库全书》《四部丛刊》的电子版为代表，后来又有《中国基本古籍库》，把中国古代基本的汉字典籍基本囊括，并且可以检索。

各种书籍甫一问世，便很快有 PDF 图像版在网上流传。或许不少网上的电子版触及了版权问题，但似乎也很少有人追究。事实上网上流传的各类电子版，为人们的阅读和查检需要提供了极大的便利。

本来，多数中国学者，还包括日本学者在内的东方学者，出于各种原因，不大像西方学者那样善于利用图书馆资料，而热衷于自家的藏书。总觉得自己拥有，用起来比什么都方便。以中国史研究领域为例，可以毫不夸张地说，每个研究中国史的日本学者家里，都堪称拥有一座基本完备的图书馆。藏书范围甚至超出了自身的研究领域。在研究隋唐史学者的家里，一般可以找到宋元明清乃至现代中国研究的藏书。

大量的书籍收藏，不仅耗费了大量的财力，也占据了相当大的有限空间。以我个人为例，不仅学校的研究室书满为患，家里的书籍也不断蚕食书房以外的空间。

不过，随着网络时代的来临，我逐渐在改变自己的藏书习惯。

其实许多藏书拥有的目的，并非是为了阅读，而是为了一时有可能查阅的不时之需。结果，大量的藏书基本上是束之高阁，很少使用。有鉴于此，除了基本书籍，我严格限制自己的收藏。不少书籍，一旦需要，上网一搜，很多可以找到和纸本一样的图像版。写论文核对版本、卷页等数据，这样的图像版十分方便。

网上图书，不占空间，不费财力，查找起来又不费时间。毫无疑问，这样的新局面会无形中改变人们的藏书习惯。我想，如果不是以收藏为目的之人，今后大概不会去大量购书的。

近年来电子书的出现，更是颇受青睐，一个平板，可以纳入相当多的电子书。

网络、电子版，对纸本形式的传统书报形成极大的威胁，让人们不禁为纸本书籍的前途担忧。有人甚至断言，今后纸本书籍形态必将消亡。不管几十年后会不会出现这样的情形，但担忧也绝非杞人忧天。因此，传统的出版业必须开辟新形势下的生存之路。

以前，我曾写过一篇《书给谁看》的短文，呼唤模仿日本文库本那样便携的随处可读的小开本书籍的出版。这其实是一条可行的廉价多销的大众路线。

那么，除了文库本呢？

在那篇短文中，我写到一位出版界的朋友告诉我说，现在国内的书开本越出越大，不大没人买。这可能是实情，不妨顺应潮流。其实，在"大"字上也可以做文章。

最近，应约要写一篇书评，硬着头皮读一部装帧开本都十分普通的书。因为要写书评，所以边读边思考，还一边在书的空白处写写画画，记下这些思考。

当此之际，我就痛感现代书籍的余白留得过少，不敷眉批标注。真想回到线装书时代，宽大的天头地脚任你写多少字都大致可以满足。过去许多学者的著作就是整理出的眉批标注。

传统写意画的余白也是内容，书籍的空白也应当成为读者记录感想的空间。一个作品的完成，应当是在读者的阅读之后。在书页上为读者留出充分的余白空间，也是一种便民服务啊。

我的这种想法，并非突发奇想，与我大学期间记课堂笔记的习惯有关。上大学时听老师讲课，总是事先把笔记本的活页纸在左边的三分之一处折出印记，然后在右边的三分之二处记录老师讲课的内容，左边的三分之一留作记录听课时瞬间生发的感想。这才是自己的东西，有骥尾，也有出蓝，更有不着边际的神驰遐想。尽管这三分之一常常是不着一字，然一旦有需要，便游刃有余。这个方式，在日本我也传给了学生。

倘若书籍在印制之时，便留出一定的空白，有批注习惯的读者肯定会大感便利。这也是一种写意画般的创作空间。

开本大也无妨，近年来国内常使用轻质纸印书，书虽大而不重。比如我喜欢的一套书《全宋笔记》，开本就不小，但捧在手中很轻，加上天头印刷校勘记的形式，使书的天头留得较大，阅读、批注都很方便。闲暇的夜晚，卧床捧读，真是惬意。

尽管是网络时代，不少读者的阅读习惯还是停留在纸本上，总觉得阅读纸本才是看书。阅读不仅仅是为了学习和研究，还是一种生活，一种优雅的生活。捧起一本书，沏上一壶茶，放上似有似无的音乐，起兴处偶尔书上涂鸦，指点纸上江山，俨然书斋霸者。其乐何如？

出版社，请给我余白。

饰品与食品
——书给谁看

一年多前，回国与一位出版社的老总相聚闲聊。我建议他应当仿照日本书的形式，出版便携的文库本。他回答说，那卖不出去。并且说，现在的书，越出开本越大，越大越好卖。

对这位老总的话，我不敢苟同，但不了解国内书籍市场需求，不经营出版，因此也无法反驳。不过，这番话还是引出了我一些思考。

自古以来，识文断字，是一种奢侈的事。且不说文字从庙堂走向民间经历了漫长的道途，走向民间之后，也长期停留在富有阶层。著书立说，也始终是精神贵族的事业。检视历代正史艺文志、经籍志之类的书目，出自布衣之手的著书甚寡。

宋代扩大科举规模，搅动一潭死水，稍稍活跃了社会流动，的确有一些贫苦的下层人，步入仕途，跻身士大夫行列，也成为精神贵族的一员，并且从此大多世世书香传家。然而，大多数人依然与文字无缘。

字出敬神，后来普及为信息传递的工具。即便如此，还是离民众很远，为普通人所敬。过去所说的"惜纸"，其实所爱惜者并不只是纸张本身，还有写在纸上的字，传达的精神内容。

近代以来，尽管文化渐普及，教育成义务。不过著书立说，对于一般民众来说，仍然是一种距离遥远的神圣事业。而读书，也无形限定于一定的范围。说无形，是说人们一般不大会去读一些与自己无切身关系的书籍。这是出于无暇、无力，还有无关心。

我以前曾经说过，历史研究的书籍应当走出象牙塔，尽可能写得生动活泼，通俗易懂，贴近普通民众。对著述者是如此企盼，那么，对出版者是如何期待呢？

小时，父亲曾教诲我说，字是写给别人看的。推而广之，书也是出给人读的。因此，从读者的角度着想出书，应是出版者秉持的第一要义。

自占以来，我国传统的书籍就有便携的小箱本，近代以后又有袖珍本。日本的文库本正取此意。

小开本、小部头，便携，易于捧读，不限环境，更适合节奏紧张的现代社会。在现代社会，多数人像是搭上一刻不停的流水线，难有整块的时间，悠闲地坐在书斋里，像品茗一样品书。欲读书者，只能利用零碎时间，见缝插针，化零为整。在日本的电车上，即使相当拥挤，常常也可以看到一手抓住吊环，一手举着文库本阅读的场景。此时，文库本就可以看出长处了：小册、轻便，长举不疲。

反观大开本书籍，豪华有之，气势存之，但实不便携，难以随时随地阅读。

近些年来，市场也迎合好大喜功的心理，书越出越气魄，越出越豪华，金碧辉煌，个头硕大。定价也随豪华而飙升，足以让普通读书人望而却步。于是，书籍不成其为读物，而适足为饰品，成为少数没文化人空洞书房的装饰点缀，与摆设古玩字画以显示雅好和富有无异。书籍，越来越成为只是凸显封面的文化符号。

固然，作为出版社在竞争生存中的一个市场取向，这也无可厚非。但也不应忘记更多的真想读书的人。这是更为宽泛的读者层，也是出版社在经营上的广阔天地。小开本，低价格，大发行量，薄利多销，何乐不为。

小开本，低价格，大发行量，也是知识普及、文化贡献的善事。精心企划，分门别类，积少成多，亦可蔚为大观。日本的出版社几十年如一日，坚持不懈，一个系列的文库本多达几十种、上百种。

是给少数人作文化饰品，还是给多数人提供精神食品？我以为可以并行不悖，并且多种取向，百花齐放，对应多层需求。但无疑，阳春白雪，和者盖寡。因此，出版社也应当走出象牙塔，面向最广大的读者群，这是出版社赖以生存的大地。

读者，永远是出版社的衣食父母。心存读者，必会得到读者的回报。这是双赢互利。出版社，勿以善小而不为。

书籍之路，多向交流

一

　　闻名遐迩的丝绸之路，是古代连接东西方的经贸和文化之路。通常都把丝绸之路的起点看作是唐朝的首都长安，不过也有学者认为，丝绸之路的东端应当是那个时代的日本奈良。将日本视为丝绸之路向东的延伸，这种认识可以说是成立的。然而，向东延伸的丝绸之路，相比较以字面的"丝绸"所显示的物品流通，更多出一些东西，这便是书籍。因此，有学者把这一部分内容特别提出强调，称之为"书籍之路"。这是符合历史事实的。至少自古以来，在汉字文化圈覆盖之下，在东亚存在着这样一条书籍之路。

　　书籍之路是伴随着汉字的传播而形成的，汉字的传播则是由当时往来的人与物来实现的。人是渡来之人，物则是传来的汉籍等文字载体。早在印刷术在中唐发明之前，书籍之路便已形成。据《古事记》记载，在公元4世纪，《论语》《千字文》等便通过朝鲜半岛的百济政权传到日本。而流传至今的《日本国见在书目》，更是那个时代写本书籍东传的辉煌记录。到了宋代，特别是南宋，伴随着商品经济发达，印刷业也空前繁荣，从官府到坊间，都有大量的书籍出版。大量的书籍，不仅流通于中国大陆，也通过书籍之路，与陶器等其他物品一同流通于日本、朝鲜半岛和越南等地。

流传于中国大陆域外的汉籍，有很多在故国中国已经失传，或部分失传，却由于当年的流传而保存于域外。完全失传的，如类书《群书治要》和小说《游仙窟》等。部分失传的，如《鹤林玉露》中关于日语词汇的记载，以及《皇朝事实类苑》一书的十多万字等。这些失传的古籍和缺失的内容，对于历史研究与文化研究都具有重要的价值。

汉籍在中国域外的状态，不仅是被动地保存，还出现了自主再生的现象，这就是朝鲜本、安南本与和刻本的大量出版。

通过书籍之路，汉籍的传入传播了以汉字为载体的中国文化，以及汉译佛典等的宗教文化，使那个时代各个地域的人们通过书籍了解并理解了不同的文化。而大量朝鲜本、安南本、和刻本等域外汉籍的出版印刷，又因应了当时当地人们的精神需求，契合了当时当地的价值取向。这些都显示出更为深层的文化理解。

以上所述，无论是汉籍的传播，还是汉籍的域外刊刻，反映的都是汉字文化向东亚周边的辐射。然而，文化交流从来不是一条单行道，书籍之路也是如此。

二

降至近代，以日本与中国为主，出现了一个值得关注的汉字文化逆向传输的现象。从汉字的祖国中国接受了汉字的日本，在明治维新之际创造了大量和制汉字词汇。这些汉字词汇，是在尚未广泛使用片假名表记外来词时代的日语外来词。在创造的大量和制汉语词汇中，有的是借用了古代汉语中的词汇，而赋予新义，如"革命""封建""经济""历史"的词汇。还有大量的词汇，纯粹是没有典故的新造。对于和制汉字词汇，除了上述列举的几个之外，我们从中国学者在60年代编纂的中国唯一一部《汉语外来词词典》摘录一些，予以稍加展示：

暗示、白旗、白热、版画、半径、饱和、保险、否认、漫画、保障、悲观、悲剧、背景、本质、博士、参观、干部、经验、美术、参照、常识、场合、场所、成分、承认、乘客、概念、紧张、民主、抽象、出口、刺激、代表、道具、单位、手续、干事、警察、敏感、抵抗、电话、电池、电车、定义、动员、法律、具体、明确、法廷、法则、反应、方式、分析、封锁、工业、决算、目标、固定、故障、关系、广场、广告、国际、科学、环境、课程、目的、取消、机关、机械、积极、计画、集中、集团、交通、解放、肯定、内容、会计、劳动、类型、理论、理想、立场、了解、列车、领土、能力、偶然、判决、批评、铅笔、权威、任命、日程、商业、社会、身分、生产、时间、市场、市长、思想、速度、索引、特长、体育、体操、条件、统计、卫生、文化、文明、文学、物理、现金、现象、效果、博物馆、不动产、不景气、乘务员、出发点、教科书、入场券、传染病、蛋白质、单行本、世界观、所得税、图书馆、共产主义、资本主义阅读这些作为今天汉语日常用语的中国人，除了语言专家以外，几乎没有人会意识到这些词汇都是外来词。那个时代的日本学者汉文水准相当高，这些词汇与汉语结合得天衣无缝、水乳交融。

　　这些词汇又是如何传入中国的呢？

　　伴随着明治维新的成功和甲午战争的失败，原先以文化先进国自居的中国人开始把东邻日本作为学习的对象，大量的留学生来到日本留学，向这个"亚洲的优等生"学习。不仅学习日本，还通过日本，间接地学习欧美思想、理论、技术、文化，走了一条向世界学习的捷径。因为从明治时代以来，以"脱亚入欧"为指向的日本翻译了大量欧美人的著作。同为使用汉字的中国人，阅读这些日文翻译著作障碍比较小，于是大量的欧美人的日译著作，又被迅速翻译成为中文，而作为日语外来词的和制汉语词汇，也就伴随着大量日文译著的涌入，而为中国人所自然而然地接受下来。

　　本来与明治维新大体同时期，清代中国也展开了洋务运动，在接受西方文化的同时，也创造了不少外来词。但大多如"德谟克拉西""德律风"等毫无表意的音译词，最终被意译为主的日文词"民主""电话"等所取代。

　　据学者统计，现代汉语中的日语外来词，保守地估计，大约占日常使用的近代词汇的一半以上。这一半以上的日语外来词不仅构成了现代汉语的基础，也展示了不大为人注目的近代以来文化交流的事实。这也是近代以来通过书籍理解不同文化的典型个案。

　　尽管没有明治时期文化输入的规模那么大，近代以来的东亚文化，通过以书籍为主的互动交流一直像河流流淌，源源不断，不曾中止。在中国改革开放以来，经由中国香港、台湾地区传入大陆的日语词汇也不少，如"人气""氛围""卡拉 OK"等。近年以来，通过书籍、动漫等媒介输入到汉语中的词汇也有不少。比如 2013 年中国十大流行语之一的"逆袭"，就来自日语。而据日本的媒体报道，中国权威的新版《现代汉语词典》收录了不少来自日语的新词。如与日本料理有关的"刺身""定食""寿司""天妇罗"，以及与商务有关的"通勤""手账""宅急送"等。特别是"宅男""宅女"的收录，日本媒体认为是日本"宅文化"向中国的浸透。其实，文化既然叫作交流，从来都是双向或多向的。当代日本，也在接受来自中国的汉语词语，如"电脑""爆买"等。

书籍是文化传播和传承的载体。不同地域不同语种的书籍，反映的是不同民族不同地域的文化，而书籍通过翻译的方式流通到使用不同语言的地域，就可以通过书籍理解不同文化。文化理解，精神沟通，使人与人之间心灵贴近，世界会变得更和谐、更美好。这也是出版人的使命所在。上述所讲的近代以来文化交流的事实，多是在特定时代背景下的客观现象。在全球化时代，作为东亚出版人，则更应当拥有通过书籍交流促进文化理解的自觉意识。

（在日本冲绳第 27 届东亚出版人会议上的致辞，2019 年 11 月）

以俗化雅，约定俗成

——也谈新版《现代汉语词典》的新增词

最近，在《中华读书报》读到周先慎先生的一篇文章，文章题为《担起我们共同的责任——读〈现代汉语词典〉（第6版）两个新增词后感言》。

文章提到的两个词，一是"入围"，一是"标识"。

前者本当作"入闱"，旧版《现代汉语词典》的解释是："科举时代应考的或监考的人进入考场。"科举废除已久，人们已经不大清楚这个词的本义，因此在用来指某人或某部作品获得被选拔的资格时，便往往写成了字形相近的"入围"。

后者的"标识"，其实就是"标志"。我讲中国通史，讲到日本学生熟悉的《三国志》时，总要先解释一下"志"与"识"同义同音，与"记"一样，都是记录的意思。原本古代的钟鼎铭文，阴文为款，阳文为识，均指刻录，后来转为记录之意。新版《现代汉语词典》在保存"标志"一词的前提下，作为新词收录了"标识"，并将"识"读为"shí"，把人们常用标示识别和用来识别的记号作为释义。

周先生在文章中提到，他以前曾著文强烈反对使用"入围"一词，认为是生造，而"标识"也应读作"biāozhì"。由于新版《现代汉语词典》对上述两个词的收录，周先生在文章中尽管也表示了认同，认为这是约定俗成的力量，不过终究是心有戚戚焉。对两个词的"新生"感到无奈和遗憾，并对更多的误用、误读、误写现象表示出极大的忧虑。

周先生呼吁，今天的文化人，包括专业的语文工作者，一般的文字工作者，还有学者、教师、作家、编辑记者、播音员、电视节目主持人等等，都应该为祖国语言的纯洁，为词语的正确使用、书写和读音，也为渗透于我们日常语言和文字交流中的文化传承，担起共同的责任。在风起于青萍之末时，便防患于未然，敏锐地发现问题，以适当的方式进行积极的干预和正确的引导，最大限度地避免约定俗成可能造成的不良后果。

周先生的意思其实是说，这些词的收录，已经既成事实，无力回天，但对其他的误用、误读、误写一经发现，就应当以干预和引导的方式将其扼杀。

我毫不怀疑我的大学老师周先生的良好用心，力图保持汉语的纯洁。不过，我觉得这种努力，有点像堂吉诃德与巨大的风车搏斗。周先生自己也说，这样做是"怀着一种近乎螳臂当车、不自量力的心情"。周先生的话让人颇有些感到悲壮。

并非"白日不照吾精诚"，周先生诚意感人，但我却觉得多少有些"杞国无事忧天倾"，大可不必过分担忧。

如何看待和对待语言的约定俗成，我想举出日语中汉字词的例子，作为借镜。

同是汉字文化圈的日本，在公元 3 世纪前后就有汉字传入。汉字是连同词汇和读音一道传入的，并且由于词汇传入的地域与时代不同，同一个汉字读音各异的现象不少。日语的汉字词音读中有所谓"吴音""汉音""唐音"之分。除此之外，日语的汉字词音读还有一种分类，叫做"惯用音"。惯用音除了有一部分是指在"汉音"与"唐音"之间的时期传入的词汇，大部分则是出于文化程度不高的大众误读，亦即我们日常所说的读白字。因此日本又把惯用音称为"百姓读法"。比如"洗涤"的"涤"不认识，读作"条件"的"条"；"懒惰"的"懒"也读作"依赖"的"赖"；"睡眠"的"眠"则读作"民众"的"民"；"消耗"的"耗"则读作"毛发"的"毛"，等等，诸如这样的词语很多，都是只念了会念的一边。

日本也有国语审议会，并没有把这样大众约定俗成的误读按标准的"吴音""汉音"或"唐音"正音，一任误读，也没有人觉得不自然。学者在词典中将这些词标识为惯用音，也并没有去呼吁纠正。

日语中有谚语，叫做"语词无理"，通俗地翻译就是"语词没有什么道理可讲"。这表明人们都认识到了语言的约定俗成现象，但并不想打算违逆这种现象。

其实，汉语一直在走着约定俗成的道路。不仅词汇如此，汉字也是如此。汉字从庙堂走向民间，就不断被改造，向着简便实用的方向俗化。简体字的产生更非向壁虚造。除了参照草书的写法，很多还遵从了民间一向使用的俗字。

语言也像一条河流，从远古走来，向未来流去。这条河流承载着历史，反映着现在，传达给未来。只要不泛滥成灾，在大体既定的河道中流淌，涨落由之，顺其自然最好。干预和引导犹如鲧以堵截的方式治水，顺其自然则是大禹治水。

学者可以中规中矩，教科书可以严格规范，但却无法阻止成千上万的人自由书写。互联网的出现，也让语词表达产生了一定的变化，一旦俗成之后，势必会成为通用词语。

不仅如此，伴随着文化交流，外来词也不断汇入汉语词汇的海洋。在最新的第 6 版《现代汉语词典》面世后，日本人敏感地发现，有关日本食品的"刺身""寿司""定食""天妇罗"，以及日语词"通勤""手帐""宅急送"，甚至反映近年来日本社会现象的"宅男""宅女"，居然也都赫然在目。日本的媒体感叹，日语词汇及其承载的文化也为中国的辞书所接受。同样，汉语词也融进了口语，比如"电脑""韩流"等。

向来，阳春白雪与下里巴人之间存在鸿沟。自古以来就存在的文言与白话，可以说就代表着语言表达上的两个方向。像白居易作诗力图老妪能解那样，自古以来，也一直有文人走出象牙塔，试图连接两者。走入近代，两种表达被统一起来，但鸿沟并未消失，只是变得隐蔽了。所谓语体文的用语，以来自文言词者居多。拥有普通学养的人未必尽解语词的典故，未必皆谙语词的原始用法，使用时，望文生义，比比皆是。对于学者，把"致仕"解释为进入仕途做官，把"七月流火"解释为天气炎热，不可原谅，但是不是一定要以学者的水准对所有人强求一律？

的确，专业学者负有正误之责，对明显的错误必须指出，但也应当以平常心看待语词在实际应用中产生的变化。尊雅与从俗，势有两难。不过，并非不可调和。可以在不同层面施以不同要求。学者从严，教学从严，大众从宽。雅为俗化，定型之后，便应有选择地接受。历史上文人也接受且使用语词俗化义的例子并不鲜见。"入围""标识"可入辞书，而"七月流火"的误用无论如何普遍，起码目前不能接受，至于今后如何演化，不妨拭目以待。

语言文字既有时代性、民族性、地域性，同时也具有开放性、包容性，不排他，不僵化，接受一切实用的词语。充满活力的语言文字必然是这种状态。

语言文字在时空中演化，既有遗传，也有变异。

何谓俗成，俗成就是为大众的普遍认可。

俗成必然会走向约定。"毋必毋固"，新版《现代汉语词典》灵活而实用的收录方针，值得欢迎。

警惕数据库

——研究亲历谈

一、引言：人文数字化的历史探索与科技革命

70 年代的大学期间，常常听老师讲起他们老师辈的逸事和学界的传闻，说某某先生可以背下来十三经，某某先生可以背得下前四史，令我们歆羡不已，只恨自己的脑容量不够。

时光飞跃二十年，有了互联网，进入了计算机数字化时代，有了《四库全书》电子版，有了《中国基本古籍库》电子版等多种可供检索的文史研究数据资料库，面对浩如烟海的文史资料，我们不再望洋兴叹。录入关键词，所要查找的资料许多可以在瞬间唾手可得。

除了各种资料库，全球各大图书馆以及研究机构也逐步将所藏资料数字化，在互联网上公开。在国内，新浪"爱问"等也网罗了大量的古今人的著作，而知网等网上平台更是让几十年间的主要论文可以检索、阅读和下载。研究一个课题，回溯这一课题的研究史已不再费时。参考既有的研究成果，站在前人的肩膀上起跳也不是难事。广而言之，互联网的检索引擎谷歌、百度的存在也使研究者可以大海捞针撒网捕鱼，初步地检索相关资料与学术信息。总之，

研究环境发生了革命性的变化，研究者逐渐摆脱了手工操作。不再歆羡博闻强记，电脑已成为人脑的扩展，部分地代替了人脑的记忆。一机在手，皆为我有。

其实早在数字化时代之前，有文字以来的几千年，世界各国的人们一直在做替代人脑记忆的数字化努力，以纸张为主的各种传统的载体记录下的文字、书籍都是人脑记忆的延长。而更为专业的传统"数字化"的体现，则是各种工具书的编纂。在外国，有着各种辞典、事典，集大成者诸如《大英百科全书》。在中国，字书、辞书、韵书，代不乏出；政书、丛书、类书，种类繁多。从《尔雅》《说文解字》《广韵》《康熙字典》到《永乐大典》《佩文韵府》，都是传统的数字化。这些一般性的工具书尽管已给人们带来了相当大的便利，但人们对数字化的追求并未满足于此，于是又有了更为专业的各种工具书应运而生。

二、我的学术训练、研究经历与数据库使用

跟学生回顾起早年的研究经历，我常常讲，大学时学习古典文献专业设置的目录学这门课程，引导我了解了历代的学术传承，知道哪部书到哪里去查找。这是传统的信息情报学。而另一门今天看来不起眼的课程"工具书使用法"，则为我后来的研究提供了技术性的支持。在这门课中，我学会了计算机中文录入之前汉字检索的伟大发明四角号码检字法，接触到了许多专业工具书。比如哈佛燕京学社编纂的各种"引得"以及中法汉学研究所编纂的各种"通检"等。

在大二，我就主要利用《毛诗引得》，写下了我第一篇论文《试论〈诗经·豳风·七月〉作者的阶级地位》。[①] 因为《毛诗引得》可以逐字检索，我就把《豳风·七月》的诗句与《诗经》其他类似的诗句表达加以对比，用我所谓的"语句系联法"，寻觅出基本相同的语境，加之依赖传统的训解，从而得出了新的认识。在后来的研究经历中，各种专业工具书成为我的研究利器。日本学者也编纂了不少专业工具书，如青山定雄先生的《宋会要研究备要》、佐伯富先生的《宋史》各志的索引、梅原郁先生的《续资治通鉴长编人名索引》《庆元条法事类语词索引》等，而中国台湾学者王德毅先生等编纂的宋、元、明人物传记资料索引，还有大陆学者编纂的二十四史人名、地名索引等，都在手工操作的时代给我的研究带来了准数字化的便捷。

长期在研究生活中利用专业工具书，也培养了我对学术信息意识的敏感。在 90 年代中后期，台湾的汉籍电子文献刚刚在网上公开时，我就很快发现并开始了使用，以后便顺理成章自然而然地跟随时代的步伐，进入了数字化时代。数字化的科技进步，让我的研究之舟自由荡漾于浩瀚的书籍信息之洋，左右逢源，解决了不少在手工操作的时代难以解决的问题。比如我作为大学毕业论文整理宋人笔记《鹤林玉露》时，主要依据书中的"夫子自道"，撰写了作者罗大经生平事迹考，[②] 但对许多问题当时无论如何也解决不了。

---

① 《教学与进修》1979 年第 2 期，第 24—29 页。
② 《〈鹤林玉露〉作者罗大经考》，《学林漫录》第五集，中华书局，1982 年，第 147—155 页。

后来利用了《四库全书》电子版等数据库，终于考证清楚了包括罗大经父亲名字在内的许多问题。于是在《鹤林玉露》重印之际，又写一篇《罗大经生平事迹补考》附在了书后。

三、数据库为谁而做？

研文治史，数据库几乎是到了须臾不可或离的地步。长年使用数据库，对科技进步的感恩无可言喻。不过，与此同时，具体操作实践，也让我对数据库持有相当的警惕。

数据库尽管人人皆可使用，但是这是给具有一定研究基础的人使用的。就拿一些古代典籍的数据库来说，像《四库全书》电子版和《中国基本古籍库》的典籍原文皆无标点，如果没有一定的古汉语阅读能力，使用起来也很吃力。与这一问题相关联，数据库对典籍的内容是机械地显示。当我们录入一个关键词时，除了这个关键词会显示，偶然连在一起的字串，也会一同显示出来。这个字串从文字本身看，跟我们检索的关键词一模一样，但只是偶然的组合，并不是一个词。如果我们读不懂前后文，也如获至宝地当成关键词加以使用，以为发现了几条新证据，便会闹出大笑话。这可以说是使用文史典籍数据库最起码的常识。针对使用数据库的人而言，这是最需要注意的第一个基本问题。

就数据库本身，也有需要注意的问题。我对制作数据库的工作者抱有极大的敬意，正是有了他们的制作，才使我们的研究有了飞跃的可能。然而，并非所有的数据库都尽善尽美，这一点也是显而易见之事，更无可苛责。使用文史典籍数据库，对数据库本身至少要注意下述两个方面问题。

四、须留意数据库收录文献版本的完整性

对于这个问题，我想举两个亲身经历的例子。第一个例子就是前面提及的我在大学时代整理的宋人笔记《鹤林玉露》。在《鹤林玉露》中有一条记载题为"日本国僧"，内容如下：

> 予少年时，于钟陵邂逅日本国一僧，名安觉，自言离其国已十年，欲尽记一部藏经乃归。念诵甚苦，不舍昼夜，每有遗忘，则叩头佛前，祈佛阴相。是时已记藏经一半矣。夷狄之人，异教之徒，其立志坚苦不退转至于如此。朱文公云："今世学者，读书寻行数墨，备礼应数，六经语孟，不曾全记得三五板。如此而望有成，亦已难矣。"其视此僧，殆有愧色。
>
> 僧言其国称其国王曰"天人国王"，安抚曰"牧队"，通判曰"在国司"，秀才曰"殿罗罢"，僧曰"黄榜"，砚曰"松苏利必"，笔曰"分直"，墨曰"苏弥"，头曰"加是罗"，手曰"提"，眼曰"媚"，口曰"窟底"，耳曰"弭弭"，面曰"皮部"，心曰"母儿"，脚曰"又儿"，雨曰"下米"，风曰"客安之"，盐曰"洗和"，酒曰"沙嬉"。

这一条下一段所记录的 20 个日语单词，是中国文献中最早的有关日语日常用语的集中记录。罗大经实可谓开记录日语发音之端绪

者。此后，明代学者踵其后，方有大量的记录。[①] 在近古汉语、特别是 13 世纪的江西方言与日语的语音比较研究方面，这条记载可以说是极为宝贵的史料，因而很早便为日本学者所重视。[②] 我在 80 年代初整理《鹤林玉露》时，由于我们古典文献专业被指定学习日语，因而这则记载中的日语单词自然引起了我的注意。在《鹤林玉露》的《点校说明》中特地将这一部分拈出加以强调：

> 《鹤林玉露》中还有一些杂记也很有价值。如丙编卷四"日本国僧"条，不仅是一条研究中日交往的史料，而且其中记载的一些汉字的日语对音，对研究近古汉语音韵和日本语的发展也具有重要价值。如云："砚曰松苏利必（现代日语读为：スズリ），笔曰分直（フデ），墨曰苏弥（スミ），头曰加是罗（カシラ），手曰提（テ），眼曰媚（メ），口曰窟底（クチ），耳曰弭弭（ミミ）"等。

我整理的《鹤林玉露》出版于 1983 年。在此之后，中国学界

---

① 如明人郑若曾的《郑开阳杂著》便记录有大量的日语单词。
② 江户时代的学者本居宣长在其《汉字三音考》中便已提及这条史料。进入 20 世纪，日本学者的研究更为活跃。主要的日本方面的研究有，朝山信弥的「鶴林玉露の『黄榜』などについて」(《国语国文》，第 12 卷第 6 号，1937 年，东京：中央图书出版社，第 49—60 页)、山田孝雄的「国語の中における漢語の研究」(东京：宝文馆，1940 年)、渡边三男的「中国文献に見える日本語：鶴林玉露と書史会要について」(《驹泽大学研究纪要》15 号，第 78—101 页，东京，1957 年)、坂井健一的「鶴林玉露・安覚伝の日本語」(《学丛》11 号，第 34—45 页，1971 年)等。

才开始有了关于这一重要记载的研究。① 那么，需要追问的是，是什么原因让中国学界的研究晚了几十年、上百年呢？原因出在《鹤林玉露》的版本上。

我考察过《鹤林玉露》的版本源流。② 由于是历代文人喜爱的笔记，《鹤林玉露》的版本相当多，将近十几种。版本虽多，版本系统并不复杂，只有两个。这就是，以和刻本为代表的十八卷本和以明万历本为代表的十六卷本。十八卷本分为甲乙丙三集，每集六卷。各集之前均有著者罗大经的自序。由此可知各集的完成时期。这应当说是《鹤林玉露》在成书时的原状。在中国大陆，以六卷为单位的《鹤林玉露》残本仅发现了两部，十八卷足本未见收藏。然而，十八卷本《鹤林玉露》在日本却相当流行，至少刊行过两次。在中国，广为流传的则是十八卷附补遗一卷本。这种状况至迟在明代初期已经形成。根据我的考察，十六卷本是十八卷本散乱后的重编。

广泛流传于中国大陆的十六卷本《鹤林玉露》已经在很大程度上失去了成书时的本来面目。不仅失载著者罗大经的序文，不分甲乙丙编，卷次混乱，更重要的是条目内容有不少散逸，各条之前的

---

① 中国学界的主要研究有，严绍璗《中日古代文学关系史稿》(湖南文艺出版社，1987 年)，张雅秋《从〈鹤林玉露〉中的一则史料看宋代中日文化交流》(《中日文化论丛》，杭州大学出版社，1997 年，第 59—63 页)，丁锋《〈鹤林玉露〉所记日本寄语反映的宋代赣语音韵》(《球雅集》，好文出版，1998 年，第 105—111 页)，何华珍、刘静《日语汉字词研究导论》(《汉字文化》第 3 期，2005 年，第 49—52 页) 等。

② 《〈鹤林玉露〉版本源流考》，《艺文志》第 3 集，山西人民出版社，1985 年，第 231—242 页。

小标题也被删除了。与十六卷本相比较，和刻本《鹤林玉露》则完全保持了著者罗大经完成时的十八卷本原貌。我利用现存于明初编纂的《永乐大典》残本中 19 条《鹤林玉露》引文，分别与十八卷本和十六卷本的文字相比勘，发现《永乐大典》引文的文字全同十八卷本。和刻十八卷本比明代以来的十六卷本多出 40 条的内容。不仅如此，比较十八卷本，十六卷本的条目在没有散逸的部分也有脱文。因此，从整体看，《鹤林玉露》和刻本的价值明显要大大高于中国国内流传的十六卷本。前面列举的"日本国僧"那条，后半部的 96 字为十六卷本所无，仅见于和刻十八卷本。尽管十八卷和刻本在 1936 年便已回传到中国，经夏敬观校勘，于 1936 年以线装本的形式由商务印书馆刊行，但毕竟流布范围不大。我在整理《鹤林玉露》时，使用和刻本作为整理底本，方使十八卷本《鹤林玉露》广泛流布于世。这就是中国学者为何在 80 年代后期才注意到这条史料并展开研究的根本原因。可以说《鹤林玉露》和刻本的存在构筑了这一问题的研究基础。

不厌其烦地介绍《鹤林玉露》的版本和研究状况，并未离题。因为现在的《四库全书》电子版所收录的《鹤林玉露》版本正是过去国内流行的十六卷本。使用《四库全书》电子版，依然看不到上面那段日语对音的史料。这是电子版收录文献缺乏完整性之一例。

另一例也跟日本有关，是《宋朝事实类苑》的例子。《宋朝事实类苑》，原名《皇朝事实类苑》，是南宋江少虞编撰的一部随笔集。跟前面讲的《鹤林玉露》一样，也存在两个版本系统。不过，这两个版本系统并不是在流传过程中形成的，而是经过编撰者江少虞本人的笔削使然。对此，我曾专门写过考证文章。^① 概括说来，《宋朝事实类苑》在绍兴十五年（1145）由江少虞编成七十八卷本，至迟在绍兴二十三年（1153）已由建州麻沙书坊刊行，在绍兴二十九年（1159）还能在文献中找到七十八卷本阅读和流传的记录。不过在前一年的绍兴二十八年（1158），《宋朝事实类苑》又由原编者江少虞出于某种不便言说的原因删节为六十三卷改订本；此后，七十八卷本在中国绝迹，书目著录均为六十三卷本。而1621年（日本元和七年、明天启元年），日本据宋麻沙书坊七十八卷本，以木活字刊行。1920年前后，董康据日本木活字本翻刻，收入《诵芬室丛刊初编》本。七十八卷本从此回归中国。1981年，上海古籍出版社据董康翻刻的七十八卷本点校出版。清乾隆年间开馆编修《四库全书》，在全国范围内征求搜罗珍本善本典籍，居然也不能找到《宋朝事实类苑》的七十八卷本，收录的是编者笔削后的六十三卷本。

那么，七十八卷本和六十三卷本的区别在哪里呢？《宋朝事实类苑》由六十种以上的史籍和笔记小说抄录编纂而成。南宋初年江少虞抄录的这六十种以上的史籍和笔记小说，现在大多已经散佚或处于残缺的状态。不少文献的内容，仅赖《宋朝事实类苑》以存。因此，《宋朝事实类苑》亦可以称之为辑佚之渊薮。七十八卷本比六十三卷本多出十七卷以上的内容。这十七卷多的分量达十万余字。具体门类为，《风俗杂志》门第三卷一卷、《谈谐戏谑》门五

---

① 《〈宋朝事实类苑〉杂考》，《古籍整理研究学刊》第 5 期，1990 年，第 21—25 页。

卷、《神异幽怪》门二卷、《诈妄谬误》门五卷、《安边御寇》门四卷。这四门多的内容中，就有已经散佚、仅见于《类苑》的文献。因此，有着相当大的史料价值与校勘价值。以下，仅举一例。

北宋熙宁五年，即日本延久四年（1073）冬季，五台山巡礼归来，下榻于开封太平兴国寺传法院的成寻，从梵才三藏那里借阅了《杨文公谈苑》一书。在书中，日本僧人成寻意外地发现了有关日本的记事，怀着惊喜，将《杨文公谈苑》中日本的记事抄录到他的日记中。日本的平林文雄是成寻日记的权威研究者。他在《参天台五台山记校本及研究》的书中提到："这部《谈苑》已佚，成寻所引的这一章便成为宝贵的资料。"[①]的确如平林氏所言，记录北宋前期有名文人杨亿话语的《杨文公谈苑》，全书今天已经散佚不存。然而，成寻抄录的《杨文公谈苑》，则并非唯一的残存。90年代一位中国学者便从宋代以来的文献中搜集到233条佚文，编成辑本出版。[②]成为这一辑本搜集佚文的主要来源文献，就是《宋朝事实类苑》。在《类苑》中，援引有大量的《杨文公谈苑》条目，散见于全书各卷各门类。我仅粗略调查了一下不见于六十三卷本的和刻本的最后十七卷，就发现有30条《杨文公谈苑》引文。成寻所抄录的第一条，也赫然见于卷七十八。然而，像这样日本史研究的重要史料，却无法在六十三卷本的《宋朝事实类苑》中见到。

无中难以生有。上述《鹤林玉露》与《宋朝事实类苑》的《四

---

① 平林文雄《参天台五台山记校本並に研究》，东京：风间书房，1978年，第464页。
② 李裕民辑校《杨文公谈苑》，上海古籍出版社，1993年。

库全书》本,其内容均比和刻本要少。仅见于和刻本记载的内容,电子版便无法获知。此时,一味使用电子版,盲信电子版,便会出现问题。

五、须留意数据库收录文本的准确性

除了数据库收录的文献存在有上述所列举的不完整性的问题,还存在有收录文献的文本不准确性的问题。这个问题也跟来源文献的版本有关。这也是我亲身经历的一个例子。十多年前,应中华书局之约整理《朝野类要》。这是一部很特殊的宋人笔记。既不是记载当世或前朝的佚闻逸事,也不是文史考证,而像是一部小辞典,主要反映了包括科举在内的南宋中期的官僚制度。然而作者又不是做过官的士大夫,而是一介布衣。这部笔记的这一特点,就让近代以来的学者和文人颇为重视,如鲁迅等也曾引用,《汉语大词典》《中国历史大词典》也多有引述。不过,根据我的调查,通行的《朝野类要》各种版本的直接源头皆出自《四库全书》本。通过京、沪、宁加上台北的调查,让我有幸地发现了一部天壤间唯一遗存的明刻本以及两部明抄本,甚至还发现了一部带有馆臣编辑改订字迹的《四库全书》工作底本。[①] 我认真梳理了各个版本之间的关系,特别通过把明刊本、《四库》底本、《四库》本三者加以比勘时,发现通行的《四库》本与明刊本差别极大,而这种巨大的差别正是出自四库馆臣的改订。《四库》底本的存世,揭橥了四库馆臣擅改文

---

① 《朝野类要现存版本概述:版本源流考之三》,《中国典籍与文化论丛》第12辑,第117—141页。

献的冰山一角。以下简述数例。

作为《四库》底本的抄本，行格版式与明刊本类似，但脱误颇甚。脱阙之处均根据字数留有空格。仅从这一特征看，这部抄本与现存其他《朝野类要》清抄本并无本质上的差异。其实，这部抄本的重要价值并不在于抄本本身的文字，而在于作为《四库全书》的底本，其编修者，即四库馆臣在编辑时记入的增删与誊录方式的指示。正是这些指示与具体改动，将四库馆臣改动文献的秘密暴露出来。

例如，在卷一"后殿"条的条目名"后殿"之前，可以看到用朱笔记入的"○○"，通盘观之可知，这是表示条目名低二字抄录的意思。而原本在这个抄本以及明刊本中，条目名是顶格的。此外，对这条正文"常朝值雨□□□□则改后殿"，在"常朝"之前以朱笔记入"一一"，指示将原本抄本及明刊本低一格的形式改为顶格抄录。并且，对抄本原空四字的"□□□□"之处，以朱笔记入了"一一"记号，指示接续抄录。检核明刊本，原来抄本印脱阙而空出的四字处，有"或有事故"四个字。在这部抄本上，原有空阙之处，包括原来表示对皇帝与朝廷尊敬而留出的空格之处，四库馆臣均记入了"一一"这样接续抄录的指示。经过四库馆臣如此一番编辑而问世的四库本与衍生的武英殿本，把底本所表示的脱阙完全抹消掉了，以完备无缺的美观面貌呈现在读者的面前。不过，美则美矣，却彻底地改变了赵升《朝野类要》的本来面目。

又如考证《朝野类要》编纂者赵升生平的一个关键线索，就是他在自序中所提及的地名"九江"。然而，这个"九江"地名却仅见于明刊本和一个明抄本。武英殿本还在"江"字前示以阙字符号"□"，而四库本则干脆删去了这个阙字符号"□"，仅留下一个"江"字。如果没有明刊本，考证赵升生平的作业将会增加不少困难。

四库馆臣对《朝野类要》的修订，有增字之处。如前述的卷一"后殿"条，加入的"御"字，卷头"朝野类要序"标题的"序"前加入"原"字，卷一"分诣"条"四孟朝献，如雨值及有故"的"故"前补入"事"字等。还有减字之处。如卷一"教坊"条"自汉有胡乐琵琶筚篥之后"的"胡乐"二字，被圈以朱笔，指示删除。果然，在通行本中就不见了"胡乐"二字。除了字词的增减，更多的是改字。如卷一"春宴"条"用舟船妓弟"的"弟"字改为"乐"；卷三"举留"条"经监司举留"的"监"改为"办"；卷三"止法"条"止法"改为"正法"；卷四"挑战"条"各一将出斗也"的"一"改为"以"；卷五"过勘"条"过勘"以朱笔乙为"勘过"；卷五"书铺"条"应干节次"的"干"字改为"该"；同条"如学子乏钱者"的"学"字改为"举"等。这些改动都是没有版本依据的臆改。

编修《四库全书》之际，曾在全国范围内征集善本，但对《朝野类要》，居然竟没有发现明刊本的存世，也没有找到诸如明抄本和嘉业堂所藏本、韩应陛所藏本那样的好抄本，采用的是一个脱误比较严重的抄本，在扞格难通之处，不得不进行大幅改动。这可以说也是整理古籍底本选择不当的一个教训。通过四库馆臣对这部《四库》底本的编辑加工，从表面上看，一个焕然一新的《朝野类要》版本从此问世。然而，新版本却让《朝野类要》彻底地改变了面貌。假设没有前述的明刊本、明抄本和《四库全书》以前的若干抄本存世，那么，我们读《朝野类要》，就只能依据四库馆臣加工的四库系统通行本。并且永远也不可能看到《朝野类要》的本来面目。在《四库全书》中，遭遇到像《朝野类要》这样命运的现存文献想必不在少数。

从四库馆臣对《朝野类要》的改订，我们可以窥见《四库全书》编修时不负责任胡乱加工的一个侧面。四库馆臣在编修之际改动"胡""虏"等违碍文字的事实人们大多有所了解，然而，不仅是从"寓禁于征"的政治角度，即使是纯粹从文献存真的角度，也应当重新拷问《四库全书》的价值。

除了以上几部书之外，在我整理的其他古籍中也发现有同样的问题。比如我进行过笺证作业的《宋季三朝政要》，存世有两部元刊本，一为最早的皇庆元年壬子（1312）建安陈氏余庆堂刊本，一为至治三年（1323）云衢张氏刻本。经考证可知，《四库全书》采用的是云衢张氏刻本。然而这个本该是后出转精的云衢张氏刻本却有重大脱误。比如，在卷三就整整脱阙了淳祐七年至十二年这样五年间的记事，在扞格难通之处又妄加连缀，从而产生了新的史实错误，但《四库全书》却原封不动地沿袭了底本的脱阙。

不光是我通过具体校勘实践发现了《四库全书》的诸多问题。读书认真的年轻学者也从中发现了问题。2007年第3期的《中国典籍与文化》刊有南京大学中文系博士生李不言的一篇论文，题为《"綦毋煚"之子虚乌有与电子文献的使用》。文章就指出：

有文章考证云，唐代诗人张九龄与王湾的诗中所提及之"綦毋学士"即开元时期有名的目录学家"毋煚"。作为姓氏的"綦毋"与"毋"互通。文献证据使用了北宋初年成书之《太平御览》和清人《续茶经》的引文。该二书均将"毋煚"记作"綦毋煚"。但经调查，宋刻本《太平御览》和清雍正刻本《续茶经》却均作"毋煚"，并未记作"綦毋煚"。问题出在：《四库全书》的误抄。而考证者又恰恰使用的是《四库全书》电子版，从而得出错误的结论。

上述问题的发覆，足以让人惊出一身冷汗。在使用《四库全书》电子版以及大量收录文渊阁《四库全书》本的《中国基本古籍库》时，一定要格外提高警觉意识。[①] 这些个案，提醒我们的是，在《四库全书》电子版等数据库十分容易检索的今天，也应当重新审视由于版本采用和编修等原因所带来的文献本身的可信性。

六、数字化带来的知识遮蔽、谬种流传与古籍整理体例变更

科技的进步也在某种程度上产生了新的障碍。电子版检索的便利性，让人们丧失了视野广阔的探求欲，懒于查阅其他资料，其结

---

① 平心而论，《中国基本古籍库》在选择底本上比《四库全书》有所改善。如以上论及的《宋朝事实类苑》(题作《新雕皇朝类苑》)，就采用了 78 卷的日本元和七年活字本。但《鹤林玉露》尽管没有采用《四库》本，选用了一个明刊本，"日本国僧"一条，依然缺少日语对音的部分。而《朝野类要》还是采用了《四库》本系统的武英殿聚珍版丛书本。

果必然会形成知识的自我遮断。这个问题，无论在中国还是在日本，特别是年轻的研究者，都应引起注意。至少，从事与古籍有关的文史研究，尽管科技进步日新月异，但传统的目录学、版本学、校勘学并未过时。因此，在利用包括《四库全书》在内的各种数据库时，最好肯花些气力，参考一些其他版本。数据库在嘉惠学林的同时，还需防止其通过新形式谬种流传。在这里，值得推荐的一个可信的数据库则是中华书局推出的经典古籍库。这个数据库收录的是新整理出版的古籍，以中华书局的出版物为主，也收录协议加入的其他出版社的新整理古籍，比如《全元文》等。尽管收录数量有限，但可逐字检索，且标注页码和出版信息，著述之际引用、检核，手机亦可，电脑亦可，颇为方便。

这里还要给古籍整理工作者进一言。作为校勘体例，一般是校正不校误，但如果一味遵循这样的体例，校勘时发现的《四库全书》等电子版的讹误便无法在校勘记中反映出来。可否做些变通，发现数据库中的版本有误时，最好也出校加以说明。这样做，对利用数据库的研究者来说，实在是善莫大焉。

七、结语：电脑难以完全代替人脑

伴随着科学技术的突飞猛进，研究环境发生了戏剧性的革命。特别是大量数据库的产生，改变了工具书的概念，把博闻强记留给了电脑，不必花功夫去皓首穷经，单纯资料性的考证已不再是学问。这一新局面，提出了新课题。一是呼唤基本功的训练。对古汉语阅读能力的要求，对传统的目录学、版本学、校勘学的复活。二是呼唤新方法新思维。柯林伍德说过，一切历史都是思想史。思想，永远是历史学以及其他人文科学的灵魂。没有思想的学问，便是王安石讥讽过的"断烂朝报"。这一切都表明，电脑永远不能完全代替人脑，人心难以量化。

（原载《史学月刊》2018 年第 9 期）

缅怀篇

遥祭浦江
——生命以另一种形态不朽

过了知天命的年龄，也就迎来一个不想面对的季节。在这个季节里，不是迎来，而是送往，为先走的师友送终。几年前，在参加了一位朋友的葬礼之后，写下过一篇短文，题为《失去了永别的感觉》。是说在节奏很快的现代社会，大家都十分繁忙，朋友之间，难得经常从容相聚，除了偶尔匆匆一见，大多是从其他朋友的口中，或是从报纸杂志，乃至网上，可以获得一些对方的信息。因此，朋友就像是一处固定的景点，似乎会永远存留在一处。即便是真的走了，也就犹如平日都在各忙各的而难得见面一样，不相信已经永远地离开我们，去了另一个世界。仿佛在某一天、某一个学术会议上，还能像以往那样，偶尔再见。浦江走了，我也完全没有永别的感觉。我宁愿让繁忙抹杀掉生与死的界限，我宁可相信虚幻的永恒。我在东京，他在北京。我守望宋代，他在辽金纵横。

从微信、从网上获悉浦江去世的噩耗，十分震惊。自从一年多前从朋友那里得知浦江患病的消息，便一直关注，还曾向在网上联系到的浦江弟子打探近况，得到的都是比较乐观的信息。直到最近几个月，我还在网上看到他有关于近代史的论文刊布。我相信他已经康复，甚至以前的病况都是不实的传闻。所以，我不相信，不愿相信浦江已经远去。

我在微博写下的悼念文字，称浦江是我的朋友、同行和同学。这句话被媒体报道加以援引，讲他的同学如何如何说。其实，我跟他的学长邓小南、荣新江才是同一个教室上大课的狭义同学，跟浦江，因为是同在北大一片天空下，又同研文史，自谓是广义的同学。说是同行，倒是更为贴切一些。我主做宋史，浦江主做辽金史。对彼此的研究动态都很关注。我欣赏他的五行始终论，相信他也了解我的皇权论。

至于称为朋友，由于学习、工作、研究领域乃至海天暌隔，其实我们彼此交集很少。记忆中最为清晰的较早接触，已经是2007年邓广铭先生百年诞辰纪念会了。那次较多地看到作为副系主任的浦江忙碌的身影。最为近距离的接触，是2010年春天应小南、新江之邀，在古代史研究中心做完"唐宋变革还是宋元变革"讲座之后，一起在勺园共进午餐。忙碌的浦江也是餐后匆匆先行离去。而最近一次接触，则是在2013年9月"宋代研究新视野"的研讨会上。在其他学术会议上或有相逢，但印象最深的几次交往都是在北大。朋友、同行、同学云尔，此之谓也。

浦江为人热情，初次见面，伴随着握手，一句"我知道你"，顿时拉近了彼此的距离。此后，在不多的相逢之际，都是远远地迎上来，热情握手。那一张生气勃勃的青春娃娃脸，永远定格在脑海之中。

交集虽少，人前人后，生前身后，我会称呼他"浦江"，这不仅是因为我痴长几岁，更缘于我对浦江的学问人生的敬重。接触虽浅，心仪则深。

浦江去世后，网上悼念文章很多，于辽金史研究，有赞誉为泰斗者，有推崇为第一人者。其实，这些赞誉，浦江未必乐于接受。了解一个人，无需过从很密，遥遥相望，也能从本质上把握。以我对浦江的了解，他或许只是会这样说，我用心地做过，尽全力地做过。

学如其人。浦江个性鲜明，学问也有特色。我一直有这样的印象。前几天收到浦江弟子润博寄来的追思会纪念册，看着一篇篇回忆文章和浦江的论著目录，更加深了这种印象。病中的浦江如是说："如果我的病能好，今后的研究重心就不想再放在辽金史上面了。"其心存高远，其志向宏大。浦江从辽金史研究发轫，上下纵横，南北驰骋，从魏晋南北朝到元明清近代，从文字到文献，有微观考证，有宏观高论，宏微相济，博大精深。立足一家，却不固守家法。

我是北大古文献专业出身，属于浦江讥为没文化的中文系。我在日本，也给研究生开过四库提要课。除了宋史，我的另一个研究领域就是文献学。我很钦佩专攻历史的浦江对文献学拥有强烈的意识和精深的造诣。他有一段话说得很好："史料熟不等于文献熟。史料熟只是局限于某一断代，而文献熟则是一种整体的感觉。一旦文献熟了，上起先秦，下迄明清的史料都可以从容处理。"浦江可谓深得先师真传，这段话正是对邓广铭先生强调治史要拥有年代、地理、职官、目录"四把钥匙"中目录学的具体阐释。纯治史者，往往缺乏文献学根柢，学问格局受限。纯治文献者，又易溺于文献而难以自拔，学术视野缺乏宏阔。因此，浦江此语，无论治史者，还是治文献者，皆当奉为圭臬，接受启发。

物伤其类。在学术取向上的类似性，使我对浦江的去世格外悲痛。我常跟学生讲两句话，一是先做杂家，后做专家；二是做断代史，须拥有通史的视野。这也是我心向往之和身体力行的方向。看浦江的学术业绩，可以说上述两点都做到了。他是博而返约的杂家，又是气象宏阔的专家。以浦江这样的知识结构与见识学养，如果假以天年，那可真的是不可限量，会在没有大师的时代创造奇迹。

三十而立。不满三十年的学术生涯，已让浦江矗立于一览众山小的学问峰巅了。在浦江的学术业绩面前，不敢沾沾自喜，只有自惭。这是一面高扬的旗帜，召唤和激励同行与后学奋进。

人生不满百，却期待长生不老。徐福没有给秦始皇找来不死的灵药，于是竹帛烟消帝业虚。不过，中国古代的知识人却找到了不朽的路径，立功、立德、立言。欧阳修写过一首《重读徂徕集》的五言长诗，其中有这样几句："人生一世中，长短无百年。无穷在其后，万世在其先。得长多几何，得短未足怜。惟彼不可朽，名声文行然。"学者在学术中寄身，在文化中不死。在历史长河中，人如沙砾般渺小而微不足道，但却传承了几千年的文明。一切的社会进步都是由一个个渺小的人创造积累而来。数十年的人生，数千年的文明，这是一个伟大的生命链。浦江就是这链条中的一节，没有他的贡献，文明链条就有残缺。

"死去何所道，托体同山阿。"短暂的人生，浦江活出了生命的质量。学术含金，人生辉煌。"有的人死了，却还活着。"在前面援引的欧阳修那首诗中，还写有这样的诗句："如闻子谈论，疑子立我前。乃知长在世，谁谓已沉泉。"生命以另一种形态不朽，浦江不死，他的学术成果生气勃勃。翻开论著，浦江那张亲切的娃娃脸，笑吟吟如在目前。

2015 年 2 月 13 日写于丝绸之路上空，前往土耳其途中
（原载《大节落落，高文炳炳——刘浦江教授纪念文集》，
中华书局，2016 年）

谦谦君子，巍巍学人

——我哭傅师

　　乙未岁杪，一个寒冷的周末，学校的同事们一起在居酒屋聚饮。席间，偶然打开手机，微信中传达的消息让我震惊：傅璇琮先生于2016年1月23日下午3时去世。顿时，像室外的天空一样，心开始飘雨，酒食无味，强忍镇静。饭后归宅，一进家门，跟内人说了句"傅老师去世了"，便泪如泉涌，欲抑而不能。

　　年近花甲，常有学界的师友与世长辞的讯息传来，闻讯固然悲戚，但更多的是对学术星陨的痛惜。有如得知傅先生去世这样泪崩的，除了父母离世，我还不曾有过。对古人说的"如丧考妣"，我已经超出了对字面文义的理解，成为了真真切切的个人体验。人生在世，我想除了父母家人至爱亲朋，闻讯一个人的辞世，能够如此悲痛的，大概不多。

　　我一直称呼傅先生为傅老师。我与傅老师结缘在中华，相识却是在进入中华之前。1981年，进入大四的我开始实习。北大古典文献专业，原本就是为中华书局培养编辑而创设，因此包括我在内，几个不打算继续考研的同学，便到了中华实习。学未了，身先入，从实习开始，我就成了中华人。大学几年，一直跟我们走得很近的白化文先生，十分热心地把另一位实习的同学推荐给时任文学编辑室主任的程毅中先生，而把我推荐给了时任古代史编辑室主任的傅璇琮先生。两位先生都是白先生50年代在北大的同学，白先生嘱托两位先生带我们。我既没有读过硕士，更没有读过博士，博士学位还是赴日之后以出版的日文著作获得的。因此我没有严格意义上的导师。在最近出版的文集跋语中，我这样写道："拥有博士学位，却无特定导师。虽无宗无派，却得千手千眼指导，这更是我的幸运。"这是实话。至少中华十年，我得到了杨伯峻、李侃、赵守俨、程毅中、王文锦、张忱石等众多先生的亲炙。而傅璇琮先生则是被指定带我的名副其实的老师。因此也可以说是我学术生涯中唯一的真正意义上的老师。尽管没有举行过传统的拜师仪式，但我认定傅先生就是我的老师，因此一直叫傅老师。

自从1981年3月的一个下午，到中华拜访过之后，中华十年，傅老师是在学术上对我教诲最多的老师。学术前辈奖掖后进的风范，我在傅老师那里也领略得最多。

我的大学毕业论文是整理点校宋人笔记《鹤林玉露》，这就是出自傅老师的提议。点校稿傅老师和白化文先生都悉心审阅过。我写的关于《鹤林玉露》作者罗大经的生平考证文章，傅老师也逐句改订，并写下批语说"为文跳脱可喜"，让我受到很大鼓励。1983年，点校本《鹤林玉露》出版后，语文大家吕叔湘先生读到其中有几处标点不妥，跟傅老师提及之后，傅老师专门安排我去吕先生家里，具体征求意见。我清楚傅老师为我创造机会接受学术大家教诲的良苦用心。

正式进入中华之后，傅老师安排我编辑杂志《学林漫录》，从大量的学术掌故中，也使我不仅获得了学术史的知识，还在无形之中接受了学术熏陶。无论是编辑工作，还是学术研究，我的一点小小的成就，都会得到傅老师的极大勉励。我摘取白居易诗"闲征雅令穷经史，醉听清吟胜管弦"，以"醉听清吟胜管弦"为题，在当时的《联合书讯》中发表了一篇介绍新刊《学林漫录》的文章。傅老师读到后，喜悦勉励的情形，至今犹在目前。

安排审阅书稿，也备见傅老师培养后学的心思。刚到中华不久，傅老师便安排我担任黄仁宇先生《万历十五年》的责任编辑。通过详细阅读书稿，与作者往复联系，让我又在无形之中开阔了学术视野，领略了与通常的范式迥异的学术风格，对我后来的学术写作产生了相当大的影响。

在中华的那些年，是我的学术旺盛期。不仅在工作之余，常往当时位于王府井中华书局斜对面的科学院图书馆钻，晚上也常常不回宿舍，以一张折叠床住在办公室，周日几乎是长在中华。因为年长的傅老师也常常周日在中华的办公室工作、写作。在傅老师的激励下，那些年的努力，奠定了我的学术基础。在中华的日子里，常常得到傅老师以亲身学术经历的指教。傅老师曾告诉我说，任何大家都经不住查。这句话我至今难忘，还常常转述给学生。因为这一句简单的话语，不仅教导我要谨慎地对待学术，还让我树立了学术自信。

80年代的中华，杨伯峻、周振甫等老一辈学者还在，尚存传统遗风，学术气氛很浓，俨然是一所学术中心，具有着学术向心力。作为编辑，接待作者，可谓是"往来无白丁"，如今令学子景仰的一流学术先辈，当时都曾谋面。编辑在为人作嫁的同时，大多都立志成为学者。傅老师在这方面也对年轻人多加鼓励，有学术会议，尽量派出参与。记得当时参加各种学术会议，我都是提交论文，并不仅仅作为出版社的编辑，而是以研究者的身份参加。做学者型编辑，当时傅老师就是我的楷模。时移世变，傅老师的谢世，学者型编辑渐成绝响，此亦令人唏嘘，为学术悲，为高质量的学术出版惜。"行有余力，则以学文"，寄语当道者，为学术繁荣，为文化传承，在有余裕的前提下，多做一些"无用功"，培养一些学者型编辑，让傅老师这样的一代学人后继有人。

在唐代文史研究领域，傅老师成就斐然，从 80 年代初始，以《唐代诗人丛考》震惊学界，嗣后，《李德裕年谱》《唐代科举与文学》《唐诗论学丛稿》《唐人选唐诗新编》等著作陆续面世，洵为巍然一代大家。然而，傅老师并非独自埋头向学，而是对中国古代文史有着宏观的通盘思考，视野十分开阔，向下延伸，对宋代文史也给予了相当的关注。这从傅老师主张、主持编纂《全宋诗》便可见一斑。挚友龚延明教授多次向我讲述过傅老师鼓励他编纂《宋登科记考》的往事。几年前问世的《宋登科记考》，署有傅老师主编，可见傅老师一定是倾注了极大的精力。《宋登科记考》直接奠定了后来龚延明教授的十巨册《宋代登科总录》，其间傅老师的创意开拓之功至伟。

作为国务院古籍整理出版规划小组秘书长，作为中华书局总编辑，傅老师在制定长远的古籍整理规划、促进大量的古籍整理精品的出版等方面，作出了不可磨灭的巨大贡献。今天中华书局的学术出版巨子的地位，正是由傅老师这样一代学人出版家的承前启后而奠定。

晚年的傅老师除了自身研究之外，更大的学术贡献，我觉得还是学术组织工作。傅老师不仅担任各种学术团体的领导职务，兼任多所大学的教授，还参与主编了许多大型古籍整理项目和学术著作丛书，除了上述提及的《全宋诗》，还有《中国古籍总目》《续修四库全书》《续修四库全书总目提要》《全宋笔记》《唐五代文学编年史》《唐才子传校笺》《宋才子传笺证》以及乡梓的《宁波通史》等。这些学术组织工作的贡献巨大，有目共睹，其副产品，则是带出了几代学人，让学术薪火传承不息。这样的贡献，在今后的几十年内将会逐渐显现。

一个人的精力十分有限，身材瘦小的傅老师，一直旺盛地燃烧，春蚕到死，蜡炬成灰，为学术、为出版贡献出了十二分精力。

作为傅老师的学生，十分惭愧，去国几十年，与老师联系甚少。只是在2007年的邓广铭先生诞辰百年纪念会上，匆匆一见。后来几次到北京，都跟繁忙的傅老师失之交臂，仅跟傅老师的夫人徐敏霞老师一起单独吃过饭。刚出国的那几年，傅老师曾给我写信，希望把我介绍到国内的大学任教，虽然最终未果，但挂记学生的师恩，我一直铭记。去年就听说傅老师身体不好住院，总想去看望，想把自己出版的五卷学术文丛敬呈给老师，向老师作学术汇报，但一直也没有机会回北京。没想到老师走得这样急，如子不孝，愧做学生，悔恨莫及，"此情可待成追忆，只是当时已惘然"！

傅老师待人谦和，无论长幼，彬彬有礼，传承着老一代学人的风范。当然傅老师的低调谨慎，也与其坎坷的经历有关。人皆为80年代初《唐代诗人丛考》的一鸣惊人而赞叹，殊不知在那之前是长期的学术积淀。《全唐诗》就是傅老师与王国维次子王仲文先生整理的，并且在60年代就出版了《杨万里范成大资料汇编》和《黄庭坚和江西诗派资料汇编》。不过由于那个时代的特殊原因，傅老师都无法署上真名。80年代以后傅老师的学术井喷，实在是长期压抑后的爆发。

人生苦短，有限的人生能够做一些有意义的事情，便为短暂的人生赋予了意义。个体的人传承着人类的生命，每个学者的一生都是一次接力长跑。接力前人创造的文化，传承给后来人，于是文化之树常青。我曾以《生命以另一种形态不朽》为题，撰文悼念学友刘浦江教授。真正的学者是不会死的，生命以另一种形式不朽，永远活在他的著作中，活在学术传承中。傅老师就是不死的学者。

我哭傅师，如丧考妣，为厚谊，为学术，为文化。借用我的研究对象范仲淹《严先生祠堂记》中的一句话，悼念敬爱的傅老师：

云山苍苍，江水泱泱，先生之风，山高水长！

匆草于先生辞世之次日

（本文首发于澎湃网 2016 年 1 月 24 日）

本性难移

——题目不妥的追思

　　脑海中涌出这句俗谚时，我首先想到的上一句"江山易改"。本想以此作为文章标题，但普通的"江山"一词，被赋予太多的政治含义，加上"易改"两个字，就更令人不免作引申联想。于是，出于避嫌，我还是用了这个俗谚的后一句。其实，这句俗谚中的"江山易改"只是犹若比兴手法，为了引出下一句"本性难移"。这下一句才正是这句俗谚想要表达的重点。开题这番话，并非意在语词探讨，而是作为一个引子，纪念我所尊敬的一位老师。纪念老师的文章，用了这样一个题目，似乎不大妥当。不过，从我的感受出发，倒是觉得用这句俗谚最为贴切。俗谚跟老师的人格无关，与老师传道授业的内容相联。

　　近四十年前，我就读于北大中文系古典文献专业。我曾经感慨，这个专业的课程设置让我们学到的东西最多。除了本专业的课程之外，跟历史系的同学听中国史，跟哲学系的同学上哲学史，跟本系汉语专业的同学听古代汉语和现代汉语，跟文学专业的同学上中国文学史，等等。各种课程都是分段由学有专攻的老师讲授，每门课都长达一两年，甚至更长。于是，在中国文学史的课上，我邂逅了周先慎教授。

　　周老师为我们讲授明清文学。在分析明人小说时，周老师强调的性格决定论给我留下极为深刻的印象。记得当时的结课作业是提交一份古代小说作品分析报告。我写的是对《沈小霞相会出师表》这篇明代短篇白话小说的分析，内容是明朝正直的官员沈链与权奸严嵩父子抗争的故事。运用周老师强调的理论，对小说中人物言行进行了具体分析。认为在特定情境之下，小说中的人物只能如此说、如此做。具体考察《沈小霞相会出师表》这篇小说，伴随着小说的故事情节进展，人物的言行与其性格的关系全然相应，丝丝入扣，同符合契。我在大学时写的不少读书报告后来都发表了。比如上中国哲学史课的报告《孔子天命观新探》，就被张岱年先生推荐到了《哲学研究》发表。其实，这篇小说分析的读书报告也是我自感得意的一篇。由于当时是手写，没能留下底稿，后来偶然想起，每每觉得可惜。

　　不过，毫无遗憾的事，则是听周老师的课。从中学时代开始，到上大学之前，我一直是文学少年和青年，在报刊发表过一些诗歌、散文，曾有把文学创作作为终身事业之志。进入大学的古典文献专业，钻入故纸堆，才做了一时颇有些痛苦的转型。由于有过这样的经历，对文学也一直抱有浓厚的兴趣。以前创作之时的学习，对文学理论也有一点点积淀。所以听周老师的课，能有结合自身创作体验的理解，很容易接受，听起来也特别畅快。

　　毕业后，根据在大学读书时逐渐形成的趣味，转向了历史研究。做历史研究，听起来跟文学隔得比较远。其实条条道路通罗马，知识的海洋融会贯通。国内的历史研究，一向注重制度史、经济史研究，时下又比较时髦量化史学。我研究历史，比较注重于历史活动的主角——人，倾心于历史人物的研究。这在本质上是对人心的研究，人心则很难量化。在我的五卷本"王瑞来学术文丛"中，专有一册《知人论世——宋代人物考述》。历史留给今人的史料，不像是没有剪辑过的录音、录像，事无巨细地完整存在，而是有很多自然的缺失和人为的遮蔽。那么，历史人物如何研究，我们不能满足于只描绘出一具残缺的肢体，缺失的部分也需要复原。这时候，就需要借助逻辑的力量和文学的方法。现在想来，大学时代周老师讲授的性格决定论对我后来的历史人物研究，产生了潜移默化的深远影响。

小说是虚构的，但是源于生活。历史人物则是真实的存在，在特定的时代和场域具体活动。小说人物的言行是小说家基于逻辑的设计，历史人物的言行则是在环境影响下性格使然的逻辑体现。尽管人的行为有许多偶然性、随机性，但性格使然，则使人的行为带有一定的必然性。周老师性格决定论的影响，在我的历史人物研究中多有折射。比如我研究北宋宰相寇准，在文章开头就这样写道：

俗语说："江山易改，本性难移。"就是说，改变一个人的性格，甚至比改朝换代还难。这种与生俱来，又被后天所塑造的性格，有时候，可以左右一个人一生的命运。寇准的一生，有过富贵荣华，权势鼎盛，位极人臣，有过贬黜流放，落至谷底，匹夫弗如。跌宕坎坷，大起大落。这一切，绝大部分原因，是由其性格所致。

由此，周老师性格决定论对我研究的影响可见一斑。

深感师恩，仅仅是潜藏于内心的默默感激。其实，在大学期间，除了上课，与周老师并无过从。毕业后先是领域分殊、后是由于天各一方，也一直没有交往。前两年在日本的一次集会上，偶遇周阅教授，聊起同是北大中文系出身，提及教过我的周老师，才知道周阅教授是周老师的女公子。于是我就讲了上述受教的往事。过后，学妹的反馈，说提起我时，老师居然还有印象，不知道是不是由于那篇我自己引为得意的读书报告。那以后，很想看望一下已经耄耋之年的老师，总是由于匆忙而未果。而老师的仙逝，则在心底留下深深的遗憾。

东渡之后，我也传道授业，几十年来教过的学生数以千计，并不指望学生记住老师。我想，几乎所有老师皆作如是想。不过，老师教给学生的知识，给学生插上飞翔的翅膀，会让学生永远铭记师恩。学生记住老师，也并不都是因为有着亲密的过从。往往仅仅一点的启示，就会让学生受益终生。这也是学生记住老师的原因。我对周老师便是有着这样的铭记。常言道，"授人以鱼，不如授人以渔"。鱼为知识，渔为方法。上周老师的课，我们既得知识，又接受了方法的启示。

人生不满百。不过，正如一句诗所言，"有的人死了，可他还活着"。学者活在著述中，老师活在学生心中。著述、人心，皆为名山。已经过去将近四十年了，人到中年的周老师在课堂上的形象，在脑海中依然那么鲜活。跟中文系的其他老师相比，周老师讲课，虽无袁行霈先生的风雅，也无赵齐平先生的文采，但高瘦质朴的样子，认真严密的逻辑思维，让人同样印象深刻。

文化接力，知识传承，薪尽火传，生生不息。个体的生涯有限，人类万寿无疆。思念老师，也思忖自己，做老师的，你得让学生记住点什么。

云山泱泱，山高水长。

（本文首发于《澎湃网》2018 年 11 月 17 日）

天堂也有宋史
——遥祭其凡

去年 11 月下旬的一周，本来平静如水的日子起了波澜，变得焦虑揪心、坐立难安。这是因为从微信中得知了友人张其凡兄病危的消息。得知消息之后，不断地查看手机微信，捕捉信息，捕捉希冀。现在查看微信朋友圈我的发言记录，时光似乎又穿越回了当时。

11 月 22 日：承广州友人相告："张老师体温下来了，还没有意识，身体指标比昨天稳定一些。"得此讯息，稍为安心。愿其凡兄吉人天相，渡越难关，早日康复。还等你一起喝酒呢。

11 月 25 日：昨晚先获误报，悼念后速删帖子，其实也庆幸误报，还有希望可期。未料今晨开机，传来噩耗，其凡兄真的走了。亲交 34 年，今夏一见，竟成永诀，悲不自胜。前往学校，电车中吟出几句，痛悼其凡兄：

问学交游卅四年，
趣致相近论皇权。
天堂亦应有宋史，

世间再无张其凡！

　　以上摘录的两段当时的文字，足以反映我当时心情。因大学正在上课期间，难以参加告别仪式，托友人转去以下的唁电与挽联和挽诗：

唁电

暨南大学文化史籍研究所：

　　惊悉张其凡教授辞世，哲人其萎，不胜悲悼！从一九八二年第二届宋史研究会郑州年会相识，迄今交往已有三十四年。其凡教授治史，重史源，研文献，视野宏阔，别具只眼。由五代入宋，成果累累，闻名遐迩。岭南重镇，巍然大家。桃李满园，薪尽火传。学者著述是生命的延续，其凡教授不朽！

日本学习院大学东洋文化研究所
研究员　王瑞来
二〇一六年十一月二十五日

附上挽联并挽诗（挽诗同上，节略）

挽其凡兄：

　　仗义重道豪气传，其凡非凡；

研文治史著述在，斯人不死。

我与其凡兄相识于 1982 年郑州第二届宋史研究会年会上，一见如故，晤谈甚欢。会后我们没有跟会议一起去巩县考察，而是同已故的陈植锷兄等，去了河南的不少地方。洛阳白马寺、嵩山少林寺、黄河花园口，都留下了我们欢快的身影与记忆，从此订交。过后不久，到北京出差的其凡兄造访我当时供职的中华书局，我还在北京简陋的小家招待过其凡兄。找到当时的照片，一起聚饮的还有宋德金兄、张秀平大姐。

与其凡兄一见如故，并不仅仅因为都是性格直爽的北方汉子，更是由于研究领域的接近。我们都做宋代政治史，并且都偏重北宋一段。80 年代，我在《历史研究》的《论宋代相权》《论宋代皇权》刊出之前，都与其凡兄有过私下的讨论。在宋史学界，其凡兄是力挺我的观点之一人。至今，检索网上其凡兄君主共治的大作，还可以见到"友人王瑞来兄"的亲切表达。

其凡兄对我的学术观点有着比较清楚的了解。对于这一点，还有一件往事可以表明。十多年前，我去香港参加学会，拜访现已故去的陈学霖兄，把一篇论文投给他主持的《香港中文大学中国文化研究所所报》。过些时日，编辑朱国藩兄寄下两通审稿意见。一通电脑打印，一通手写。80 年代与其凡兄多有书信往来，因此尽管匿名，一看字体便知是其凡兄。当时我已去国甚久，与其凡兄也疏于音问。其凡兄的审稿意见略为指瑕之外，大段阐述与我相近的观点，对论文充分肯定，最后竟以近乎命令的口吻写道："建议尽快发表。"这样的表达符合其凡兄直爽的性格，我是见字莞尔。

90年代其凡兄主持暨南大学文化史籍研究所，曾几次相邀参加学会，都因各种原因未能成行。去国十年，没有参加国内的学术活动，正式回归是2000年参加保定的宋史年会。不过那次没有印象见过其凡兄。与其凡兄阔别十多年重逢，应当是在2004年河南濮阳澶渊之盟一千周年的国际研讨会上。跟80年代高高瘦瘦的样子相比，其凡兄已经大大发福，考察时大巴同坐一排，颇觉拥挤。此后随着回国频繁，在学会上多能相遇。广州增城、浙江富阳、江西井冈山、上海、杭州、开封，难以殚数。

2008年其凡兄还专门邀请我去暨大讲学一周。其中一次在给他的学生作的小型讲座上，突然一声巨响，椅子不堪重负，轰然散架，把入睡中的其凡兄摔倒在地上，众弟子忙不迭地救师。这件轶事，想必听讲的各位弟子比我讲座的内容记得更清吧。从那时起，海量的其凡兄已经拒绝白酒，改饮红酒了。不过，还是带我到广州的新疆餐厅，品尝了有名的新疆白酒白沙液。

前年秋天在杭州参加第三届南宋史国际研讨会，见到其凡兄和夫人，吃饭席间跟我说，他和夫人身体都不好。闻言心中一阵悲凉，有种不祥的预感。去年赴广州中大参加宋史研究会年会，会间未见到其凡兄熟悉的身影。询问之下，说是痛风发作，行动不便，不克与会。既然到了广州，相距咫尺，不见不甘，便约了何忠礼兄、台湾的韩桂华老师，在会间的一个晚上，前往张府看望了其凡兄。或许是前一年的预感在冥冥之中驱使，临别，我执意要与其凡兄合影留念。万万未曾想到，这次竟是最后与其凡兄会面，最后一次合影。真成为了留念，永远的留念。

中大的曹家齐兄曾屡屡邀我去讲学，都未能下决心抽出时间成行。今春再次相邀，我则立即爽快地答应下来了，因为我想借赴羊城之机拜祭其凡兄。暨大文化史籍所闻讯后相邀讲座。走在阔别十年的暨大校园，自将磨洗，缅怀其凡兄。特别是讲座结束后，在研究所牌前合影时，发现旁边的信箱上其凡兄的名字依然保留着。名字犹在，斯人已逝。那一刻，眼眶潮湿。或许是到了哀生送往的年纪，其凡兄的离去让我分外悲戚。

过后想想，其凡兄的名字不仅存留在生前的信箱上，也会一直存留在宋史研究的学术史之中。其凡兄对于宋代政治史研究的贡献，有目共瞩。不仅自身著作甚夥，还培养学生对北宋政治史进行了有计划的逐段研究，蔚成体系。其凡兄生前曾参与组织过岭南宋史研究会，也曾邀我前往。虽不克赴会，但岭南巍然成为宋史研究的重镇，令人欣喜，其中，其凡兄更是巍然大家。无论个人研究还是学术组织，其凡兄之业绩与名长存。

人生苦短，有限的人生做出长存的事业，精神的生命就在事业中长存。其凡兄的业绩既平凡又不平凡，像是滴水，映日生辉，并汇入了文化的长河之中。只要文化不消亡，那么其凡也永生。永生不是句空洞的话，其凡兄过世几个月来，至少有三种他整理的宋人笔记出版。这让人真真切切地实际感受到，其凡兄的学术生命还一直存续在世间，未曾离去。作为学者，我们每个人从事的都是文化建设，用短暂的生命进行文化接力。薪尽火传，其凡当欣慰，桃李满天下，事业有传人。上界有了其凡，天堂便有了宋史。其凡兄，你天马行空，我们地上努力。做不好，可别哂笑。

其凡兄知道我喜欢喝泸州老窖，去年府上临别，特地把珍藏多年印有"革命小酒"字样的泸州老窖送给我，说"就是给你留的，这次你拿走"！睹物思人，兄弟我就以此酒酹兄。伏维尚飨，干杯！

乙酉初秋写于东京飞往成都途中

昨夜星辰
——哀嘉文

　　昨天上午，习惯地打开手机查看微信，一个群发微博截屏所传递的信息，让我震惊："林嘉文去世了。"尽管传递的信息言之凿凿，我依然不敢相信，不愿相信。年过半百以后，师长乃至同辈长辞仙逝，时而有之。悲往悼终，逐渐成为不愿却也不得不面对的常态。生命的盈缩，病魔的肆虐，让生者无奈。不过，嘉文的离去，却让我生出一种不甘。这还是一个刚刚十八岁的生命啊。残忍的事实更让我陷入了深深的悲戚。

　　我跟嘉文，其实只有一面之缘。去年暑假，应邀前往西安的西北大学讲学。在一次讲座结束之后，一个年轻的男孩子走到前面，送给我两本书，一本是已经正式出版的著作，一本是厚厚的打印装订稿。稳重老成的谈吐，让我原本以为是众多的研究生之一，但他自我介绍说，是西安一所中学的高中生。一个高中生居然写出如此厚重的著作，仅就这一事实本身，便让我不禁对他刮目相看。说实在话，那天除了嘉文的自我介绍，前后不足十分钟，并没有展开深入的交谈。不过，高中生的身份和两本著作则给我留下了难忘的印象。

尽管此后没有机会再见，但我对嘉文的了解，却是在分别之后伴随着阅读他赠送的著作而逐渐加深。已经出版的《当道家统治中国：道家思想的政治实践与汉帝国的迅速崛起》，我暂时放在了一边。打印的手稿本《忧乐为天下：范仲淹与庆历新政》，由于与我多年一直研究的课题有关，展卷浏览，体验先睹为快。这是以北宋范仲淹为中心展开的论述。

　　研究宋代政治史，特别是研究北宋政治史，从范仲淹入手，我以为是切中肯綮，抓住了关键。根据我对宋代历史的认识，北宋的太祖、太宗朝尚属建国期，正常继统的真宗朝才进入了组织制度的建设期。在这一时期，太宗朝开始扩大的科举取士规模效果显现。从中央到地方，科举出身的官僚成为主宰，士大夫政治蔚然形成。进入仁宗朝，一直未遑着手的精神建设，在士大夫政治的背景下展开，范仲淹成为领军人物。范仲淹与其提携的欧阳修等人，抨击五代的冯道等"贰臣"，进行政治道德重建，作成"忠义之风"。在文学上，主张文以载道的诗文革新，倡导古文运动。范仲淹提携"宋初三先生"孙复、石介、胡瑗以及张载、李觏，为理学创生贡献甚大。这是一个被日本学者称为中国的文艺复兴的时期。嘉文从这一时期和范仲淹这一关键人物展开研究，即使是有高人指津，也无疑显示了他的见识。

　　从书中大量的注释和书后的参考文献来看，嘉文不仅研读了相当数量的原典，更是阅读了很多的今人研究论著。不仅对我的几篇关于范仲淹的论文作了征引，还看出对《宰相故事：士大夫政治下的权力场》一书进行了仔细研读。依然讲一件个人体验。我前几年在《历史研究》刊发一篇《范吕解仇公案再探讨》，去年有学者刊文表示了不同意见。对此，嘉文也发表了自己的见解。由此可见，嘉文对最新学术动态的追踪，对学术信息的掌握，都是下了很大功夫的。因此可以推测，他以范仲淹为中心展开宋代政治史研究，当主要是他本人对史料精心研读和对研究史充分把握之下的抉择。现今的硕士生博士生，即使有导师指导，亦未必都能找到好的选题。仅此一点，就不能不令人钦佩一个高中生的见识。

浏览全书，从形式上看，行文、援引、注释中规中矩，老到而合乎规范。每个学者都经历过由青涩到成熟，论文的写作也都经历过由模仿到自觉。这是一个并不短暂的历程。但成熟的论著写作出现在十八岁的嘉文身上，只能惊为奇迹。其实能够想象到的是，在奇迹的背后，一个并无家学渊源的年轻人，肯定是有着异乎常人的刻苦。

不仅形式，从论著选题到论证内容，体现出不少灼见，这是史识。刘知幾所说的史家"三长"才、学、识，殆于嘉文一身备矣。在浮躁的当下，在缺少大师的时代，嘉文可谓是史学界凤毛麟角般的不世出之英才。去年，受赠的手稿本论著正式出版。我从媒体报道获知，在新书发布会上，著名宋史学者李裕民教授对嘉文的论著给予了高度的评价。读过稿本，我知道，裕民教授的评价洵非虚言过誉。

论著后记，嘉文提及多位当今活跃于学界的知名学者的提携。嘉文去世的噩耗一经披露，网上微博、手机微信哀声一片。到处说项斯，无人不知君。痛失一位潜力无限的新秀，学界同悲！

犹如一颗耀眼的流星，璀璨地从长空划过。昨夜星辰的轨迹，是嘉文的著作。我的一个学生写道，嘉文的一部著作，已经被他列为今年的必读书目。昨夜星辰，依然闪烁。

　　从网上获得的信息看，嘉文是在早春时节被忧郁症夺去了生命。就在前几天一位很有才华的年轻的政治学者也因此而丧生。人们痛惜，痛惜他们的生命戛然而止于学术的早春时节，青春的花季。历史的假设是人们的一种期许。倘若他们还能继续耕耘，学术的百花园中，一定会有两朵盛开的鲜花。

　　或许，政治和历史都是一个让人沉重的学科，有着生命难以承受之重，须得心理超强才行。太纯真的人不适合搞政治，甚至也不适合研究历史，尤其是研究政治史。政治史所展现的人性的丑恶一面，让纯真的神经无法承受。

　　那位政治学者恐惧地离开了，嘉文冷静地告别了。或许是疾病所致，人生让他们有太多的解不开的结。然而，人们不会苛责他们的选择，他们的解脱，但深深地惋惜，扼腕痛惜。抑郁症的发生，或许有社会因素，但作为一种疾病，必须在技术层面加以理解和正视。患者积极治疗，调整心理。他者热情呵护，多方关爱。这样或许会减少一些悲剧的发生。物伤其类，任何人的生命都并非与己无关。锻炼身体，也须强健心理。

　　生命只有一次，人生苦短，要做的事情很多，珍爱生命。借用一个老师悼念那位政治学者的一句话：慢慢走，才能走得远。生命需要质量，也需要长度。

　　话又说回来，生命的质量也十分重要。那位我未曾谋面的曾为中华书局同事的政治学者，曾在《中国社会科学》杂志发文，而嘉文，十八岁便有了两部著作。短暂的生命都活出了质量，星光璀璨。

我的一个日本朋友著文悼念他的老师说，彼岸有《资治通鉴》。我想，天堂里也有《宋史》，嘉文不再忧郁。

荆公伤仲永之未能超凡脱颖，我哀嘉文迅如闪电，炫目瞬逝。

2016 年 2 月 24 日写于飞往澳洲途中

图书在版编目(CIP)数据

天水一勺:研宋品书序跋漫谭/王瑞来著. —上海:上海人民出版社,2020
(论衡)
ISBN 978 - 7 - 208 - 16800 - 8

Ⅰ. ①天… Ⅱ. ①王… Ⅲ. ①中国历史-宋代-文集
Ⅳ. ①K244.07-53

中国版本图书馆 CIP 数据核字(2020)第 220485 号

封面题签	徐 俊	
责任编辑	张钰翰	
封面设计	陈绿竞等	

论衡

天水一勺
——研宋品书序跋漫谭

王瑞来 著

出 版	上海人民出版社	
	(200001 上海福建中路 193 号)	
发 行	上海人民出版社发行中心	
印 刷	江阴市机关印刷服务有限公司	
开 本	889×1194 1/32	
印 张	12.25	
插 页	5	
字 数	257,000	
版 次	2021 年 2 月第 1 版	
印 次	2021 年 2 月第 1 次印刷	
	ISBN 978 - 7 - 208 - 16800 - 8/K·3016	
定 价	68.00 元	